학살의 제국과 실패국가

한일관계의 불편한 기원

학살의 제국과 실패국가

한일관계의 불편한 기원

손기영

KU PRESS
고려대학교
출판문화원

시작하며

역사와 기억이 다르다는 것을 모르는 사람이 있을까. 역사가 흐르는 강이라면 기억은 그 강에서 낚시꾼이 잡아 올린 물고기다. 그 물고기는 횟감으로 쓰일 수도, 매운탕거리가 될 수도 있지만, 잘못되면 먹은 사람이 식중독에 걸린다. 인간은 역사의 일부만을 기억하면서, 그 일부마저도 자기 입맛에 맞게 요리하고, 그 결과 우쭐해지기도 하고 헤어날 수 없는 자괴감에 불면의 밤을 보내기도 한다.

한국과 일본 사이의 천 년이 훨씬 넘는 교류사에서 일본을 생각할 때 21세기 한국인이 가장 먼저 떠올리는 단어는 무엇일까? 아마도 일본군 '위안부', 강제징용, 최장기 집권의 아베 총리이거나 아니면 '밤도깨비 여행지' 혹은 스시나 덴푸라 같은 음식일 것이다. 어느 보통의 국가처럼 일본도 좋은 점과 나쁜 점을 함께 가지고 있다.

이 책을 쓰게 된 이유는 많은 한국인과 일본인이 선택된 기억에 사로잡혀 양국 관계를 훼손하고 있어 이것을 해소하는 데 조금이라도 도움이 되는 하나의 역사적 관점을 제시하고 싶기 때문이다. 한일 과거사 문제와 코로나 사태가 겹쳐 한일관계가 냉각기를 넘어 냉동 상태로 진입한 2021년에 한일관계의 불편한 기원에 초점을 맞추어 이 책을 쓴다.

먼저 '학살의 제국'과 '실패국가'라는 두 개의 개념을 제시한다. 일본이 1910년 한반도를 강점한 후 식민통치를 하다가 중국과 미국과 같은 나라와 대규모 전쟁을 벌이는 과정에서 한반도인들을 일본군 '위안부'나 노동자로 동원한 국가라는 일반적 기억이 맞을까? 물론 이것은 사실이다. 하지만 이것은 역사라는 강에서 잡은 피라미일 뿐이다. 이 책은 역사라는 강에서 좀더 흉측하게 생긴 물고기를 낚아 올렸다. 새로 잡은 물고기는 일본제국이 1894년부터 50년간 한반도를 침략하고 통치하는 과정에서 적어도 다섯 차례에 걸쳐 수만에서 수십만에 이르는 한국인을 무차별적으로 죽인 '학살의 제국'이라는 것이다. 성이나 노동의 착취보다 생명의 박탈은 누가 봐도 더 큰 범죄행위다. 종합적인 피해 규모는 2장에서 서술한다.

19세기 말과 20세기 초의 일본이 '학살의 제국'이라는 주장과 함께 이 책이 제시하는 또 하나의 개념은 같은 시기 조선과 대한제국은 정상국가가 아니라 빨리 무너뜨려야 했을 구체제이자 '실패국가'라는 것이다. 저자는 자료를 정리하면서 일본제국의 악랄함에도 치를 떨었지만, 조선과 대한제국의 혼란과 무력함, 그리고 지배층의 사악함에도 경악할 수밖에 없었다. '실패국가'가 무엇인지는 3장에서 밝힌다.

한 나라나 민족에 대해 싸잡아서 깎아내리거나 혐오하는 감정을 드러낸다면 이런 감정을 가진 사람이 문제의 근원인 경우가 많다. 오해를 사지 않기 위해 미리 말해 두지만 '학살의 제국'이나 '실패국가'도 일본과 조선을 보는 여러 시각 중의 하나라는 것이다. 저자는 국가정체성을 오래 연구해 왔고, 정체성이라는 것은 한마디로 정의되는 것이 아니고 그것마저도 시간이 지나면 변화한다는 생각을 갖고 있다. 국가도 개인처럼 다양한 정체성을 갖는데 '학살의 제국'과 '실패국가'도 흔히 쓰이는 용어는 아니지만, 일본제국과 구한말 조선의 실체를 드러내는 숨은 정체성 중의 하나라는 것이다. 물론 일반적으로 알려진 19세기 말 일본과 조선의 정체성은 근대국가와 왕조국가였다.

이런 논리로 문제를 보면 21세기 양국 사이에 존재하는 반일감정이나 혐한론도 일시적인 현상일 수 있다. 현재의 일본은 100년 전 일본제국이 아니다. 일본이 일본제국이 아닌 큰 이유 중의 하나는 현재의 일본이 과거에 살았던 무자비한 전쟁광이나 통치자에게 휘둘리는 나약한 신민의 나라가 아니기 때문이다. 여론조사를 보면 일본인의 반수 이상이 평화 지향적이고 그래서 일본은 아직도 '평화헌법'을 보유하고 있다. 현재를 사는 한국인도 조선인과 같이 옹졸한 군주와 미몽에서 헤어나지 못한 지배층에 복속된 백성이 아니고 상당히 주체적으로 생각하고 행동하는 시민이다.

무엇이 이러한 변화를 가져왔을까? 한국과 일본의 21세기를 있게 한 것은 시민사회의 성장이다. 국가가 추종하는 편협한 지배이념을 거부하며 자유, 평등, 우애를 추구하는 시민의식의 성장이 21세기 한국과 일본의 현재를 만든 것이다.

이 책을 준비하기까지 많은 분이 도움을 주셨다. 송규진, 윤형진, 박은숙, 한승훈 선생과 같은 분들이 자료를 제공하거나 원고를 읽어 주셨고, 특히 고려대학교 아세아문제연구원의 이형식 교수는 늘 많은 도움을 주셨다. 동료이면서 조선총독부의 인물들을 중심으로 연구하는 이 교수는 저자와 매일같이 학교 앞 '유성식당'에서 점심을 먹고 옆에 있는 '피카커피'에서 아메리카노 한 잔에 마르지 않는 지식의 원천을 제공했다. 그 이후에는 함께 '끄망'이라는 카페로 '출근'하며 사장님이 제공하는 진한 아메리카노에 정신을 차려 이 책을 마무리 짓는 데 도움을 주셨다. 저자는 애초에 '정신의 학살'로 볼 수 있는 식민 지배기에 집중하면서 그 이전의 대량학살은 간략하게 서술할까도 생각했지만, 동학농민전쟁과 정미의병전쟁을 충분히 서술할 것을 제안한 사람도 이 교수였다. 이 과정에서 서울대학교 신욱희 교수의 주도 아래 만들어진 동북아역사재단 연구팀이 수행한 청일전쟁에 관한 연구가 많은 도움이 되었다. 윤희상 시인도 책이 만들어지는 과정을 지켜보면서 격려를 아끼지 않았다. 신희수 학생도 교열 작업에 도움을 주었다. 이 책에 여러 사진과 그림을 싣는 데 많은 이들의 도움을 받았다. 특히 빌리 브란트 총리와 브레즈네프 서기장의 역사적인 만남을 담은 사진을 제공해 준 독일의 사진작가 바바라 클렘과, 작가와 다리를 놓아준 고은사진미술관에 깊은 감사를 전한다. 마지막으로 '하도(夏道)'라는 태명을 가진 아이를 임신한 와중에도 자료 제공과 조언을 아끼지 않은 아내 김취정 박사에게도 고마움을 표한다. 김 박사는 2019년 7월 제왕절개수술을 하다가 발생한 뇌출혈이 반신마비로 이어져 지금도 '재활난민'으로 서울 시내 여러 병원을 전전하고 있다. 딸과 손녀를 돌보던 장모님도 난소암 3-4기 판정을 받고 투병을 시작하시면서 저자가 딸 유진과 아내를 돌봐야 하는 상황이 되었다. 이런 '학살'에 버금가는 변고를 당한 가족의 빠른 쾌유를 빈다.

도움을 주신 모든 분에게 감사하고, 어떤 문제나 잘못은 모두 저자의 책임이다. 3장과 4장은 〈실패국가, 실패패권, 근대국가의 홀로코스트 삼중주—청일전쟁과 일본의 동학농민군 대량학살의 개념적 분석〉이라는 제목으로 《일본공간》 24권에 실린 논문과 〈기억의 사각지대에서 잊힌 홀로코스트—일본의 정미의병 및 민간인 학살과 한반도 강점의 시작〉이라는 제목으로 《일본연구》 79권에 실린 논문을 재구성하면서 수정한 것이다.

저자가 다시 한 번 강조하고 싶은 것은 '대일본제국(大日本帝國)'이 학살의 제국이었다는 것이지 현재의 '일본국(日本國)'은 전혀 다른 국가라는 것이다. 같은 맥락에서 19세기와 20세기 초의 '대조선국(大朝鮮國)'과 '대한제국(大韓帝國)'이 구체제이자 타도의 대상이었다는 것이지 현재의 '대한민국(大韓民國)'은 문제는 많지만 나름 괜찮은 나라라고 본다. 또한 이 책은 일본의 침략에 초점을 두었을 뿐 일본제국의 모든 면을 보여 주는 역사서가 아님을 밝혀 둔다. 마지막으로 이 책이 역사의 강에서 건져 올린 물고기가 피라미보다도 못한 잡어가 아닌가 하고 늘 두려운 마음을 감출 수 없다.

2021년 12월

개운산 자락에서

손기영

차례

1장 조선이라는 수렁에 빠진 한국인의 역사관

"산 자가 죽은 자를 부러워할 것이다."

—아이젠하워(Dwight David Eisenhower)

종말의 시계가 카운트다운을 시작했을 때 세상의 끝에서 마주친 산 자와 죽은 자의 조우(遭遇)를 이렇게 묘사할 수 있을까? 파국이 시작되면 산 자는 횟집 수조에서 뜰채에 포획되어 도마 위로 막 올라간 활어와 같다. 살아 있으나 살아 있는 목숨이 아니다. 곧 회칼에 두부처럼 잘려 나갈 목숨이다. 살아 있는 자에게 배가 고파오듯 종말의 시간도 시시각각 다가온다. 아직 오지 않았다는 것은 언젠가는 온다는 것이다. 미국과 소련 간의 핵전쟁이 가져올 파국에 대해 아이젠하워 대통령은 "그 전쟁은 불가능하다. 산 자가 죽은 자를 부러워할 것이다(You can't have that war-the living will envy the dead)"라고 했다.[1] 케네디 대통령도 소련의 흐루쇼프 서기장이 비슷한 말을 했다고 술회했다.[2]

냉전 시기에 회자된 이 말은 다가올 파국에 대한 경고였다. 하지만

---

1 Los Alamos National Laboratory, "Nuclear Winter: The Anthropology of Human Survival", in *Proceedings of a Session at the 84th Annual Meeting of the American Anthropological Association*, December 6, 1985, p. 29.

2 Ralph Keyes, "Ask Not Where This Quote Came From", *Washington Post*, June 4, 2006.

2019년 4월에 방송을 탄 SBS 드라마 〈녹두꽃〉에서도 이 말이 나왔는데 시제가 다르다. "사람들이 한탄하기를 산 자가 죽은 자를 부러워하는 세상이었다." 미래형이 아니고 현재완료형이다. 까마귀가 날고 연옥에 갇힌 것 같은 암울한 장면에서 이 설명이 들렸다. 굶어 죽은 자들의 틈바구니에서 끊어질 것 같은 마지막 숨을 이어나가는 죽지도 살지도 못한 자의 세상이었다. 1894년 동학혁명 전야 조선의 모습이다.

드라마의 한 장면이라서 신뢰가 가지 않는다면 청일전쟁 직전인 1894년 여름 일본에서 부산과 인천을 통해 서울에 도착한 오스트리아인 여행가 헤세-바르텍의 여행기에 나오는 서울의 거리 모습을 참고해 보자. "집에는 가구나 침대도 없으며, 변소는 직접 거리로 통해 있다. 남녀 할 것 없이 모든 주민들이 흰옷을 입고 있으면서도, 다른 곳보다 더 더럽고 똥 천지인 도시가 어디에 또 있을까?"[3] 헤세-바르텍의 책에는 일본인보다 역량 있어 보이는 민족이 무능하고 탐욕스러운 정부에 의해 해체되어 일본과 외국의 세력에 넘어가는 꼴이 자세히 묘사되어 있다.

길었던 500년 조선 왕조가 파국을 맞았다. 동학혁명이 일어나고 청의 군대가 조선에 들어오자 일본군이 기다렸다는 듯이 난입해 왕권을 박탈하고 서로 전쟁을 벌이는 아수라장이 만들어졌다. 1910년에 온 종말은 이미 시작된 파국에 법적 마침표를 찍은 것일 뿐이다. 파국의 15년간 벌어졌던 동학혁명도, 아관파천도, 대한제국도, 헤이그 밀사도, 정미의병도 도마 위로 올라간 활어가 죽기 전에 몇 번 꿈틀했던 마

---

3 에른스트 폰 헤세-바르텍, 《조선, 1894년 여름—오스트리아인 헤세-바르텍의 여행기》(책과함께, 2012), 84쪽.

지막 몸부림이었다. 그리고 떨어지는 단두대의 칼날처럼 요리사의 회칼에 종말이 왔다.

그런데 실제 종말을 맞은 것은 국가일까, 민초일까? 민초는 끊임없이 죽지만 질긴 생명력으로 회귀하는 연어처럼 돌아왔다. 민초의 죽음으로 종말을 맞은 것은 민초가 아니라 조선이라는 국가였다. 민초는 파국 속에서도 동학으로, 의병으로, 3·1만세운동으로, 그리고 그 이후에도 이름을 달리하며 끊임없이 돌아왔다. 반면, 조선이라는 구체제는 종말을 고했다. 왕실과 양반 지배층은 일부를 제외하고는 세계정세의 변화에 무지하고 무능해서 자신의 안위와 기득권을 챙기는 데 급급했다. 군대는 타국에 대한 전투 능력은 고사하고 왕궁을 지킬 능력도 없어 외국군이 치안을 맡았다. 굶주린 군인들이 못 살겠다고 일으킨 모반이 임오군란(1882)인데 민비 세력이 불러들인 청나라 군대에 의해 진압되었다. 2년 후 개화파가 난을 일으켰는데 이번에도 청의 군대가 진압했다. 이것이 '삼일천하'로 알려진 갑신정변(1884)이다. 이후 일본은 청일전쟁(1894–1895)으로 청을 몰아내고 러일전쟁(1904–1905)으로 러시아를 물리친 다음 이미 망해 가는 국가의 국왕과 대신들을 압박해 보호조약(1905)과 병합조약(1910)을 체결하고는 국가를 소멸시켰다.

그런데 여기에 빠트린 사실이 있다. 일본이 조선을 소멸시키는 데는 두 개의 걸림돌이 있었다. 첫째는 청과 러시아와 같이 조선을 세력권에 넣고 싶어 하는 국가들을 물리치는 것이었는데 이것은 앞에서 이미 언급했다. 둘째는 외국의 침략과 통치에 저항하는 조선의 민초를 뿌리 뽑는 것이었다. 청일전쟁과 러일전쟁에서 승리했지만 일본은 조선의 민초라는 또 다른 적과 매번 싸워야 했다. 일본은 '문명국'임을 자부했지만 야만의 극단을 보이며 칼과 화승총으로 덤비는 수십만의 민초들을 무라타(村田) 소총을 포함한 당시의 최신 무기로 무차별 학살했다. 사력을 다해 저항하는 농민군이나 의병을 죽이는 것을 넘어서 아무런 연관도 없는 행인이나 나무꾼을 포함해 수많은 양민을 학살하고 그들의 마을을 불 질러 초토화시켰다.

일본은 식민통치를 통해 구체제를 종식시키고 근대화라는 명분으로 조선을 일본제국에 편입시켜 지배했지만 얼마 안 가서 시작된 전쟁과 강제동원으로 민초들의 삶은 또다시 죽음의 나락으로 던져졌다. 청일전쟁으로 시작해 러일전쟁, 중일전쟁, 태평양전쟁으로 점철된 전쟁광들의 제국이 오래갈 수는 없었다. 제국이 붕괴하자 조선인지 한국인지 이름도 불분명한 이 민족 집단도 1945년 해방을 맞았지만 바로 또 다른 제국주의 세력에 의해 국토가 양분되었다. 이 상태가 이 글을 쓰는 2021년에도 대한민국과 조선민주주의인민공화국이라는 두 개의 국호를 사용하는 민족의 분단으로 이어지고 있다.

일본이 식민통치를 끝내면서 한반도에 남겨두고 간 것들이 있는데 그중에 가장 가치 있는 것은 무엇일까? 일본이 건설한 철도는 이미 너무 낡아서 고속철도를 새로 놓았다. 웅장함의 극치를 보였던 조선총독부 건물도 김영삼 대통령 시절에 부수어 버렸다. 이 질문은 유형의 유산에 대한 것이 아니다. 일본이 한반도에 사는, 심지어 한반도를 떠나 제3국에서 살아가는 한민족의 뇌리에 깊게 새겨 놓은 것은 반일감정이다. 이 반일감정은 한국뿐만 아니라 북한에서도 한국 못지않게 강해서 민족을 단합시키는 한민족의 유일한 통합 코드이다.

조선에 민족주의가 있었을까? 물론 일본이나 청나라로부터 외침을 당하면서 함께 시련을 겪고, 언어와 문화를 공유하는 민족으로서 동질감을 느꼈겠지만, 이것은 민족주의와는 다르다. 지배층은 권력을 위해 사화와 당쟁을 벌이고 철저한 신분제 사회 속에서 지배층과 피지배층이 서로를 동등한 존재로 인정하지 않는데 민족의식이 생겨났을까? 물론 좋은 왕을 만나면 그나마 삶이 좀 편안했겠지만, 왕조 체제의 가장 큰 문제점은 어린아이나 바보가 왕이 되어도, 혹은 똑똑한 왕이 바보가 되어도 어찌할 수 없다는 것이다. 이런 전근대적 국가에서 모래알처럼 분열되어 살았던 민족을 1948년부터 근대국가의 일원으로 만드는 데 있어 반일감정은 하나의 강력한 접착제였다. 아이러니한 것은 친일인사들이 권력을 장악하고는 표리부동의 극치를 보이면서 국민에게는 반일감정을 주입한 것이다.

여기에서 문제가 발생했다. 접착제도 수명이 있는데 이 반일감정이라는 접착제는 기대수명을 넘어 21세기까지 강한 접착력을 발휘하고 있다. 수명이 기대 이상으로 길다는 것은 일견 좋아 보이지만 사실은 불량품이라는 것이다. 붙여야 할 본체는 시간이 흘러 다른 모습을 하고 있는데 접착제만 그대로라면 주객이 전도된 것 아닌가? 이것이 21세기 한국인이 가지는 정체성의 한 단면이다. 촛불혁명을 이야기하고 케이팝(K-Pop)을 자랑하지만, 아직 반일감정만큼 강하게 한국인을 규정짓는 것이 없다.

살아있는 존재에게 세포는 늘 증식되어야 삶을 이어갈 수 있지만, 비정상적으로 증식을 거듭하면 암이 된다. 2019년에 3·1절 100주년을 맞아 경기도의회가 도내 초·중·고등학교가 보유 중인 니콘과 파나소

닉을 포함한 284개의 일본 기업이 생산한 제품에 '일본 전범 기업이 생산한 제품입니다'라는 스티커 부착을 의무화하는 조례안을 발의했다고 한다. 지방자치단체와 지방의회, 지방교육청 등이 주도해 친일작곡가가 지었다는 이유로 교가(校歌), 도가(道歌), 시가(市歌)를 금지하는 사례도 보도되었다. 신문들은 이것이 '배타적 민족주의', '관제 민족주의', 혹은 '싸구려 민족주의'라는 비판적 목소리를 담기도 했다. 대법원의 강제징용 관련 판결과 일본의 반도체 관련 핵심 소재에 대한 수출 규제로 한일관계가 역사상 최악이라는 말이 나왔었는데, 강고한 반일민족주의 운동은 한국의 미래에 어떤 영향을 미칠까?

이 책은 21세기에도 자가 증식하고 있는 반일감정의 원천을 찾으면서 무엇이 잘못되었는지를 밝힌다. 이러한 감정은 침략을 겪은 민족에게는 당연하게 생겨나는 것이다. 그런데 늘 감정이라는 것이 그렇지만, 제대로 된 역사적 사실에 근거하지 않고, 외세가 침략하기 전의 국내 상황도 반영하지 않는 등 왜곡되고 편협한 기억의 산물이라는 것이다. 이 반일감정의 특징은 태평양전쟁 기간의 기억인 일본군 '위안부'와 강제징용이나 작은 섬 독도에 집중되어 일본군에 의한 무차별 살상 행위가 벌어졌던 동학농민전쟁이나 정미의병전쟁 기간에 대해서는 큰 관심을 보이지 않는다는 것이다. 앞에서 언급한 방송사의 사극인 〈녹두꽃〉이나 tvN의 〈미스터 션샤인〉에서 병합 전에 벌어진 일본의 만행이 집중 조명되었지만, 이것이 일본제국의 한반도 침략사에서 어떤 의미가 있는지 아직 잘 이해되고 있지 않다.

이 책은 일본의 침략사를 학살에 초점을 맞추어 정리하는 데 목적이 있다. 500년 조선 왕조가 임진왜란과 병자호란 이후 연명장치 같은 가느다란 희망에 목매다가 결국 파국을 맞는 시점부터 이 파국의 끝이 보이는 시점까지를 집중적으로 조명한다. 이 기간을 정리하는 데 필요한 핵심 주장은 다음의 세 가지이다.

- 일본은 19세기 말부터 20세기 중반까지 학살의 제국이었다.
- 조선과 대한제국은 19세기 초부터 20세기 초까지 실패국가였다.
- 한국의 시민은 19세기와 20세기에 거듭된 봉기를 통해 탄생했다.

결론적으로 이 책은 양비론(兩非論)을 거부하고 이비일시론(二非一是論)을 따른다. 일본제국은 '문명'이라는 이름으로 조선인을 강압적으로 근대화시킨 식민통치국가이기도 하지만 병합 전부터 저항하는 수십만의 민병대와 양민을 무차별적으로 죽였고 식민통치 기간에도 학살은 물론 민족정체성의 말살이라는 '정신의 학살'을 자행했던 '학살의 제국'이었다. 19세기부터 20세기 초의 조선과 대한제국은 대한민국이 계승해야 할 나라가 아니라 민초의 입장에서는 타도의 대상이었던 '구체제(Ancien Régime)'이자 '실패국가(failed state)'였다. 대한민국의 건국과 성장이라는 긴 여정은 조선과 식민통치 기간에 '노예'에 가까운 삶을 살던 민초의 의식이 깨어나 봉기를 통해 시민으로 거듭나는 거대한 서사이다. 헤겔의 말을 빌리면 노예의 의식이 깨어나 주인에게 인정받기 위한 투쟁을 시작하면서 자유로운 주체로 거듭나는 인간 정신의 고양 과정이 다행히 한국사에서 벌어진 것이다.[4]

4 George Wilhelm Friedrich Hegel, *Hegel's Phenomenology of Sprit*(Oxford: Oxford University Press, 1977), p. 118.

왜 이 시기를 다시 주목해야 하는가? 한반도에 대한 일본의 침략은 동학농민전쟁이 시작된 1894년부터 일본제국이 패망한 1945년까지 이어졌다. 이 50년의 침략기가 끝나고 새로운 국가가 탄생해서 좋은 모습으로 있으면 이러한 과거에 대해 그냥 옛일이라고 넘어갈 수도 있을 것이다. 그런데 과거가 그냥 과거형으로 있기를 거부하고 있다. 과거에 대한 기억이 너무 강하거나 비정상적이어서 21세기의 한국과 북한은 물론 일본, 중국, 미국에도 영향을 미치고 있다.

일본이 서양 제국주의의 영향을 받은 침략 국가였다는 사실은 일본의 일부 보수 세력만 빼고는 모두 인정하는 것이다. 또 하나 인정해야 할 것은 19세기 조선은 자체 개혁이 불가능했거나 외부 세계의 변화에 둔감해 개혁의 타이밍을 놓친 절망적인 상태였다는 것이다. 흔히 한국은 일본과 비교해 20년이 뒤진다는 말이 있다. 국책연구기관인 한국개발연구원(KDI)은 한국의 물가상승률, 국내총생산(GDP) 성장률 등의 지표가 '잃어버린 20년'을 겪은 일본의 지표를 20년이라는 시차를 두고 그대로 따라가고 있다는 암울한 분석을 발표한 적이 있다.[5] 구한말의 역사에서도 20년의 차이가 나는 사실을 하나 발견했다. 김옥균(金玉均, 1851–1894), 박영효(朴泳孝, 1861–1939), 서광범(徐光範, 1859–1897) 등이 개화당(開化黨)을 만들어 활약했다는 것은 한국의 중등학교 교과서에도 나오는 사실이다. 박규수(朴珪壽, 1807–1877)는 그의 북촌(北村) 사랑방에서 김옥균과 박영효는 물론이고 서재필(徐載弼, 1864–1951), 유길준(兪吉濬, 1856–1914), 윤치호(尹致昊, 1865–1945) 등 개화

5 한국개발연구원, 〈우리 경제, 일본의 잃어버린 20년 답습할 것인가?〉, KDI 정책세미나, 2015년 8월 27일.

파 청년들을 길러냈다. 스승인 박규수를 제외하고 이 개화파 청년들이 대부분 1850년대와 1860년에 태어났다. 여기에서 퀴즈를 하나 내 보자. 일본의 근대국가 형성에 이바지하며 한반도와 대륙 침략이라는 '야망'의 정신적 스승이거나 실질적 집행자였던 일본의 '영웅'들은 언제 태어났을까? 사이고 다카모리(西郷隆盛, 1828–1877), 요시다 쇼인(吉田松陰, 1830–1859), 사카모토 료마(坂本龍馬, 1836–1867), 후쿠자와 유키치(福澤諭吉, 1835–1901), 이토 히로부미(伊藤博文, 1841–1909). 이들은 대부분 1830년대와 1840년대에 태어났다. 이 20년의 차이가 무엇일까?

일본의 지도자들이 20년 일찍 태어나 서구 제국주의 본질을 깨닫고 메이지유신과 같은 혁명적 변화를 통해 부국강병의 길을 재촉했을 때, 한국의 '영웅'들은 20년 늦게 태어나 비슷한 목적을 향해 갔지만, 혁명은 실패하고 대원군이나 민비 같은 '반영웅(anti-hero)'을 만나 비운의 죽음을 맞거나 역사의 책갈피 속으로 사라졌다. 이미 망해 가는 나라에서 몇몇 영웅들이 활동하더니, 그 영웅들의 활약과는 상관없이 나라는 망해 버렸다.

개화파로 불린 1세대 영웅들이 가고 일본의 통치가 사실상 시작되면서 2세대 영웅들이 등장한다. 안중근, 김구, 윤봉길, 김좌진, 안창호, 유관순, 이봉창 등 수많은 영웅이 만들어지더니 최근에는 윤동주, 박열, 김원봉, 심지어 임시정부까지 새로운 영웅 후보들이 역사책 밖으로 속속 얼굴을 내밀고 있다. 독립을 위한 이들의 노력은 가상하지만, 이들이 등장한 시기를 한번 보라. 20세기 초다. 이미 나라는 망하고, 이들은 사라진 나라의 독립을 위해 싸웠다. 그런데 여기에 한국인이 드러내놓고 말하고 싶지 않은 또 다른 반전이 있다.

많은 한국인이 애써 이들의 노력이 있어 대한민국이 수립되었다고 하지만, 일본이 이들의 손에 패망해 한국인이 해방된 것도 아니고, 이들의 노력이 민족의 비극이라는 분단을 막은 것도 아니다. 이렇게 한국의 근현대사는 국가나 영웅의 코드를 따라가면 원인과 결과가 연결되지 않으면서 허공을 향해 쏟아내는 비현실적 독백들이 난무하는 하나의 부조리극(Theatre of the Absurd)이 되고 만다. '모든 것은 타이밍이다'라는 말이 있는데, 한국인은 이 파국의 시기에 뒷북을 치거나 소 잃고 외양간을 고치고 있었다. 이들의 투쟁은 위대했지만, 이들은 자신과 국가의 운명의 수호자는 아니었다.

역사는 영웅에 대해 우호적이다. 그런데 21세기에도 영웅의 역사만이 쓰이고 있다면 문제가 심각하다. 위에서 언급한 한국과 일본의 인물들이 영웅이라면 그들의 그늘에서 죽어 간 수많은 이름 모를 인물들은 어떻게 할 것인가? 무슨 말인가 하겠지만 일본의 영웅들은 침략전쟁으로 헤아릴 수 없이 많은 인명을 살상했다. 이러한 침략에 저항하면서 또 얼마나 많은 한국의 영웅들이 자신을 죽이고 그들의 가족, 이웃, 친지를 죽음의 문턱으로 내몰았을까? 한 명의 동학군, 한 명의 의병, 한 명의 독립군이 저항하면 일본제국은 그들만을 죽인 것이 아니라 그들의 뿌리를 뽑기 위해 수십 배의 보복을 가했다는 것이 이 책이 다음 장에 제시하는 기록이다.

우린 알렉산더, 카이사르, 나폴레옹과 같은 '전쟁광'들이 영웅이 되는 시대가 아니라 불을 끄다가 산화한 소방관 혹은 전철에서 이웃을 살리려다 죽은 평범한 학생이 영웅이 되는 시대에 살고 있다. 이 책도 이런 시대정신에 맞게 '이름 없는' 민초의 선택과 희생에 초점을 맞추어 역사를 서술한다. '영웅 코드'가 아니라 '민초 코드'가 바로 근대적 의미의 시민의 탄생과 이어지기 때문이다.

프랑스 시민들만이 절대군주제로 대표되는 구체제를 무너뜨리고 새로운 민주 사회를 만든 것이 아니다. 비록 100년이 늦었지만, 조선의 민초들도 구체제에 항거해서 봉기했다. 프랑스혁명도 1789년의 시점에서 성공한 것이 아니다. 시민혁명은 로베스피에르의 공포정치로 이어지고 나폴레옹이 집권하면서 공화정, 제정, 군주정으로 이어지는 혼돈과 피의 역사를 통해 서서히 성숙한 것이다. 한국의 시민혁명도 동학혁명으로 1894년 첫발을 내디딘 것일 뿐이다. 조선이 망하기 전에 조선의 구체제에 죽음으로 저항하는 민초들이 있었다는 것이 중요하다. 이들이 세대를 거듭해 봉기하면서 시민으로 성장한 것이다. 이들의 앞길에는 가혹한 식민통치와 전쟁, 그리고 또 다른 반동의 역사가 있었지만, 이들은 재차 봉기하면서 현재의 시민사회를 형성했다. 일본침략기를 다시 봐야 하는 이유는 민초가 조선이라는 실패한 앙시앵 레짐을 거부하고 자유와 평등을 위해 혁명을 선택했기 때문이다. 어느 영웅의 서사보다 위대한 역사가 민초의 정신적 각성과 봉기에서 발원하고 있기 때문이다.

물론 전봉준을 포함한 동학의 지도부에게 봉기의 목적은 학정과 사회적 모순을 개선하여 조선 왕조를 수호하고 유교적 민본주의를 회복하는 것이었다. 그러나 동학농민전쟁에 가담한 천민을 포함한 원민(寃民)이라 불린 기층 민중도 같은 생각을 가졌을까? 이들은 기존 질서의 유지가 아니라 신분제를 파괴하고 평등을 요구하는 급진적 투쟁을 선호했다. 동학운동은 비폭력을 선호하는 2대 교주 최시형, 존왕양이를 외친 전봉준, 구체제 타도를 주장하는 김개남 사이에서 통합된 세력으로 성장하지 못했고, 일본군, 관군, 민보군의 협공을 받아 패퇴했다. 성공한 혁명도 아니고 동학 자체가 전근대적 종교성이 짙은 집단이었지만 동학의 지도자들이 주도한 이 민란이 구체제 타도를 위한 혁명이 아니었다고 깎아내릴 필요는 없다. 아마도 동학농민군이 서울을 점령하고 정권을 장악했다면 혁명의 양상은 다르게 전개되었을 것이다. 프랑스혁명도 초기에는 미라보나 라파예트 등의 지도자들이 입헌군주제를 지지하는 등 비교적 온건하게 시작되었다. 하지만, 유럽 전역으로 확산될 기미를 보이던 시민혁명을 진압하려고 오스트리아와 프로이센 등이 군대를 파견해 혁명군과 전쟁을 벌이면서 양상이 바뀌었다. 루이 16세와 마리 앙투아네트가 국민을 배신하고 외세와 내통한 것을 이유로 혁명 세력이 그들을 단두대에서 처형하면서 왕정이 계획에 없던 공화정으로 바뀐 것이다.

이런 점에서 동학혁명과 프랑스혁명은 생각보다 공통점이 많다. 동학혁명의 참가자들이 근대적 시민의 초기 모습일 수 있는 것은 자유와 평등으로 표상되는 인간의 권리를 쟁취하기 위해 조선이라는 구체제의 내부적 모순과 일본제국으로 표상되는 외세의 간섭에 대해 동시에 저항했기 때문이다. 단지 프랑스혁명은 공화국을 수립했다는 것으로 인해 이후에 벌어진 반동적인 제정과 군주정에도 불구하고 성공했다고 보는 것이고, 동학혁명은 주로 전라도 지역에서 맹위를 떨치다 진압된 실패한 혁명으로 기록되어 있을 뿐이다. 중요한 것은 현재의 대한민국 헌법 제1조가 표상하는 "대한민국은 민주공화국이다"라는 정신의 근원은 인내천 사상을 기반으로 '반봉건, 반외세'를 지향한 동학혁명의 정신에서 이미 구현되기 시작했다는 것이다. 그들의 정신이 살아서 또 다른 민중 봉기로 이어지면서 오늘의 대한민국이 만들어졌다. 이런 점에서 1919년 임시정부 수립과 1948년 정부 수립도 대한민국 형성에 중요한 이정표이지만, 근대적 시민의식의 기원을 찾는다면 동학의 재발견이 중요하다.

책이 출판되기 전 〈정신의 홀로코스트〉라는 제목으로 첫 강연회를 가졌다. 2018년 8월 25일 오후 서울 광화문에 있는 대한성공회 소예배실에서 8명의 일본인 방문객과 이 강연을 준비한 몇 명의 한국인을 대상으로 강의를 하게 된 것은, 저자가 당시에 이 책을 쓰고 있었고 때마침 관련된 내용의 강연을 지인인 유시경 신부로부터 의뢰받았기 때문이다. 강연 후 질문을 받았는데 한국을 30번 이상 방문했다고 하는 한 일본인은 "한국에서 당신과 같은 학자를 찾아볼 수가 없었는데 오늘 만나게 되어서 기쁘다"라고 했고 다른 일본인은 무슨 언어로 책을 쓸 거냐고 물어서 한국어로 쓴다니까 일본어판이 나오면 빨리 읽고 싶다고 했다. 옆에서 이 상황을 지켜보던 유 신부는 "강연자가 한국에만 있던 사람이 아니라, 영국, 일본 등에서 살아봐서 균형 잡힌 시각으로 오늘 강연을 했지만, 한국인을 상대로 이런 강연을 했다가는 돌을 맞았을지도 모른다"라며 한마디를 보탰다. 우려 섞인 한마디였지만 유 신부도 강연 좋았다고 덧붙였다.

이런 일화를 공개하는 이유는 이 책의 내용이 논란의 소지를 담고 있기 때문이다. 당시 이 책은 서론 정도만 작성되었을 때인데 이 내용을 접한 일본인들은 상당히 고무되어 있었고, 반면 한국인들은 기대와 우려의 마음이 교차하는 것 같았다. 게다가 일본인들이 이 책의 내용에 대해 긍정적인 반응을 보였다는 것 자체에 한국인 독자들의 반감을 살 수도 있다. 여기에서 밝혀둘 것은 강연에 참석한 일본인들은 일반 관광객들이 아니라 서대문형무소역사관을 방문하는 등 일본의 과거를 반성하고 상호 간의 이해를 심화해 새로운 한일관계를 꿈꾸는 지한파들이었다. 당시 강연을 마무리하면서 저자는 현실의 한일관계는 한마디로 "제정신이 아닌 국가가 제정신 아닌 국가에 사과와 보상을 요구"하는 형국이라면서 한국과 일본의 문제점을 함께 지적했다.

일본이 왜 "제정신이 아닌 나라"인지는 한국 독자들에게 굳이 설명할 필요가 없다. 일본은 아시아에서 가장 빨리 근대화에 성공한 국가임에도 불구하고 제국주의의 길을 선택해 19세기 말부터 20세기 전반부까지 침략, 학살, 식민지배라는 역사적 오류를 범했다. 그런데 피해국에 제대로 된 반성이나 보상을 하지 않아 국제사회에서 한때 세계 제2위라는 경제 강국에 걸맞은 목소리를 못 낸 나라가 정신이 있는 나라는 아닐 것이다.

그럼 한국은 왜 "제정신이 아닌 나라"인가? 조선은 임진왜란과 병자호란을 겪으면서 국가 통치의 위기를 맞았지만 19세기에 들면서 상황이 더 나빠져 세도정치와 국정 파탄, 자연재해, 민란, 외세의 침략 등으로 국가와 민족은 분열되고 민생은 도탄에 빠졌다. 서두에 언급한 횟집 도마 위의 연어 이야기로 다시 돌아가보자. 이 연어는 광활한 바다에서 금방 공수되어 온 싱싱한 횟감이 아니었다. 목숨이 경각에 달린 이 연어는 오랜 시간을 횟집의 수조에서 살던 우물 안 개구리보다도 못한 처지였다. 조선인들은 세계사적으로 격변의 시기인 19세기 대부분을 죽음을 기다리는 횟감처럼 간신히 공급되는 산소에 의지해 수조에서 연명하는 상황이었다. 수조 속에 다른 횟감들이 배를 위로 하고 수면에 떠올라 가쁜 숨을 쉬면서 죽어 가는 것을 보면서도 별 도리가 없었다. 연어가 보기에는 믿음직했던 중국도 이미 서구 세력과 일본의 그물망에 포획된 밍크고래의 처지였다. 결국, 청일전쟁이 터지고 일본의 침략에 저항하는 동학농민전쟁과 정미의병전쟁을 거치면서 수십만 명이 일본군에 의해 학살당한 후에 통한의 식민지배를 겪었다. 엎친 데 덮친 격으로 일본군 무장해제라는 명분의 남북분단, 동족 간의 3년 전쟁 및 치열한 이념 대결에 휘말렸던 민족이 냉전 후 30년이 지났다고 제정신이겠는가?

우선 지적할 것은 19세기 말에서 태평양전쟁의 패망까지 주변국들에 대해 자행한 역사적 잘못과 이 잘못을 수습하지 못하고 표류하는 일본의 무능과 무기력함이 양국 관계의 당면한 문제라는 것이다. 하지만 양자 관계에서 한쪽만을 탓하는 것은 공정하지 않다. 19세기 중반부터 일본이 근대국가로 변모할 때 조선이 500년 동안 유지한 국가 시스템은 변혁의 걸림돌이었고, 간헐적인 개혁 시도는 수구 세력의 저항에 부딪혀 효과를 내지 못했다. 19세기 이래 계속된 한민족의 내부 분열, 일본의 침략, 그리고 이 침략에 저항하는 과정에서 형성된 뿌리 깊은 반일감정이 한일관계의 근본 문제 중의 하나다.

조선의 문제를 지적하면 혹자는 이것을 가해자인 일본이 내세운 논리라고 반박한다. 일본이 조선의 후진성, 폐쇄성, 전근대성을 지적하면서 문명과 개화의 이름으로 조선을 강점한 것은 사실이다. 그런데 조선의 후진성, 폐쇄성, 전근대성에 대한 지적이 잘못된 것인가? 만약에 저자가 19세기 조선에서 살았다면 당연히 부패하고 무능한 조선 정부에 저항하거나, 일본이나 외국으로 유학을 하거나, 그것도 안 되면 산중에 칩거해서 조용하게 살았을 것이다. 가해자의 논리라도 맞는 부분은 받아들여야 21세기 한국의 미래가 보인다.

그럼 한국인은 이제 어떤 길을 걸어야 할까? 19세기 조선이 왕실의 무능, 양반 계급의 전횡, 유학을 정쟁에 이용하면서 잉태된 고루한 국가관과 세계관으로 인해 외부 세계에 문을 닫고 내부 붕괴하면서 일본제국주의의 희생양이 된 과거를 되풀이할 것인가? 일본이 메이지유신 이후 근대국가로 변모할 때 조선도 세계 질서의 변화를 수용해 일본과 대등한 관계에서 동아시아의 국제 질서를 만들어나갔다면 어떤 일이 벌어졌을까? 아마도 일본이 조선과 청을 비롯해 동아시아의 여러 나라를 '야만국'으로 보면서 1894년부터 1945년까지 50년간 벌인 대륙침략과 태평양전쟁의 역사는 존재하지 않았을지도 모른다. 이런 이유로 21세기의 한국은 대륙과 해양을 잇는 가교 국가로서 외부 세계와의 교류를 확대하면서 국력을 키워나가야 한다. 이웃의 경제 강국인 일본을 배척하려는 움직임은 100년 전 일본제국과 지금의 일본을 구분하지 못하는 몰역사적 행위이면서 한국의 국익에 막대한 손해를 끼치는 행위다.

이 책은 한일관계의 문제점을 지적하는 것으로 끝나지 않고 정상적인 이웃 관계 형성에 대한 희망의 메시지를 담고 있다. 한국과 일본이 엘튼 존의 〈정신을 차려라(Recover Your Soul)〉라는 노래의 가사처럼 분열된 자아를 벗고 암울하고 정지된 세상에서 떨치고 나와 자학적 사고를 버리고 자신 있게 어디엔가 있을 자신들의 가치를 위해 싸울 수 있다면 어떻게 될까? 반일과 혐한을 극복하고 새롭게 사고하면서 민족공동체의 동의를 바탕으로 견고하고 자주적인 정체성을 형성하고 고양된 민족정신을 가질 수 있다면 어떻게 될까? 한국과 일본은 과거라는 짙은 어둠에서 깨어나 이웃공동체로서 첫발을 내디딜 수 있을 것이다.

제대로 된 민족정신이 부재한 상태에서 사과와 보상, 그리고 용서와 화해라는 시나리오는 마치 시시포스의 신화처럼 끝없이 바위를 언덕 위로 밀어 올리는 부조리한 행위의 반복으로 이어질 뿐 양국 관계의 진정한 변화를 가져올 수 없다. 3·1운동의 주도자들은 조선의 독립이 "일본으로 하여금 그릇된 길에서 벗어나 동양을 붙들어 지탱하는 자의 중대한 책임을 온전히 이루게 하는 것"이고 세계의 평화와 인류의 행복에 필요한 단계임을 천명했다.[6] 그들이 꿈꾸었던 국가와 세상을 하루빨리 만들어야 한다는 책임감을 느끼며 3·1운동 100주년이었던 2019년에 이 책을 발간하려고 했는데, 이미 2년이 훌쩍 지나, 코로나19 바이러스의 대유행으로 인한 한일 간 교류 중단 사태를 맞았다.

이 책이 바로잡고자 하는 것은 잘못된 '기억의 정치'이다. 한국의 반일감정이 식민지배와 식민지배 기간 벌어진 강제징용이나 일본군 '위안부' 문제에 기억의 초점이 맞추어져 형성되면서 식민지배가 시작되기 불과 몇 년 전에 일본군이 자행한 대량학살의 역사에 대해서는 망각하고 있다. 여기서 말하는 대량학살은 동학농민전쟁과 정미의병전쟁 시기에 발생한 민병대와 민간인 학살을 의미한다. 이런 역사적 사

---

6 독립기념관, 《독립운동사 배움상자—초등용 교사자료》(천안: 독립기념관, 2018), 39쪽.

실을 지적하는 연구자들도 있지만, 대중은 선택된 기억(selective memory)에 익숙하다. 인터넷의 '페이지 새로고침' 버튼을 누르면 최신정보로 업데이트 되듯이 이 책은 선택된 기억을 사료에 바탕을 둔 종합적인 최신 정보로 대체하려고 한다. 단편적인 역사적 사실들이 이어져 거대한 역사적 저류(undercurrent)가 드러나고 새로운 양국 관계 형성을 위한 역사 블록(historic bloc)이 형성될 때 일본 정부나 국민은 어떤 반응을 보일까? 자국에 유리해 보이는 사실만 인정하고 한국의 근대화에 기여했다고 '망언'하는 일본인들이 학살을 증명하는 헤아릴 수도 없는 시체 더미와 불탄 마을을 보면 어떤 표정을 지을까? 조선의 내재적 붕괴는 무시하고 일본의 침략에만 초점을 맞추어온 한국인들은 또한 어떤 반응을 보일까?

저자가 편의적으로 붙인 제1차 학살(동학농민전쟁)과 제2차 학살(정미의병전쟁)은 새로운 연구 방향의 제시이므로 앞으로 더 많은 연구와 조사가 필요하고, 그 연구 결과는 양국 정부의 정책에 영향을 미칠 것이다. 또한 강제징용과 일본군 '위안부' 피해자들은 아직 살아계신 분들이 있지만 100년 전에 발생한 대량학살의 피해자들은 생존할 수 없으므로 제대로 된 사실 규명과 후속 조치가 시급하다. 이 책은 일본의 만행을 다루면서 유대인에 대한 나치 정권의 홀로코스트보다 강도와 잔혹성 면에서는 덜했는데도 21세기 초까지 지속되고 있는 반일감정과 양국 간 불화의 원인에 대해 분석한다. 강도와 잔혹성 면에서 덜했다는 표현에 이미 불편해하는 한국인 독자가 있을 수 있지만 600만에 이르는 유대인을 독가스를 포함한 다양한 방법으로 말살한 독일과 비교해 일본의 식민통치는 폭력성 면에서 분명한 차이가 있다. 심지어

표면적으로는 내선일체(內鮮一體)라는 정책에 의해 조선인과 일본인을 동등하게 대우하는 시늉을 했다.

홀로코스트(Holocaust)는 고대 그리스에서 신에게 동물(holos)을 태워서(kaustos) 제물로 바치는 것을 의미하는데 흔히 나치에 의한 유대인 대량학살을 지칭한다. 유대인들은 이동식 가스 차와 고정식 가스실에서 독가스에 의해 질식사하면서 독일제국을 지배하는 아리아족(Aryan)의 신화를 위해 제물로 바쳐졌다. 하지만 한반도와 대륙을 침략한 일본군은 방화를 포함한 초토화(scorched earth) 작전을 통해 사람을 태워서 죽이는 고대 그리스의 홀로코스트 방식을 현실 세계에서 구현했다. 이런 점에서 홀로코스트라는 용어는 유대인 학살보다 오히려 일본에 의한 조선인 학살을 지칭하는 데 의미상 더 적절할 수도 있다. 이 책은 제1, 2차 학살에 이어 36년간의 식민통치 기간에 조선인들이 '정신의 학살'을 당했다고 본다. '정신의 학살'은 유대인 말살 계획처럼 그 죄상이 분명하지 않아 단죄하기가 쉽지 않고, 반복되는 진상 규명, 사과, 보상, 그리고 화해의 노력에도 불구하고 더 오랜 기간 양국 관계를 갈라놓는 무형의 장벽이 되고 있다. 공포 통치 아래에서 노예는 아니었어도 명백한 이등 시민으로 생존하는 것 자체가 얼마나 큰 트라우마를 남겼을지는 말로 표현할 필요가 없을 것이다.

이 책은 동학, 정미의병, 일제강점기라는 분절적인 역사 인식을 넘어 1894년부터 1945년까지 50년 동안의 일제침략기를 '학살'이라는 하나의 주제로 묶는다. 반세기라면 어느 정도의 시간성을 내포할까? 프랑스 아날학파의 대표적 학자인 페르낭 브로델의 논리에 따르면 사건 중심의 역사는 단기지속의 역사이다.[7] 이보다 길어서 10년에서 50년까지는 중기지속의 역사(conjoncture)로 볼 수 있다. 하지만 일본의 한반도 '진출' 혹은 침략은 수백 년이라는 시간성 속에서 구조적이면서 지리적인 요인이 강하므로 장기지속(longue durée)이라는 관점에서 보는 것이 타당하다. 즉 정한론(征韓論)과 같은 '진출'과 침략의 역사가 근대에 와서 갑자기 일본인의 정신세계를 사로잡은 것이 아니라 16세기 임진왜란이나 더 역사를 거슬러 올라가 7세기에 백제·왜의 연합군과 당·신라의 연합군 사이에 벌어졌던 백촌강전투를 보면 이러한 현상이 지리적 요인에서 오는 구조적 문제임이 분명해진다.

같은 맥락에서 세계사적 변혁기인 19세기를 외부 세계와 유리되어 미몽(迷夢) 상태에서 허비한 조선의 문제가 단순히 19세기만의 문제가 아니라 조선시대 전체를 아우르는 경직된 신분제에서 오는 창의력, 재능, 인력의 낭비, 지나친 문(文)의 숭상, 경제활동과 노동의 비하에서 오는 낮은 생산성 등 총체적 모순과 연관되어 있음을 언급하지 않을 수 없다. 죽음과 어리석음으로 점철된 불행한 한일 근대사를 반복하지 않기 위해 21세기 한국인과 일본인이 무엇을 해야 하는지는 이 책을 읽는 분들이 결정할 일이지만, 이 책은 성찰의 시간을 여는 작은 초대장이다.

---

7 Fernand Braudel, *On History*(Chicago: University of Chicago Press, 1980), p. 27.

2장 일본 침략의 세 가지 후유증

왜 많은 한국인은 욱일기만 봐도 분노가 솟아오를까? '다케시마'란 말만 들어도 왜 치가 떨릴까? 이 깃발은 일제강점기 전인 19세기부터 사용하던 것이고 중국도 용인하는 태도를 보인다. 또한, 영토를 둘러싼 분쟁은 이웃 나라 간에는 일상적인 일이다. 게다가 독도는 일본의 오키(隱岐)섬보다는 울릉도에 가깝지만, 한일 간 바다의 중간쯤에 있는 섬이고, 천년 이상 양국의 교류사에서 별로 주목을 받지 못한 무인도였는데, 왜 한일 간 외교 분쟁의 중심에 서 있을까?

이런 와중에 누구의 편을 들지 않고 새로운 주장을 하기는 쉽지 않다. 그런데 이 질문을 우회해서 하나의 돌파구를 찾는다면 다음과 같은 질문이 가능하다. 영국과 아일랜드 사이에 있는 바다의 이름은 무엇일까? 답은 역사적인 패권국인 영국의 바다를 의미하는 영국해가 아니고 아일랜드해(Irish Sea)다. 양국 간의 바다의 이름은 영유권과 관계가 없으므로, 영국인들이 편의적으로 아일랜드 쪽에 있는 바다이기 때문에 아일랜드해라고 부른다. 이런 면에서 '일본해'도 어떻게 보면 한국 중심적 시각에서는 더 적절한 지명일지도 모른다. 하지만 혹자는 아일랜드해가 가능한 이유가 영국의 공식 국명이 '그레이트브리튼 및 북아일랜드 연합왕국(The United Kingdom of Great Britain and Northern Ireland)'이기 때문이라고 한다. 아일랜드섬에는 독립국인 아일랜드공화국도 있지만 섬 북동부에 있는 북아일랜드는 영국령이라서 아일랜드해라고 불러도 무리가 없다는 의미다. 어쨌든 지명은 인간의 다양한 관념과 선택 혹은 투쟁을 반영한다는 것을 이해하면 지나치게 지명에 집착할 필요는 없다. 오해를 사지 않기 위해 한마디 덧붙이면, '동해'를 '일본해'로 바꾸어 부르자는 것은 물론 아니다. 한국인에게는 친숙한 동해가 늘 동해로 남는 것이 좋다. 하지만 일본인에게 이곳을 일본 본토의 서쪽에 있는데도 동해로 불러달라고 하는 것은 무리한 요구다.

이 장에서 논의하고 싶은 것은 영토나 지명의 문제가 아니라 일본에 대한 의식 전환의 필요성이다. '친일파' 혹은 '친일 인사'라는 말을 듣는 순간 '개화파'라는 이미지보다는 '매국노'의 이미지가 부각되면서 처단해야 할 반역자이거나 숨겨야 할 과거와 같이 취급하는 것이 한국인의 정서다. 그런데 청일전쟁이 시작된 1894년부터 일제가 패망한 1945년까지 50년 동안의 일제침략기를 한반도에서 살아 온 사람이 있다면, 이 기간에 한 행위 중에서 어떤 부분이 친일이고, 어떤 부분이 반일인지, 또 어떤 부분이 이것과 관계가 없는지를 규명하는 것이 가능할까? 돌이켜보면 국력이 바닥난 상태에서 힘없는 백성들이 모두 죽자고 덤비면 (그럴 가능성도 없지만) 그만큼 희생이 커지고 뒷날을 도모할 수 없다. 대의도 중요하지만, 생존이 우선이다. 사극 〈미스터 션샤인〉에서 청백리 칭호를 받은 왕의 스승 고사홍이 왜 손녀딸 고애신의 의병 활동을 반대하면서 '살아야 한다'를 계속 강조했을까? 왜 고애신은 못 이기는 척하면서 고국을 떠나 만주로 가서 독립군을 양성했을까? 의병이 독립군으로 전환되는 과정은 투쟁하더라도 한반도에서는 불가능했기 때문에 만주로 가서 '살아서' 독립 투쟁을 계속할 기회가 있었음을 보여 준다. 이런 맥락에서 임시정부나 안중근, 윤봉길 의사의 행위도 중국에서 가능했던 것이지, 한반도에 남은 사람들이 조직적으로 투쟁하기는 힘들었고, 대부분은 친일파이거나 식민통치의 방조자였다. 민족정신이 3·1운동과 같은 사건으로 분출되는 경우는 예외적이었고, 출세와 부귀영화를 추구해 친일하거나 살아남기 위해 감정을 숨기고 입을 닫아야 했다. 동학농민전쟁과 정미의병전쟁을 통해 수십만의 저항하는 의사(義士), 열사(烈士), 지사(志士) 들과 무고한 민중이 일본에 의해 학살당한 상황에서 목숨 건 투쟁을 계속했다면 오히려 민족의 말살로 이어질 수도 있었다.

물론 이완용같이 국가를 넘기고 그 대가로 일본의 은사를 받아서 식민지배 기간 내내 호의호식을 한 경우는 역사적 단죄가 필요하다. 태평양전쟁 시기에 참전 혹은 정신대 입소를 선동한 사람들은 당연히 전쟁 범죄자 혹은 동조자로 비난받아야 한다. 하지만 모호하면서 포괄적인 '친일'이라는 단어는 '친미', '친중' 혹은 '친러'처럼 고유의 의미를 되찾아야 할 때가 왔다. 21세기의 일본은 적국이 아니라 한국이 국익을 위해 협력을 우선으로 해야 할 이웃 나라다. 대량학살과 식민지배의 트라우마에서 벗어나야 한민족은 자강의 길로 갈 수 있는데 우선 일제침략기에 어떤 학살이 자행되었는지를 알아야 한다.

먼저 한반도의 근현대사를 큰 그림으로 정리한다. 이성계와 그의 추종 세력들은 극소수의 '금수저'만을 위한 고려의 귀족 체제를 종식시키고 1392년 조선이라는 새로운 국가를 건설했다. 집권 세력은 성리학이라는 이념을 통해 정치, 경제, 사회 전반을 통제하면서 '왕도정치'라는 명분을 내세워 권력을 공고히 했다. 문제는 많았지만, 전 세계에 어디 문제없는 국가가 있었을까? 그런데 진짜 문제는 18세기에 발생했다. 서구 사회가 근대적 시민혁명과 산업혁명을 수행하고, 중국과 일본은 노비제를 포함한 엄격한 신분제를 이미 오래전에 철폐했는데도 조선이 예외적으로 봉건적 질서에 집착하는 현상이 벌어졌다. 조선 체제의 특징은 왕과 양반이 권력을 분점하고 상인과 장인을 천시하면서 인구의 3분의 1 이상을 노예로 부리는 봉건성이다.[8] 쇄국 정책의 여파로 외국 문물의 유입이 차단된 상황에서 양반과 민초의 대부분이 개화되지 못한 상태를 유지했다. 그 결과는 농업과 산업 생산성의 약화로 이어졌고, 거듭된 기아와 폭정은 민란의 원인이 되었다.

이러한 구체제의 모순이 1894년의 동학혁명으로 첨예하게 노출되었다. 핍박받던 조선의 민초에게 조선의 구체제는 타도의 대상이었다. 하지만 동학농민군도 힘이 부족해 구체제를 자신의 힘으로 전복하지 못했다. 오히려 민란을 빌미로 조선을 군사적으로 점령한 일본이 갑오개혁(1894)에 이어 을사보호조약(1905), 한일신협약(1907), 한일병합조약(1910)으로 조선의 국체를 소멸시켰다. 조선의 지배층과 민초들은 조선과 이씨 왕조를 소멸시키려는 일본에 저항해서 정미의병이

8 한영국, 〈조선 중엽의 노비결혼양태(상)―1609년의 울산호적에 나타난 사례를 중심으로〉, 《역사학보》 75(1)(1977), 186쪽.

라는 이름으로 봉기한다. 근본적인 문제는 조선의 구체제였는데 조선의 엘리트가 자력으로 혁명과 개혁을 실행하지 못한 상황에서 외세에 대항하기 위해 소수의 조선인들이 봉기한 것이다. 조선의 구체제는 자체 개혁이 불가능했고 누군가에 의해서 타도되어야 할 대상이었다. 그리고 힘이 있는 일본제국이 이 작업을 수행했다.

여기에서 가장 큰 반전은 구체제 타도로 요약될 수 있는 반왕조, 반양반적 정서가 반일정서로 바뀐 것이다. 대한제국으로 이름을 바꾼 조선 왕조가 망하는 순간이 핍박받던 조선의 민초에게는 프랑스혁명과 같은 환희의 순간이 되어야 했는데, 일본에 의한 강점은 오히려 조선인을 공황 상태로 몰아넣었다. 이 과정에서 조선인들은 구체제의 패악을 잊고, 망국의 모든 책임을 일본에 전가했다. 타도의 대상이었던 조선의 구체제가 오히려 연민과 애착의 대상이 되고 이 구체제를 타도한 일본이 불구대천의 원수가 된 것이다. 조선의 민초가 자력으로 이 구체제를 타도하고 새로운 국가를 세웠으면 바람직했겠지만, 일본이 이 구체제를 전복시키고 식민통치를 시작하는 바람에 모든 비난의 초점이 일본으로 쏠리게 되었다. 반일감정이 한국인의 정신세계를 지배하면서 21세기의 한국인을 20세기 초의 시대정신인 반일민족주의의 포로로 만들어 놓았다.

앞에서 언급한 것처럼 이 책은 일본의 행위를 두둔하려는 것이 아니라 오히려 일본의 한반도 강점 과정을 역사적 자료를 통해 재조명하고, 일본이 범한 국가 범죄의 진상이 일반인들이 이해하는 수준보다 훨씬 방대하고 악랄했다는 것을 밝히는 것이다. 일본의 범죄행위를 조명하는 과정에서 조선의 구체제를 비판적 시각으로 접근해야 하며

21세기의 한국인을 존재하게 만든 민초의 저항 정신에 주목해야 한다는 것이다.

다음 장부터 일제침략기 50년(1894−1945)의 주요 사건을 제1차, 제2차, 그리고 정신의 학살로 나누어서 서술하기 전에 우리 사회가 보이는 일본 침략의 3가지 후유증과 새로운 한일관계 정립을 위한 네 가지 주장을 먼저 밝힌다.

증상 1 두 번의 학살은 망각하고 '정신의 학살'에 혼을 빼다

한국인은 일본과의 근대사를 얘기할 때 늘 '일제강점기'라고 불리는 36년간의 식민지배 기간, 그중에도 1937년 중일전쟁 이후에 벌어진 일본군 '위안부', 강제징용, 공출(供出) 문제를 떠올리고, 식민지배를 가능하게 만든 병합조약이 무효라고 주장하거나, 혹은 '매국노'로 불리는 이완용과 같은 엘리트 관료의 행적에 분개한다. 하지만, 이것은 선택된 기억이다. 1910년의 병합조약 이전인 19세기 말부터 이미 일본군이 한반도에 난입해 저항하는 무장 세력은 물론 아무 관계도 없는 행인이나 나무꾼을 무차별 학살하고 수많은 마을을 불태우면서 무력으로 한반도를 점령하고 통치했다는 역사적 사실이 존재한다. 저항 세력에의 가담을 막기 위해 일본군이 할 수 있는 것은 공포 분위기 조성이었다. 일본군은 동학농민전쟁과 정미의병전쟁을 통해 양민을 무차별 학살하고 마을을 불태우는 초토화 작전을 수행했다.

유럽인들이 아프리카에서 창을 들고 덤비는 원주민들을 기관총과 같은 근대식 무기로 학살했듯이 일본제국에 의해 수십만 명의 조선인들이 비슷한 방식으로 죽임을 당했고, 이러한 대량학살과 그에 따른 공포가 비교적 조용했던 1910년의 병합으로 이어졌다. 동학농민전쟁과 의병전쟁이 '실패국가' 조선이 일본제국에 대해 유일하게 벌일 수 있는 전쟁이었고, 이렇게 민간인들은 일본제국과 일본제국을 따르는 조선의 엘리트와 관군에 의해 살육당한 것이다. 조선의 관군들이 보기에도 일본군이 한일병합 전에 자행한 학살의 참혹함이 형언할 수 없는 수준이라서 이 책은 이 부분을 먼저 기록과 사료를 토대로 정리한다.

이 책은 '일제강점기' 36년보다 '일제침략기' 50년이라는 관점에서 역사를 재정리한다. 이 50년은 1894년부터 1945년까지의 약 50년의 기간이며, 이 기간에 두 차례의 대량학살(genocide)과 '정신의 학살'이라고 볼 수 있는 36년의 식민통치가 있었다. 동학농민전쟁 시기에 최소 3만에서 최대 30만에 이르는 동학농민군 및 주민 학살과, 정미년(1907년) 이후 '남한대토벌'을 포함한 일본의 군사작전에서 발생한 최소 2만에서 최대 10만에 이르는 의병과 주민 학살이 벌어졌다. 식민통치 기간에도 규모는 작지만 3·1운동 참가자 학살, 간도 학살, 간토대지진 시기 재일조선인 학살과 같은 사건들이 발생했다.

이런 의미에서 이 책은 일본이 한반도 침략기에 벌인 학살에 대한 보고서이다. 또한 식민지배기 36년에 초점을 맞추는 역사 인식의 문제를 지적하면서 일본에 저항한 민중의 투쟁과 죽음의 의미를 되살려, '식민지 근대성' 혹은 '식민지 근대화론'으로는 은폐될 수 없는 침략의 민낯을 드러낸다. 식민통치는 저항하거나 무고한 수십만 명의 조선인들이 일본 군경의 총칼에 죽임을 당하는 '공포의 도가니'에서

표 1. 일제침략기의 학살 기록

단위: 명

사건 이름	발생 연도	장소	일본 정부(군) 추산 사망자 수	사망자 최소치*	사망자(피해자) 최대치*
동학농민전쟁	1894–95	한반도 전역	?[1]	30,000[2]	200,000[3]
					300,000[4]
					300,000–400,000[5] (피해자)
정미의병전쟁	1907–09	한반도 전역	17,779[6]	15,000[7]	100,000[8]
3·1운동	1919	한반도 전역	553[9]	7,509[10]	10,000[11]
간도 학살	1920–21	간도(중국 동북 지방, 러시아 극동 지역)	522[12]	3,693[13]	20,000[14]
간토대지진 시기 조선인 학살	1923	일본 전역	233[15]	2,613[16]	23,058[18]
				6,661[17]	

* 연구자, 언론 추산.

1) 일본군 참모본부가 관련 기록 삭제, 은폐. 나카츠카 아키라·박맹수·이노우에 가쓰오, 《동학농민전쟁과 일본》(모시는 사람들, 2014), 100-101쪽; 2) 조경달, 《이단의 민중반란—동학과 갑오농민전쟁 그리고 조선 민중의 내셔널리즘》, 박맹수 옮김(역사비평사, 2008), 329쪽; 3) 이돈화, 《천도교창건사》(천도교 중앙종리원, 1933), 69쪽; 4) 박은식, 《한국독립운동지혈사》(서문당, 1975), 24쪽; 5) 오지영, 《동학사》(대광문화사, 1987), 162쪽; 6) 조선주차군사령부 엮음, 《조선폭도토벌지》(독립운동사편찬위원회, 1971), 823-824쪽; 7) 홍영기, 《한말 후기의병》(한국독립운동사편찬위원회, 2017), 283쪽; 8) 저자 추산. 한홍구, 《대한민국사》(한겨레출판, 2003), 135쪽; 9) 総督府警務局, 〈騷擾 死傷者数(大正 8年 6月20日)—騷密第四四O三号〉, 《現代史資料 25》(みすず書房, 1965), 474쪽; 10) 박은식, 《한국독립운동지혈사》(서문당, 1975), 196쪽; 11) "10,000 Koreans Die in Revolt; Japs Jail 50,000 to Crush Move; 600 Women and Children Killed, Is Charge", *San Francisco Chronicle*, May 2, 1919; 12) 朝鮮軍, 《間島事件に依る鮮支人死傷者調査の件》(国立公文書館 アジア歴史資料センター, 1921) 참조; 13) 〈西北間島同胞의 慘狀血報〉, 《獨立新聞》(1920년 12월 18일); 14) 이강훈, 〈青山里 獨立戰鬪〉, 《군사》 5, 115쪽; 15) 이 숫자는 당시 기소된 사건의 사망자의 총수이며, 기소되지 않은 사건의 피해자는 포함되지 않음. 中央防災会議 災害教訓の継承に関する専門調査会, 〈第4章 混乱による被害の拡大 第2節 殺傷事件の発生〉, 《1923 関東大震災 報告書 第2編》(2008년 3월); 16) 吉野作造, 〈朝鮮人虐殺事件〉, 《現代史資料6—関東大震災と朝鮮人虐殺》(みすず書房, 1963), 362쪽; 17) 〈一萬의 犧牲者!!!〉, 《獨立新聞》(1923년 12월 5일); 18) 〈관동대지진 때 학살된 조선인 2만 3천 58명이었다〉, 《연합뉴스》(2013년 8월 21일).

표 2. 강제동원 피해자 수

사건 이름	발생 연도	장소	일본(한국) 정부 추산 피해자 수	피해자 최소치*	피해자 최대치*
일본군 '위안부'	1931–45	아시아·태평양 지역	자료 부족으로 명시하기 힘들지만 광범위한 지역에 수많은 '위안부'들이 존재'[1]	총 20,000명 중 한국인 4,000–5,000명[2]	총 400,000명 중 한국인 140,000–160,000명[3]
강제동원	1939–45	아시아·태평양 지역	7,554,764명[4]		
강제징집	1938–45	아시아·태평양 지역	209,279명[5]		

* 연구자 추산.

1) 內閣官房內閣外政審議室,《朝鮮半島出身のいわゆる從軍慰安婦問題について》(http://wam-peace.org/ianfu-koubunsho/file/file_1.pdf) 참조; 2) 秦郁彦,《慰安婦と戦場の性)》(新潮選書, 1999), 406쪽; 3) 蘇智良,〈第八章 各国の慰安婦—地獄の囚人〉,《慰安婦研究》(上海书店出版社, 1999) 참조; 4) 〈노무동원〉, 일제강제동원피해자지원재단(https://www.ilje.or.kr/mobilize/labor/list/); 5) 塚崎昌之,〈朝鮮人軍人·軍屬の動員実体とその被害〉,《第11回強制動員真相究明全国研究集会 자료집》, 16쪽(http://www.ksyc.jp/sinsou-net/20180317oknawa-siryou.pdf).

시작된 것이지, 단순히 이완용이 순종의 위임을 받아 병합 과정을 총괄한 평화적 '주권 포기'의 과정이 아니었다. 〈표 1〉의 기록들은 다양한 역사적 자료와 연구 자료에서 정리하고 추산한 것인데, 일제침략기 50년간의 주요 사건에서 희생된 한국인의 숫자를 보여 준다. 이러한 학살 이외에도 강제징용된 한국인 중 229,781명이 사망했다는 명부가 한국 정부에 의해 공개되기도 했다.[9]

이 표를 준비하기 위해 많은 자료를 모아야 했는데, 일본 정부 측의 자료와 한국과 일본 연구자들의 추산을 함께 표기해 주는 것이 독자들의 이해를 도울 것 같아서 이런 방식을 취했다. 숫자에만 집중하지 말

9 〈일제강점기 징용·피살자 23만명 명단 확인〉,《조선일보》(2013년 11월 19일).

고 출처를 함께 보는 것도 의미가 있다. 일본 정부의 기록은 자료가 충분치 않아 최소치나 최대치를 명시한다는 것이 의미가 없지만, 일제 침략기 50년 동안 아래 5건의 학살 사건에서 연구자 혹은 언론 추산으로 최소 6만 명에서 최대 45만 명의 학살 피해를 집계할 수 있다. 사실 이것은 기록이나 논리적 추산에 의한 것이고, 실제 일본군에 의한 학살의 규모는 더 정밀한 조사가 필요하다.

이 2개의 표가 제시하는 숫자에 독자들은 엄청난 학살의 규모와 강제 동원이라는 현대판 '노예제'의 실체에 경악할 것이다. 한마디로 일본은 '학살의 제국'이라는 느낌이 들 것이다. 1894년 이후 50년의 침략기 동안 10년에 한 번씩은 학살하다가 이것도 모자라 1937년부터 중일전쟁과 태평양전쟁의 구렁텅이로 한국인을 몰아넣어 또 다른 형태의 대량학살을 범했다. 여기까지만 읽으면 이 책이 일본제국의 대량학살을 새로운 각도에서 고발하고 일본에 역사적 책임을 묻는 시도라고 보일 것이다. 물론 이것이 일차적 목표이다.

하지만, 역사의 신이 존재한다면 한국인에게 그렇게 녹록하지는 않을 것이다. 1945년에 일본이 패망하면서 한반도가 미국과 소련의 세력권으로 양분되었던 1947년과 1948년에 어떤 일이 일어났는가? 해방 후 '좌우대립'이 발생했다고 하지만 이것은 진상을 제대로 보여 주는 표현이 아니다. 1950년에 시작된 한국전쟁이 본격적인 내전이라면 그 이전의 좌우대립은 한국전쟁으로 이어지는 소규모 내전 상황이었다. 이것을 진압하려고 미군정과 이승만 정권은 폭력적 탄압을 시작했다. 그 결과 3만 명에 가까운 양민이 학살된 제주 4·3사건과 수천 명에서 1만 명으로 추정되는 인명 피해가 난 여수·순천 학살 사건이 발생했다.[10] 동족이 동족에게 자행한 용서받지 못할 행위이다. 이러한 혼란은 1950년에 한국전쟁으로 이어지고 전쟁과 병행해 이념을 달리하는 집단 간의 대량학살이 한반도 전역에서 벌어졌다. 그 결과로 한국군과 유엔군을 포함해 18만 명이 전사, 경찰관 1만여 명 사망, 민간인 99만 명이 사망·학살·실종되었으며, 북한군 사망은 52만 명, 중공군 사망은 18만 5천 명으로 추산된다.[11] 부상자까지 합하면 600만 명 정도가 이 전쟁에서 희생되었다. 한국전쟁 중에 벌어진 강화 양민 학살, 거창 양민 학살 등은 한국군에 의해 자행된 악명 높은 학살의 기록이다. 1980년의 광주 학살(정식 명칭 '5·18 민주화운동')과 그 주동자들의 뻔뻔함을 보면 도대체 '무엇이 잘못됐나'라는 근본적인 물음을 던질 수밖에 없다. 이런 동족 간의 전쟁이나 학살도 일본의 한반도 침략이 원인이었다고 간단하게 치부할 수 있을까? 일본의 침략이 시작되기 전인 19세기 조선의 후진성과 폭력성을 보면 일본에게 모든 비난을 돌릴 수도 없다. 일본제국은 분명히 형언할 수 없는 역사적 과오 때문에 비난받아야 하지만, 한국인이 한국인에게 자행한 학살을 돌이켜보면 아무리 일본을 비난해도 뒤끝이 개운하지 않다.

어느 철학자가 너무나 당연해 보이는 기존의 사실들이 온통 의문투성이로 다가올 때가 바로 철학이 시작되는 순간이라고 했던가. 이 문제는 결국 인간 본성에 대한 깊은 이해를 필요로 한다. 예수 말씀처럼

---

10 이영일, 〈여순사건, 국가폭력의 위법성과 진상규명의 방향〉, 《지역과 전망》 14(1), 86쪽; 김무용, 〈여순사건 진압을 위한 대항 게릴라 작전과 민간인 희생화 전략〉, 《역사연구》 31(1), 287쪽.

11 유완식·김태서, 《북한 30년사》(현대경제일보사, 1985) 참조; 신상일, 〈아아 잊으랴, 어찌 우리 이날을!〉, 국가기록원(http://theme.archives.go.kr/next/koreaOfRecord/625.do).

'누가 감히 누구에게 돌을 던질 수 있을 것인가' 하는 질문도 필요하다. 부처 말씀처럼 '인생은 어차피 고해(苦海)이기 때문에 해탈만이 끊임없이 반복되는 육체적·정신적 학살, 즉 윤회의 질곡에서 벗어날 수 있는 유일한 방법인가' 하는 물음도 필요하다.

꼬리를 물고 일어나는 이 모든 물음에 관해 책 한 권으로 답변할 수 없으므로 이 책에서는 일본이 벌인 50년간의 침략과 학살에 집중하면서, 한국의 내재적 문제는 무엇이었는지에 대한 반성과 성찰의 시간을 갖고자 한다. 섣부른 사과와 보상, 용서와 화해라는 프레임보다는 이 성찰의 결과로 한일 양국이 과거사를 직시해서 문제점을 발견하고 고쳐 나가면서 모범적인 국가로 거듭나는 데 반면교사(反面敎師)로 삼았으면 하는 바람이다.

이 책이 강조하는 것은 일본 침략에 관한 역사학적 연구가 독립운동사에 집중되면서 일제침략기 50년의 피해를 조명하는 종합적인 연구가 부족하다는 것이다. 이 상황을 홀로코스트 연구와 비교하면 많은 차이가 난다. 홀로코스트 연구의 결과로 6백만 명이라는 사망자 숫자가 정설로 되어 있고, 이러한 거대한 학살이 어떻게 가능했는지에 실증적 연구가 나오고 있다.[12] 이것에 맞서 홀로코스트를 부정하는 연구과 주장이 등장하면서 논란이 되어 법적 소송으로 가는 경우도 있다.[13] 하지만 일본에 의한 대량학살 피해의 규모는 연구자들에 의해 사건별로 제시되어 그 전모를 알 수가 없고, 상황이 이러하니 대중이나

12 Lucy S. Dawidowicz, *The War Against the Jews: 1933-1945*(New York: Holt, Rinehart and Winston, 1975), p. 18.

13 임지현,《기억 전쟁—가해자는 어떻게 희생자가 되었는가》(휴머니스트, 2019), 41쪽.

정부 당국자의 관심 밖에 존재한다.

일본사와 태평양전쟁사의 대가인 존 다우어(John Dower)는 그의 책에서 한국인의 기억의 많은 부분을 차지하는 태평양전쟁 기간 한국인 사망자 수가 약 7만 명에 불과하다고 주장한다. 이 7만 명은 히로시마와 나가사키의 원폭 피해자, 강제징용 피해자와 일본군의 징집 피해자를 합친 것이다.[14] 문제는 다우어가 추정한 1천만 명의 중국인 사망자, 4백만 명의 인도네시아인 사망자, 1백만 명의 인도차이나인 사망자, 12만 명의 필리핀인 사망자, 10만 명의 말레이시아인과 싱가포르인 사망자와 비교하면 훨씬 적은 숫자이다. 이러다 보니 오히려 일본 우익 정치가들의 입에서 "일본의 식민통치가 한국의 근대화에 기여"했다는 망언이 나오는 상황으로 발전했다.

그런데 그의 추산이 사실일까? 진실은 알 수 없지만, 워너 그럴(Werner Gruhl)은 그의 책에서 다우어보다 훨씬 많은 자료를 분석했다며 다우어의 추산보다 8배가량 많은 53만 3천 명의 한국인이 죽었다고 주장한다.[15] 그럴이 집계한 〈표 3〉을 보면 다우어를 비롯한 다른 학자들이 집계한 숫자와 비교해 차이가 많이 난다. 그 결과 한국인 사망자의 숫자도 아태 지역 피해국 순위에서 5위로 부상한다.

이러한 사망자 추산과 관련된 연구의 문제점에도 불구하고 이 책은 일제침략기에 자행된 학살의 희생자 수를 명시함으로써 침략의 진상을 밝히고 일본의 한반도 강점에 대한 진실에 접근하는 계기를 만들고

14 John Dower, *War without Mercy: Race and Power in the Pacific War*(New York: Pantheon Books, 1986), p. 297.

15 Werner Gruhl, *Imperial Japan's World War Two 1931-1945*(New York: Routledge, 2007), p. 19.

표 3. 아태 지역 연합국 사망자 추정치 비교

단위: 명

연합국 사망자	다우어와 기타 역사가들	워너 그럴	숫자 차이가 난 이유
중국	10,000,000	15,554,000	모든 요인 포함
자바(동인도제도)	4,000,000	3,000,000	많은 자료로 추가 판단
인도와 벵골 기근	1,680,000	2,040,000	버마 탈출 인도인 포함
인도차이나	1,000,000	1,500,000	두 개의 추정의 중간치
한국	70,000	533,000	군대와 강제노동 포함
필리핀	120,000	527,000	전쟁, 가혹행위 포함
버마	–	170,000	폭력과 기근
태국	–	120,000	경제혼란
말레이시아, 싱가포르	100,000	100,000	
버마–태국 철도	82,500	70,000	아시아인만 포함
호주	30,000	24,000	아태 지역 전사자, 병사자만 포함
뉴질랜드	10,000	17,000	아태 지역 전사자, 병사자만 포함
영국과 기타 연합국	–	56,000	영국, 캐나다, 서아프리카, 네덜란드
미국	100,000	128,000	아태 지역 전사자, 병사자만 포함
인도네시아 주재 유럽인	30,000	30,000	
소련	–	8,000	소련의 만주와 한국 공격
아태 지역 전사자	17,222,500	23,877,000	
아태 지역 중상자	미추산	99,600,000	
전체 연합국 피해자	17,222,500	123,500,000	

출처: Werner Gruhl, *Imperial Japan's World War Two 1931-1945*(New York: Routledge, 2007), p. 19.

자 한다. 이것에 대한 긍정과 부정의 논의가 이루어질 때 좀더 진보한 '기억전쟁'이 벌어질 것이다.[16] 희생자의 숫자도 중요하지만, 많은 경우 과거에 벌어진 사건에서 희생자의 숫자는 정확한 추산이 불가능해 실제 규모보다 적든지, 아니면 훨씬 부풀려지든지 할 수밖에 없다. 그래도 일제침략기에 벌어진 대량학살에 대한 전모는 밝히는 작업을 시작할 필요는 있다.

16 임지현, 앞의 책, 37쪽.

증상 2 조선의 내재적 붕괴에는 눈감고 망국의 책임을 일본에 전가하다

박근혜 전 대통령의 측근 최서원(개명 전 최순실)이 러시아 황제의 신임을 얻어 국정을 전횡한 괴승 라스푸틴에 비유되면서 "이게 나라냐"라는 말이 한때 유행했었다. 박 전 대통령을 두둔할 마음은 없지만, 고종의 조선과 비교해서 박근혜의 대한민국은 비교적 훌륭한 나라였다. 먼저, 하나의 내란이라고 할 수 있는 동학 봉기를 진정시킬 능력이 없어 외국 군대를 불러들여 진압한다는 통치자들의 발상 자체가 이미 조선이 제대로 된 국가가 아니라는 명백한 증거이다. 고종의 아관파천을 보자. 청일전쟁 이후 조선에 대한 일본의 영향력이 강해지자 고종은 러시아 공사관으로 피신했다. 이 한 수로 친일내각을 꾸렸던 김홍집을 비롯한 여러 인사는 비운의 죽음을 맞고 왕은 황제로 이름을 바꾸더니 잠시 통치권을 회복했다. 그런데 국왕이 왕궁을 몰래 빠져나가 외국 공관에 피신해서 정무를 보는 상황을 어떻게 평가해야 할까?

게다가 고종은 비겁했다. 1905년 제2차 한일협약의 체결로 통감부가 설치되면서 외교권이 박탈되고 모든 외국 공사관들은 철수하게 됐다. 초대 통감으로 이토 히로부미가 취임하고 조선은 공식적으로 일본의 보호국이 되었다. 당시 상황을 보면, 한일협약을 체결하려는 일제의 압박에 11월 17일 경운궁에서 어전회의를 열었지만, 의견을 모으지 못했다. 일본이 군대를 동원해 궁궐을 포위하자 대신들은 5 대 3으로 조약 체결에 찬성했다. 이때 고종은 어떤 태도를 보였을까? 이미 러일전쟁의 승리로 조선은 사실상 일본의 영향력 아래 있었는데, 고종은 끝내 지도자로서의 면모를 보이지 못하며 대신들에게 책임을 전가했다. 이를 통해 '을사오적'(학부대신 이완용, 군부대신 이근택, 내부대신 이지용, 외부대신 박제순, 농상공부대신 권중현)이 탄생했다.

1905년이라는 시점은 내우외환으로 조선이 국가통치능력을 상실한 시기다. 손병희는 1905년에 도쿄에서 쓴 그의 국한문혼용체의 책 《준비시대》에서 조선의 문약함, 어리석음, 무관과 기술 천시 등으로 인해 외국에 의해 국토가 유린당함을 탄식하고 있다.

> 우리는 온 나라에 한 사람도 군사에 대해 아는 자가 없고 삼면이 바다로 둘러싸인 국가이면서 그 바다를 스스로 경계하는 함정 한 척이 없어서 적이 쳐들어오게 되면 기세등등하게 활보하는 것이 무인지경과 같으니 이렇다면 나라가 비어 있음과 다름 아니겠는가?[17]

서구와 일본이 근대화로 나아갔을 때 조선의 국왕과 양반 지배 계층은 외부 세계에 대해 문을 닫고 자체 개혁에 실패했다는 점은 이미 앞에서 언급했다. 조선의 봉건성과 국가 체제의 문제가 세계의 여러 나라와 비교해 특별히 열악했다고는 할 수 없지만, 여기서 지적하지 않을 수 없는 것이 노비제도를 포함한 신분제의 문제이다. 노비뿐만 아니라 서얼, 여성, 지역 등의 차별이 제도화 또는 규범화된 상태에서 국왕과 양반 지배층은 독보적 특권을 누리면서 그들의 권위를 위협할 수 있는 경제, 사회, 문화 활동을 억제했다.[18] 안빈낙도(安貧樂道)는 좋은 의미를 가진 말로 흔히 쓰이지만, 조선의 지배층이 이런 이상을 추

---

17 손병희, 《준비시대》(오늘Korea, 2015), 33쪽.

18 계승범, 《우리가 아는 선비는 없다》(역사의아침, 2011), 70쪽.

구했다는 것은 권력자로서의 책임을 방기한 것이다. 이황과 같은 대표적인 학자도 소유한 노비의 수가 367명에 달했고 30만 평 이상의 토지를 보유하면서 부와 사치를 누렸다.[19] 그들이 중앙정부에서 유교적 명분론을 탐닉하며 권력 투쟁을 하다가 귀향해서 편안하게 도를 즐기는 사이에 그들에게 봉사해야 되는 일반 민중이나 노비들은 얼마나 궁핍한 삶을 살았을까? 기본적인 인권을 부여받지 못한 민초들의 우울한 삶은 그들 개인의 고통이었을 뿐만 아니라 조선 전체의 경제적 생산력과 군사력을 약화시킨 근본 원인이었다. 16세기부터 전체 인구에서 노비의 비율이 증가했는데, 이것은 평민들이라고 할 수 있는 양인들이 양반과 노비에게는 부과되지 않는 군역과 요역의 의무를 피하기 위해 스스로 노비로 전락했고, 양인과 노비의 사이에서 태어난 자식도 노비가 되는 제도 때문이었다. 극심한 차별과 생활고를 겪던 대다수의 노비와 양인의 시각에서 보면 조선의 국가 체제는 타도의 대상이었고, 이것이 계속된 민란의 근본 원인이었다.

조선을 명쾌하게 '노예제 사회'로 부르는 학자들이 있다.[20] 사극에서 노비들을 자주 봐서 한국인에게는 노비의 존재가 생활의 일부처럼 익숙하지만, 노비를 영어로 번역하면 'slave'이고 이것을 다시 한국어로 번역하면 노예가 된다. 조선의 노비는 다른 국가의 노예와는 다르다고 강변하는 사람들이 있지만, 어차피 노비도 매매, 증여, 상속되면서 하나의 인격체라기보다는 물건으로 취급되었다.[21] 미국 워싱턴

19 위의 책, 68-69쪽.

20 James Palais, *Confucian Statecraft and Korean Institutions: Yu Hyongwon and the Late Choson Dynasty*(Seattle: Univesity of Washington Press, 1996), p. 118.

21 *Ibid.*, pp. 210-211.

대학의 한국학자 제임스 팔레 교수가 '조선 노예제 국가론'을 주장하는 대표적 학자인데, 그의 연구는 17세기 한양의 호적에서 75퍼센트의 인구가 노비였다는 사실을 밝힌 그의 스승인 에드워드 와그너 교수의 영향을 많이 받았다.[22] 75퍼센트라는 비율은 충격적인데 한양이라는 공간에는 소수의 엘리트 지배층과 이들이 수족처럼 부리던 관노비와 사노비가 존재했다는 역사의 불편한 단면을 보여준다. 지방도 노비의 비율은 한양보다는 낮지만 인구의 40퍼센트가 노비였다는 자료가 있다. 광해군 1년인 1609년에 작성된 울산의 호적부에서 호구 수는 약 1,110호에 주민은 3,250명 정도가 되는데, 연구 자료에 의하면 양반, 양인, 노비의 구성 비율이 3:57:40로 추정되고 있다.[23] 18세기 중반까지 노비의 비율이 30퍼센트를 넘게 유지되면서 큰 변화를 보이지 않았다는 것은 조선이 심각한 차별사회였음을 분명하게 보여준다. 일반적인 조선사회의 연구는 무소불위의 권력을 휘두르는 중국의 황제와 비교해 조선의 왕권이 비교적 약했고, 왕과 양반 사대부 간의 견제와 균형이 작동하는 협치 체제였다는 점을 강조하는 경향을 보인다. 그러나 이러한 지배층의 권력 분점이 인구의 대다수에 가까운 양인과 노비의 희생에 의해 가능했다고 하면 이 체제는 생산성과 효율성은 물론 인권과 도덕성 면에서 근본적인 문제가 있다. 인본주의를 강조했던 조선이라는 유교 사회는 고대로부터 내려오던 노비제를 혁파하지 못하고 오히려 제도화시켰다.

---

22 James Palais, "Obituaries: Edward W. Wagner(1924-2001)", *The Journal of Asian Studies*, 61(3), pp. 1137-1139.

23 한영국, 앞의 글, 186쪽.

조선의 노비제는 다른 나라의 노예제도와 비교해서 특이한 점은 같은 민족의 일원으로서 정쟁에 패배한 양반들의 가족이나 혹은 경제적인 문제로 신분이 전락한 이들을 노비로 삼았다는 점이다. 물론 미국이나 영국처럼 흑인 노예를 부리거나, 로마처럼 정복당한 민족을 노예로 삼은 것과 달리 자신의 이웃을 노예로 삼은 것에 대해 어느 쪽이 도덕적으로 더 나쁜가를 판단하기는 쉽지 않다. 그러나 중국과 일본이 조선보다 훨씬 앞서 노비제를 철폐한 것을 보면 조선의 후진성과 폭력성은 타의 추종을 불허한다.

물론 이러한 엄격한 노비제도도 조선 후기에 들어서는 붕괴하기 시작했다. 18세기부터 솔거노비(率居奴婢)가 감소하기 시작해서 19세기에는 그 비율이 상당히 낮아졌다. 농지를 보유하거나 부를 축적한 노비도 생겨나서 서구의 노예제와는 양상이 매우 달랐다. 조선 전기는 솔거노비나 관노비(官奴婢), 혹은 외거(外居)하면서 주인이나 관청의 토지를 경작하는 형태의 노비가 많았지만, 후기에 들수록 외거하면서 주인과 관청의 토지와 관계없이 자립해서 생활하면서 신공(身貢)민을 제공하는 이들이 다수를 점유했다.[24] 이것은 조선의 경제 체제의 변화를 의미하는데 제한적이지만 농업 생산력의 향상, 상공업 발전, 도주한 노비의 증가, 도시로의 인구 유입으로 노비노동이 임노동으로 대체된 것이다.[25] 개항과 함께 서구의 평등사상의 유입은 노비제 폐지에 대한 사회적 압력으로 분출되었고, 특히 동학농민군은 폐정 개혁안에는 노비제 폐지를 포함한 신분제 개혁을 구체적으로 요구했다.

24 전형택,《조선후기 노비신분연구》(일조각, 1989), 269쪽.

25 위의 책, 270쪽.

1894년 갑오개혁 당시 개화파 정권이 설치한 군국기무처가 법령을 통해 공사노비제도 폐지를 포함한 신분제 철폐를 공식화했다. 하지만 갑오개혁은 실패하고 대한제국이 수립되는 정국의 혼란 속에서 구체제의 모순은 첨예화되었고 북한 김일성 일가의 유일사상처럼 조선을 지탱해온 관습적 신분제도의 틀은 쉽게 사라지지 않았다.[26] 권력과 도덕성을 상실한 지배계급의 몰락에 따른 실질적인 신분제의 파괴는 일본의 식민지배와 한국전쟁을 통해 아주 느리게 실현되었다.

결과적으로 조선의 구체제는 자체 개혁에 실패하면서 내우외란(內憂外亂)을 맞은 것이다. 왕권의 쇠퇴, 족벌정치, 재정 궁핍, 과거제도의 부정 및 매관매직, 양인의 몰락, 유민의 증가 등 총체적 난국이 벌어졌다. 핍박받던 민중은 동학혁명을 포함해 다양한 형태로 봉기했다. 지배 엘리트들은 일본과 서구 열강이 한반도에 진출하자 친일파, 친중파, 친러파, 친미파 등으로 나누어졌다. 국가의 미래를 결정해야 할 시점에 조선이라는 민족공동체는 어떤 민족적 수준의 공감대도 도출할 수 없었다. 이런 상황에서 일본이 주변 열강을 전쟁을 통해 물리치고 한국을 강점하면서 내선일체 정책을 취하자 한국인의 민족정신과 정체성은 치명적인 타격을 입게 된다. 일본의 통치 기간 내내 한국인들은 '친일'과 '반일', 그리고 '침묵하는 다수'로 나누어졌다.

1919년 상하이 대한민국임시정부가 수립되면서 해외에 반일운동의 구심점이 마련되었지만, 당시의 국제정세에서 그 영향은 크지 않았다. 일제의 패망 이후에도 임시정부의 인사들은 민간인 신분으로

---

26 계승범, 앞의 책, 146쪽.

귀국했다. 대한민국은 정부 수립과 함께 반민특위를 열어 일제 부역자들을 처벌하려고 시도하는 등 반일을 국시로 통치되었다. 하지만 이승만 정권의 실체는 반일이라기보다는 일제 부역자들을 요직에 기용한 표리부동의 정권이었다. 하지만 미국의 압력과 국가 경제발전이라는 목적을 위해 반일노선이 불가능하자 쿠데타로 집권한 박정희 정부가 1965년 일본과 국교를 수립하고 일본의 경제원조를 받아들인다. 일본이 중국과 수교하면서 수교 협정의 전문에서 침략전쟁에 대해 사과하고 본문에는 중국이 전쟁 배상의 책임을 면제해 준다는 내용이 포함된 것과 비교해 한일협정에는 일본의 식민지배에 대한 사과가 포함되지 않았다. 일본으로부터 경제지원을 받으려는 박정희 정권이 졸속으로 협상을 타결시킨 것이다.

어떤 문제든 그 문제의 직접적 원인이 외부의 탓이었더라도 문제의 근본 원인까지 남의 탓으로 돌리면 반복되는 역사의 비극을 맞이할 것이다. 조선에 근본적인 문제가 있어서 일본의 침략이 가능했던 것이지, 어느 날 갑자기 평화롭고 부강한 조선에 일본이 쳐들어온 것이 아니다. 19세기 말의 조선의 상황을 보면 '내재적 발전론'과 '자본주의 맹아론'이 무색하다고 할 정도의 권력 기구와 경제 체제의 모순이 있었고, 이미 1882년 이후 청의 군대가 상시 주둔하고 청일전쟁으로 일본의 군대가 배치된 상태에서 조선 정부는 허수아비가 되어 버렸다. 청일전쟁 당시 해군력 확장에 주력한 일본과 열강의 군비경쟁에 반해 조선의 해군은 어떤 모습이었을까? 알면 놀랄 일이지만 일본과 서양의 근대식 군함과 비교해 임진왜란의 주력 함선이었던 '판옥선'의 무용함이 증명되면서 해군 자체가 해체된 상황이었다. '내재적 발전론'과 '자본주의 맹아론' 등 자주적 근대화 가능성을 얘기하는 학자들도 있지만 이런 무방비의 나라가 제국주의 세력으로부터 스스로를 지키는 것은 불가능했다. 일본이 아니었더라도 러시아의 속국이 될 수도 있었고, 실제로 당시 일본과 러시아는 한반도의 분할을 논의하기도 했었다.

증상 3 제정신이 아닌 나라가 제정신이 아닌 나라에 사과와 보상을 요구하다

50년의 일본 침략을 겪고 다시 70년이 흘렀지만 민족분단과 이념투쟁에 빠져있던 한국인의 민족정신은 온전할까? 50년의 침략을 패전으로 끝내고 다시 70년이 흘렀지만, 일본인의 민족정신은 온전할까? 냉전 기간에도 서유럽은 공동체를 형성하고 동유럽과 일정 부분 교류했지만, 동아시아의 국가들은 공동체를 형성하거나 국가 간 화해의 기회를 얻지 못했다. 냉전 후에는 민족주의가 부상하면서 한일관계는 더욱 요동치고 있다. 한국이 일본 침략의 기억과 트라우마 속에서 제정신이 아닌 상태에서 지속적으로 사과와 보상을 요구하고 있는데, 일본도 20세기의 격동기를 지내면서 국가정체성 자체가 사분오열되어 제대로 된 민족정신이라는 것을 찾아볼 수 없다. 한마디로 제정신이 아닌 나라가 제정신이 아닌 나라에 사과와 보상을 요구하고 있는 것이다.

약 250년간 도쿠가와 막부가 통치하던 비교적 평화로운 시기에 일본이라는 국가가 유럽에 알려지고 중국의 화이사상(華夷思想)과 비슷한 '문명과 야만'이라는 개념을 바탕으로 일본 중심적 국가정체성이 형성되었다.[27] 그러나 19세기 중반에 미국을 비롯한 서구의 문호개방 압력이 거세지자 국가정체성의 위기가 찾아온다. 이를 타개하기 위해 '메이지유신'이라는 이름으로 서구화를 추진하면서 일본은 동아시아에서 가장 먼저 근대국가를 수립했다. 일본의 정체성이 봉건적 막부 국가에서 근대국가로 바뀌는 순간이었다. 이 시기의 일본인은 유럽 제국과 어깨를 나란히 하고 있다는 자신감에 넘쳤고 많은 조선인과 중국인에게 선망의 대상이 되었다.

하지만 후쿠자와 유키치를 비롯한 일본 지식인들이 한반도와 중국 침략을 꿈꾸고 이에 발맞추어 일본 군부의 폭주가 시작되었다. 제국주의가 전 세계적으로 맹위를 떨치는 상황에서 일본도 빠르게 제국주의의 반열에 들어갔고, 해나 아렌트가 말하는 '수단과 목적의 연쇄(chain of means and ends)' 속에서 걷잡을 수 없을 정도로 한반도, 만주, 중국, 동남아에 이어 미국의 하와이를 공격하면서 태평양의 제도를 무력으로 점령해 나갔다. 기술의 발달로 파괴력을 배가한 근대국가가 자신의 통제력을 상실한 상태에서 한때 목적이었던 특정 지역의 점령이 다시 더 넓은 지역의 점령을 위한 수단으로 끊임없이 전환되는 과정을 아렌트는 공리주의(utilitarianism)에 근거한 근대성의 산물로 보았다.[28]

이 광기의 시대의 마지막에 일본은 미국의 군사력에 항복하면서 점유지를 모두 잃고 과거의 모습으로 돌아왔다. 그런데 문제는 민족정

---

27 David L. Howell, *Geographies of Identity in Nineteenth-Century Japan*(Berkeley: University of California Press, 2005), p. 4.

28 Hannah Arendt, *The Human Condition*(Chicago: University of Chicago Press, 1958), p. 154.

신이나 민족정체성을 확립할 기회를 박탈당한 것이었다. 미국이 일본을 점령하면서 군정을 실시했고, 1951년의 샌프란시스코 평화조약을 통해 일단 일본의 주권을 회복시켰다. 하지만, 여전히 미일동맹을 통해 군사 주권은 미국이 휘둘렀고, 전쟁의 책임 소재조차 군부와 천황 중 어느 쪽에 있는지 국민적 공감대도 없다. 아울러 일본이 점령했던 국가들에 대해 어떤 식의 사과와 보상을 해야 할지에 대한 답도 도출하지 못했다. 아베 정권은 근대사에 대한 학교 교육을 축소하고 과거의 사관을 '자학사관'이라고 비판하면서 '물타기'를 하거나 수정주의적 역사관을 주입시켰다. 여전히 미국의 군사적 영향력이 강하고 일본의 국내 여론은 반군국주의(anti-militarism)를 선호하는 상황에서 일본의 보수적 지도자들이 '보통국가' 건설을 추진하고 있으니, 사회 내부에서 어떤 동질성이나 정체성을 기대하는 것은 무리다. 분단 속에서 내부적 이념투쟁이 계속되는 한국처럼 일본 역시 민족정신을 확립하고 동질성이라는 의미에서 국가정체성을 갖는 데는 많은 시간이 걸릴 것이다.

독일과 비교해 보면 일본의 문제가 분명하게 보인다. 1970년 빌리 브란트 정부는 동방정책의 하나로 내부 반발을 무릅쓰고 유대인과 나치 피해국들에 확실히 사과하고 보상하는 화해정책을 추진했다. 독일의 경제발전과 함께 21세기의 유럽연합은 사실상 '독일제국'으로 변모하고 있다. 물론 독일도 '아랍의 봄' 이후 유럽 전역에서 난민공포가 확산하는 가운데 비교적 수용적인 난민 정책을 부분적으로 철회하는 등 산적한 문제들을 가진 것은 분명하다. 하지만 민족을 통합하면서 주변 국가들과 화해한 독일이 유럽의 중심국가로 부상했다는 것은 일본이 지금 무엇을 잘못하고 있는지를 분명히 보여준다.

일본의 민족정신에 대해 조금 더 논의해 보자. 일본이 근대국가로 변모하는 과정에서 상당한 사회 혼란도 있었지만, 봉건적 후진성을 벗어나 빠르게 변신함으로써 한때는 이토 히로부미를 사살한 안중근도 흠모해 마지않던 신흥 강국이었다.[29] 일본이 아시아의 연대를 이야기하고 서양 열강의 침탈을 막아야 한다고 했을 때 조선의 지식인을 비롯해 중국의 지식인들도 함께 동조했다. 이런 일본이 조선을 병합하고 만주국을 세우고 중국과 전쟁을 일으키고 동남아를 침략하는 모습을 보인 이유 중의 하나는 도쿠가와 막부가 보여 준 안정성과 고립주의를 넘어 새로운 시장 개척과 영토 확장에 매진한 서구 제국주의 정신을 탐닉했기 때문이다. 일본은 침략전쟁의 패배에도 불구하고 히로시마와 나가사키의 원폭투하로 인한 희생을 얘기하면서 피해자인 척 연기를 하고 있다. 물론 공습과 핵 공격을 당한 일본의 민중은 피해자이지만 국가라는 단위로 볼 때 일본은 가해자의 오명을 벗을 수 없다.

제2차 세계대전의 종전 후에도 군사적 주권을 미국에 내준 상태에서 경제적 성장의 기회를 얻었지만, 책임 있는 국제사회의 일원으로서 역할을 할 수는 없었다. 일본군 '위안부', 강제징용, 야스쿠니 신사참배, 교과서 집필 문제 등으로 인접한 한국, 북한, 중국과의 외교적 마찰을 극복하지 못하는 상태에서 지역적 혹은 세계적 리더십을 발휘하기는 힘들었다. 일본은 19세기 중반부터 동아시아에서 가장 먼저 정신을 차리고 서구 문명의 선진성과 침략성을 깨달아 부국강병의 길

29 안중근, 《동양평화론》(독도도서관친구들, 2019), 90-91쪽.

을 감으로써 독립을 유지했지만, 이후 서구의 '문제적 근대성'을 탐닉해 '침략의 덫'에 걸린 국가가 되었고, 침략전쟁이 종식되었음에도 전쟁 중의 범죄와 인권유린에 대해 진정으로 사과하고 보상하지 않는 비윤리적 국가로 남아있다.

21세기의 일본이 '보통국가'를 지향하고 있지만, 한국과의 영토 및 역사 문제, 북한과의 수교 문제, 중국과의 관계 개선 문제, 러시아와의 평화협정 문제 등을 포함하면 외교적으로 갈 길이 먼 나라다. 이런 난맥상은 일본이 외교·군사적으로 지나치게 미국에 의존함으로써 주변국과의 관계 개선을 무시한 결과이기도 하다. 아시아를 버리고 서구를 선택한 '탈아입구(脫亜入欧)' 노선에서 아직 벗어나지 못하고 미국 일변도의 외교와 군사적 의존에 집착해 온 나라에게 제대로 된 민족정신이나 민족정체성을 논하는 것은 공허한 것이다. 21세기는 이미 미국과 유럽으로 대표되는 서구가 상대적으로 하향세를 보이고 있으며, 중국, 인도를 포함한 고대의 문명국가들이 새롭게 세계사의 중심으로 부상하고 있는 시기이다. 비록 일본이 호주와 인도를 포함한 민주주의 국가 간의 연대에 착목하고 있지만, 중국과 러시아를 뺀 상태에서는 '찻잔 속의 태풍'에 지나지 않을 것이다.

3장 한일관계의 인식 전환을 위한 네 가지 주장

반성과 성찰은 과거를 반추하고 현재를 설정하며 미래를 열어 나가기 위한 적극적인 행위이다. 가해자가 참회하고 사과할 때까지 피해자인 '나'의 반성과 성찰을 미루는 것은 자신의 성장과 발전을 거부하는 자폐적이고 자기 파괴적인 결정이다. 여기에서 반성과 성찰을 위한 세 개의 질문을 던진다.

첫째, 많은 한국인이 19세기 말부터 시작된 일본의 침략에 결사 항전했지만 이미 조선과 대한제국이라 불린 국가는 개혁의 부재 혹은 실패, 이에 따른 국가 시스템의 붕괴로 실패국가가 되었음을 인정할 수 있는가?

둘째, 빠르게 서구 열강의 일원으로 성장한 일본이 이러한 실패국가를 강점해서 식민지로 만들고 근대화시켰음도 인정할 수 있는가?

셋째, 일본이 침략과 강압적 근대화 과정에서 수많은 학살과 학살에 버금가는 정신적, 육체적 고통을 입힌 것을 인정할 수 있는가?

이 세 개의 질문에 답하는 과정에서 한국과 일본의 불행했던 과거사가 단순히 '피해자와 가해자'라는 흑백논리나 '사과와 보상'이라는 행위로 해결될 수 있는 문제가 아니라 깊은 반성과 성찰이 필요함을 느낄 수 있다. 반성과 성찰을 통한 상호 인정을 한국인과 일본인 들이 동시에 자발적으로 수행할 수 있으면 좋겠지만, 어느 한쪽이 안 되면 다른 한쪽이라도 먼저 시작하는 것이 필요하다. 이것이 자신의 과거와 타자의 존재에 대해 정확한 역사적 사실에 바탕을 두고 판단하고 상호 인정을 통해 하나의 공동체를 만들어가는 과정이다. 그 과정에서 우리가 알아야 할 네 가지 주장을 살펴보자.

주장 1 조선은 '전쟁'을 통해 식민지가 된 것이지 병합조약을 통해 나라를 넘긴 것이 아니다

일본이 1937년부터 중국의 중심부를 침략하면서 중일전쟁이 발발하고 1945년까지 8년 동안 전쟁이 이어져 수천만 명이 죽거나 다쳤다. 저자의 수업을 들은 한 중국 학생이 "왜 한국은 전쟁을 하지 않고 일본에 나라를 그냥 넘겼냐"라고 물은 적이 있다. 역사를 공부하지 않은 한국인은 이 질문에 멈칫할 것이다. 왜 우리 조상들은 일본과 전쟁을 하지 않았을까? 그런데 이것은 사실이 아니다. 한국은 일본의 침략에 저항했고 전쟁을 했다. 단지 전쟁의 주체가 한국의 정부군이 아니고 '민족의 군대'라고 할 수 있는 농민군이나 의병이었고, 이들이 벌인 전쟁은 동학농민전쟁과 의병전쟁과 같은 비대칭전쟁(asymmetric warfare)이었다. 이 두 개의 전쟁을 통해 최신무기로 무장한 일본군이 수십만 명의 한국인을 잔혹하게 학살한 후 국왕을 대리해서 이완용을 포함한 집권 세력이 한일병합조약을 체결하고 일본제국의 일부가 된 것이다. 한국인의 저항과 투쟁은 일본의 대륙 침략 계획의 걸림돌이었고 이 저항으로 일본의 중국 침략은 지연되었다.

주장 2 '일제강점기' 36년 중심의 역사서술은 '일제침략기' 50년을 왜곡·축소하고 있다

일본의 조선 침략 과정에서 '동학당 섬멸'이라는 제1차 학살, '남한대토벌'을 포함해 '정미의병 탄압'이라는 제2차 학살이 있었다. 일본군은 몇 만의 전투 참가자들을 우세한 화력으로 몰살시켰을 뿐만 아니라 그들의 근거지인 마을을 초토화하고 전투와 관계없는 민간인을 학살함으로써 수십만의 인명이 희생되었다. 제1, 2차 학살을 통해 저항 세력을 제거한 후 시작된 36년간의 일본 통치는 한국인에게 악몽과 같은 트라우마를 남겼다. 21세기에도 계속되고 있는 이 악몽의 원인을 이 책은 '정신의 학살'이라고 부른다. 이 책이 주장하는 것은 시대 구분을 달리해 36년간의 식민통치만을 볼 것이 아니라 동학농민전쟁이 시작된 1894년부터 해방된 1945년까지 학살과 강압으로 점철된 50년의 일제침략기를 직시하자는 것이다. 일본은 식민지배를 통해 조선을 근대화시키고자 했지만, 이 근대화라는 변명이 무색할 정도로 일본은 '학살의 제국'이었다.

1910년부터 시작한다는 '일제강점기'라는 표현은 일부 역사학계, 법학계, 정치학계, 언론계, 교육계의 오류이다. 우리가 아는 일제강점기는 한일병합조약에 따른 '한일병합기'라고 불러야 합당하고 일본은 이미 1904년의 러일전쟁을 준비하면서 한반도를 군사적으로 강점하고 1905년 전쟁에서 승리하자 대한제국을 보호국으로 만들었다. 이러한 군사적 강점이 불러온 결과가 일제의 '남한대토벌'로 대표되는 의병과 민중의 학살이다. 오히려 일반적으로 알려진 '일제강점기'의 일본은 다른 제국주의 국가들과 비교해 혹독한 통치를 하지는 않았다. 한일병합으로 가는 과정에서 저항하는 한국의 수많은 민중을 홀로코스트 방식으로 학살한 것이다. 그러므로 식민지배 기간만을 일제강점기라고 부르는 것은 오류이다. 대한제국이 1910년에 공식적으로 소멸하기 전에 조선은 이미 국가로서의 위상과 면모를 19세기부터 상실해 갔다. 이 책은 36년간의 '일제강점기'를 넘어 청일전쟁(1894–1895) 이후 해방(1945)까지의 50년을 '일제침략기'로 명명하면서, 태평양전쟁 기간에 벌어진 일본군 '위안부'와 강제징용보다 더 참혹했던 일본의 국가범죄를 재조명한다.

주장 3 조선은 일본 침략 이전에 이미 '실패국가'였다

일본이 제국주의 시기에 범한 전쟁범죄와 함께 제기되어야 할 문제는 조선의 내부 체제 문제이다. 세도정치, 삼정 문란, 자연재해, 민란으로 이어지는 19세기 100년간의 조선 쇠퇴기는 하나의 막장 드라마였다. 국가는 통치 불가능한 상황이었고, 열강 간의 합의만 이루어지면 주변의 청, 러시아, 일본 중에 누구라도 조선을 강점할 수 있는 상황이었다. 조선은 이미 19세기 말부터 타도되어야 할 구체제이자 '실패국가'였다. 임진왜란 이후 집권한 일본의 에도 막부는 공식적으로는 쇄국정책을 취했지만, 네덜란드를 비롯한 유럽과 끊임없이 교역하면서 그들의 문물을 받아들이고 일본의 문화를 유럽에 알렸다. 하지만, 조선은 세계와 단절되면서 '우물 안 개구리'로 전락했다. 역사학자 강만길 선생이 말한 것처럼 조선은 한반도 역사의 발전을 위해 임진왜란 때 망했어야 했는데 불행하게도 왕조의 교체가 없었다.[30] 유럽이 시민혁명을 통해 자유와 평등의 가치를 내세우고 산업혁명과 무역으로 경제적 부를 창출하고 있는데, 조선은 노예제와 비슷한 경직된 신분제도를 포함해 외부 변화에 둔감한 구시대적 통치 시스템으로 인해 자멸하고 있었다. 일본의 침략이 조선 붕괴의 직접 원인이지만, 일본이 아니더라도 조선은 러시아의 식민지가 되거나 내부 붕괴의 길을 가고 있었다. 김구는 "(1900년) 지금은 임금이 스스로 벼슬 값을 매겨 팔고 있으니, 그것은 오랑캐 임금의 소행입니다. 내 나라 오랑캐도 배척을 못하면서 어찌 남의 나라 오랑캐를 배척할 수 있겠습니까?"라고 하면서 고종을 '오랑캐'로 부르고 대한제국을 폄하했다.[31]

주장 4 국가는 망해도 민중과 민족정신은 살아있다

조선이라는 국가는 영·정조 이후 정치적, 경제적, 국가안보적 위기가 겹치면서 급속하게 쇠퇴했지만, 민초는 일제침략기를 거쳐 해방과 함께 닥쳐온 한국전쟁과 동서 냉전이라는 험난한 시기를 지나 역사의 전

30 강만길, 《고쳐 쓴 한국 근대사》(창작과비평, 2001), 59쪽.

31 김구 지음, 도진순 편, 《백범일지(주해본)》(돌베개, 1997), 178-179쪽.

면에 다시 나섰다. 민초는 1980년 광주항쟁과 1987년 민주화 투쟁 이후 정치 변혁의 주체가 되면서 새로운 역사를 쓰고 있다. 일본군이 동학농민군과 의병을 '폭도(暴徒)'라고 부르며 학살했듯이, 박정희와 전두환 정권은 저항하는 민초를 똑같이 '폭도'라고 부르며 탄압했다. 1980년대 이후 '폭도'들의 역사가 동학농민군, 의병, 독립군, 3·1만세운동의 정신을 잇는 이 땅의 살아 있는 민초의 역사이다. 지식인층이 입으로 대의(大義)를 논하는 사이에 민초는 역사의 제단에 자신의 몸을 불사르며 역사의 흐름에 저항하거나 역사의 물꼬를 바꾸어놓았다.

이 책은 지배층이 변화와 개혁을 거부하고 민족과 국가를 위기로 몰아갈 때 저항하는 민중의 역할에 주목하지만, 한때 깨어있었던 민초도 권력을 잡으면 다시 '폭도'로 변할 수 있음을 경계한다. 프랑스혁명 이후 로베스피에르의 공포정치가 '폭도정치(mob rule)'라고 할 수 있다. 민주주의는 늘 중우정치 혹은 폭도정치로 전락할 위험이 있는데, 미국의 트럼프 전 대통령의 '미국 우선(American First)의 애국주의'나 1950년대 미국을 휩쓸었던 반공 매카시즘(McCarthyism)이 여기에 해당한다. 또한 시대가 더 흘러 인공지능, 사물인터넷, 로봇에 의해 직업을 박탈당할지도 모르는 21세기의 민초들이 시대를 어떻게 이해하고 어떤 행보를 보일지도 미지의 영역에 남아 있다.

이 책이 주장하는 것은 봉기와 항쟁을 거쳐 민주화를 이룬 한국인들이 일제침략기에 겪은 학살 충격에서 벗어나지 못하고 있다는 것이다. 그럼 한국인이 정신을 차리려면 어떻게 해야 할까? 대답은 일단 강해져야 한다는 것이다. 마하트마 간디는 "나약한 자는 끝내 용서하지 못한다. 용서는 강한 자에게 주어진 특성이다(The weak can never forgive. Forgiveness is the attribute of the strong)"라고 했다.[32] 강해진다면 우리의 마음에 여유가 생기고 남의 잘못에 대해서도 관대해질 가능성이 높다. 강한 자는 자신의 잘못과 어리석음을 인정하는 여유를 가질 수 있다. 일본이 과거의 잘못을 은폐하려 하고, 한국이 과거의 어리석음을 숨기는 것은 아직 강하지 못하거나 스스로 충분히 강하다고 느끼지 못하기 때문이다. 부유하고 권력이 있어야 강한 것은 아니다. 헐벗은 외모에도 불구하고 간디의 말과 행동에서 우리는 정신의 강인함을 느낄 수 있다. 간디는 영국이 인도인에 대해 자행한 학살에 대해서도 끊임없이 용서하고 비폭력의 자세로 나아갈 것을 인도인들에게 요구했다.

그들이 자행한 폭력을 비판하면서 내가 비슷한 폭력으로 대응한다면 나의 행위를 어떻게 정당화할 수 있을까? 많은 사람들은 흔히 〈함무라비 법전〉에 나오는 "눈에는 눈, 이에는 이"라는 글귀를 잔혹한 복수를 정당화하는 의미로 해석한다. 그런데 이것은 사실이 아니다. 오히려 동등한 수준의 처벌을 명문화해서 4,000년 전의 고대사회에서 자행된 과잉 보복을 막으려는 노력이었다. 그런데 21세기를 살면서 과거의 잘못에 대해 제대로 된 사과나 보상을 하지 않고 자폐적 증상을 보이는 국가에게 계속 사과와 보상 요구를 반복한다면 이것은 올바른 행동일까? 은폐된 과거의 잘못은 적나라하게 밝혀져야 하지만 가해자가 잘못을 인정하고 반성의 시간을 가질 때 진정한 사과와 보상이 있을 수 있다. 그럼 어떤 모습으로 한국은 거듭나야 할까?

바로 측은지심을 가진 국가이다. 한국의 '위안부' 할머니들이 일본

---

32 Mahatma Gandhi, *Young India*, 51(1931), p. 302.

에서 대규모 지진이 발생하자 성금을 보냈다는 뉴스는 많은 이들에게 반성과 성찰의 순간을 제공했다. 2016년 '구마모토(熊本) 강진' 피해자를 돕기 위해 김복동, 길원옥 할머니는 각각 100만 원과 30만 원을 기부했다. 김 할머니는 주한 일본 대사관 앞 수요집회에서 기부 의사를 밝히며 "강진 피해자들이 아파하고 있는데 보고만 있을 수 없다"라고 안타까워했다.[33] 일본군 '위안부' 할머니들은 2011년 '동일본 대지진' 때도 '한국정신대문제대책협의회'(이하 정대협)와 함께 모금 활동을 펼쳐 1,500만 원 상당의 성금과 구호 물품 등을 일본에 보냈다. 이것이 측은지심을 가진 진정한 강자의 모습이다.

한민족의 정신세계도 이제 학살의 충격에서 깨어나야 한다. 한국이 20세기 말부터 이룬 경제적 성장과 민주화가 자랑스럽다면 이전 세기의 어리석음에 대해서도 당당히 인정해야 한다. 일본도 마찬가지다. '평화국가'와 경제 대국으로의 성취를 스스로 인정한다면 '학살의 제국'이었다는 과거의 잘못도 인정해야 한다. 자기 부정은 늘 성장을 가로막는다. 자신의 업적과 어리석음을 함께 돌아보고 남의 성과와 잘못도 더불어 인정할 수 있을 때 우리는 새로운 미래를 만들 수 있다. 이것이 제대로 정신이 박힌 국가이고 이러한 민족정신을 가진 나라들은 '인정의 공동체'를 형성할 수 있다. 내가 남을 먼저 인정해 주는데 남이 어찌 나를 인정하지 않겠는가?

---

33 〈"사과 요구하며 日에 웬 기부냐"…위안부 할머니 못 따르는 넛심〉, 《한국일보》(2016년 4월 22일).

4장 제1차 학살 —동학농민전쟁(1894–1895)

조선이라는 구체제의 모순이 폭발한 곳은 아이러니하게도 풍요로움의 상징 같은 만석보(萬石洑)가 있는 전라도 고부였다. 흉년 없이 물을 쓸 수 있게 만들었던 이 멀쩡한 보를 고부군수 조병갑이 부수고 새로운 보를 만들어 물세를 강제 징수하자 군민들의 원성이 하늘을 찔렀다. 조선의 몰락은 토지가 비옥하지 않고 민족성이 게을러서 발생한 것이 아니다. 신분제가 성리학을 통해 교조화되고 필요한 개혁이 부정되면서 수백 년 묵은 국가 체제가 자체 붕괴한 것이다.

동학교도와 이에 동조하는 농민군이 1894년 봄에 일으킨 대규모 민란이 '동학농민전쟁'이다. 전봉준이 이끈 동학농민군은, 우세한 무기에도 불구하고 부패하고 오만했던 관군을 물리치고 1894년 5월 31일 전주성에 입성했다. 당황한 고종과 민비 세력이 청에 원병을 청했고, 일본 역시 톈진조약(1885)을 빌미로 군대를 파견하자 동학군은 관군과 전주화약(全州和約)을 맺고 스스로 해산했다.

그러나 청군과 일본군이 거의 동시에 조선에 상륙하면서 전운이 감돌기 시작했다. 그런데 일본군이 조선에 도착해 가장 먼저 실행한 작전은 무엇이었을까? 경복궁을 무력 점거하는 '범궐(犯闕)'과 고종을 볼모로 잡는 것이었다. 그러자 전주화약으로 해산했던 동학농민군이 다시 봉기했다. 경복궁 점거를 포함한 일본의 국권 유린 행위에 무력으로 저항하기 위해서였다. 이러한 사실을 종합하면 이 전쟁의 성격이 분명해진다. 일본은 조선을 세력권 안에 넣기 위해 출병했고 이 과정에서 걸림돌이 되는 청군과 동학농민군을 상대로 두 개의 전쟁을 벌였다. 경복궁을 점거하는 과정에서 일본군과 궁궐수비대 간에 3시간 정도의 짧은 전투가 있었지만 쉽게 진압되었고,[34] 일본과의 전쟁은 지배층이 아니라 핍박의 대상이었던 동학농민군이 수행했다.

동학은 전근대적 색채가 강해 부르주아혁명을 추구했다고 할 수 없지만, 평등을 기본 정신으로 하는 자생적 근대화의 산물이었다.[35] 문제는 근대국가로의 빠른 전환에 성공해 당시로는 첨단무기로 무장한 일본군에 화승총이나 도검류 등으로 대항한 동학농민군의 전투가 대량학살을 가져왔다는 것이다. 이것보다 더 심각한 일본의 범죄는 저항하는 동학농민군의 살상을 넘어서 이들이 활동한 지역의 많은 마을들에 불을 질러 초토화하고 무고한 인명을 학살했다는 것이다. 이런 점에서 조선의 쇠락과 일본의 침략으로 촉발된 동학농민전쟁은 대량학살이라는 시각에서 새롭게 주목받아야 한다.[36]

---

34 김경록, 《청일전쟁과 일제의 군사강점》(국방부 군사편찬연구소, 2018), 58쪽.

35 강만길, 앞의 책, 218쪽.

36 平野龍二, 《日清·日露戦争における政策と戦略―「海洋限定戦争」と陸海軍の協同》(千倉書房, 2015) 참조; 原田敬一, 《日清·日露戦争》(岩波新書, 2007) 참조.

동학농민전쟁과 학살

동학농민군이 자체 해산하면서 조선 정부는 일본에 철군을 요청했다. 그러나 조선에 군대를 파견한 상황에서 대륙으로의 '진출'을 계획하던 일본에게 이것은 놓칠 수 없는 기회였다. 일본은 먼저 청에 조선의 내정 개혁을 공동으로 실시하자고 제의하지만 청은 거부한다. 이에 일본군은 7월 23일 경복궁을 점거하고 고종을 볼모로 잡는다. 사실상 조선 정부를 전복시킨 것이다. 한양의 정세가 급변하자 원래 '반봉건'을 기치로 봉기했던 동학농민군이 이번에는 '외세배격'이라는 목적으로 다시 일어난다. 동학농민군은 일본군, 관군, 민보군(民堡軍)과 그해 연말까지 많은 전투를 벌였지만, 전봉준이 12월에 체포되어 사형에 처해지고 남은 동학농민군은 일본군과 관군에 의해 완전히 진압된다.

동학농민전쟁을 당시 서울에 주재했던 영국 외교관들은 어떻게 분석했을까? '조선의 십자군전쟁'이라고 불린 삼례봉기 시점에 월터 힐리어(Walter Hillier) 총영사가 베이징 주재 니콜라스 오코너(Sir Nicholas Roderick O'Conor) 공사에게 보낸 1894년 10월 17일 보고서에는 고종이 동학농민군을 보는 시각이 잘 드러나 있다.[37] 고종은 힐리어 총영사를 만나 전날 충청 감사로부터 20만 명의 동학군이 무장 상태에서 한양으로 진격을 준비하고 있다는 통지를 받았다며 안전에 주의할 것을 충고했다. 그러면서 고종은 의외의 말을 한다. "일본군을 몰아내고 볼모로 잡힌 왕실을 구하기 위해" 동학군이 도성을 향해 오고 있다고 언급

37 Foreign Office, Confidential, *Further Correspondence relating to Corea and the War between China and Japan, January to March 1895*, October 1895, p. 13.

전봉준 압송 사진(출처: 신기수 엮음, 이은주 옮김, 《한일병합사—1875–1945》)

했다. 애초에 동학농민군을 진압하기 외국군을 부른 것이 고종이었는데, 일본군의 경복궁 점거와 함께 출범한 친일내각이 일본군의 지휘 아래 동학농민군을 진압하는 상황에서 고종의 입장이 변화한 것이다. 고종은 동학농민군이 일본군을 몰아내고 왕실의 권위를 회복시킬 것을 희망했다. 고종은 자신을 사실상 폐위시키고 궁중이라는 '감옥'에 가두어 버린 일본군이나 친일내각보다는 동학농민군의 활약에 일말의 희망을 품었으니 당시의 조선이 어떤 난맥상을 보였는지 짐작할 수 있다.[38]

동학농민전쟁은 반봉건, 반외세 농민항쟁으로 최초의 본격적 의병 운동이었지만 외세에 대항해서 정권을 쟁취할 만한 실력은 부족했다. 첫째, 농민군은 수적 우위에도 불구하고 일본군에 맞설 만한 무기

---

38 *Ibid.*, p. 105.

를 보유하거나 훈련이 된 상태가 아니었다. 일본군은 영국군이 주로 사용했던 스나이더(Snider) 소총, 자체 개발한 무라타(村田) 소총, 미국제 개틀링 기관총을 보유했지만, 동학농민군은 근대적 군사훈련을 받지 않은 상태에서 화승총, 도검류, 죽창 등으로 대항했다.[39] 둘째, 외국 군대와 관군뿐만 아니라 기득권을 유지하려는 향촌사회의 지주, 부호, 양반 들이 조직한 민보군의 가담도 실패 원인 중 하나였다. 동학세력이 설치한 집강소에 대해 양반 세력은 강하게 반발하면서 자신의 세력을 규합했다. 집강소의 행동 강령 속에 "빈부의 차이를 없애고 상전과 노비의 구별을 없앤다", "양반과 유림의 방자함을 허락하지 않는다"라는 내용이 들어있어 동학군은 "양반과 유교의 적"으로 규정된 것이다.[40] 일본군에 의한 대량살상뿐만 아니라 민보군에 의한 살육이 있었다는 것은 동학농민군이 처한 사면초가(四面楚歌)와 같은 현실을 잘 반영하지만, 일본군, 관군, 민보군이 합동작전을 벌여야 할 만큼 동학군의 위세가 대단했다는 것을 증명한다. 셋째, 동학군 내의 분열이다. 과격파는 조선 왕조를 무너뜨리고 새로운 정부 수립을 시도했지만, 전봉준 등의 온건파는 흥선대원군과 협력하는 등 동학군 내부에 개혁 방향에 대한 일치된 의견이 없었다.

조선에서 민란이 일어나면 주모자를 처벌하는 데 그쳤지만, 일본군은 동학농민군을 추적하면서 학살한 후 그들의 근거지인 마을 자체를 파괴하면서 조선인들로서는 예상하지 못한 참상이 곳곳에서 벌어졌

39 나카츠카 아키라·박맹수·이노우에 가쓰오, 《동학농민전쟁과 일본》, 한혜인 옮김(모시는 사람들, 2014), 59쪽.

40 국사편찬위원회, 〈동학농민운동—반침략 반봉건의 최대 민중 항쟁〉, 우리역사넷(http://contents.history.go.kr/).

다. 이것은 나치에 의한 홀로코스트에 비견될 수 있다. 유대인 지도자들은 나치 정권 초기에 이 정권의 실체를 파악하지 못했었다. 역사의 진보와 정의를 믿었던 유대인 지도자들이 전대미문의 학살로 번진 이 사건에 안일하게 대응함으로써 참상의 규모를 키운 것이다.[41] 유대인을 말살시켜야 할 기생충 정도로 생각했던 히틀러처럼 당시의 일본에게 조선은 야만국이었고, 동학농민군은 '문명의 적'으로 규정되었다.[42] 일본의 의도와 잔학성을 제대로 파악하지 못한 조선 정부와 군대는 물론 동학의 지도부도 참상의 규모를 키웠다고 할 수 있다.

동학농민전쟁의 가장 큰 전투이자 승패의 분수령이 된 것은 1894년 12월의 공주 우금치전투였다. 이 전투에서 패배한 동학농민군은 수세에 몰려 후퇴하게 된다. 1894년 11월부터 1895년 4월까지 5개월간 계속된 일본군의 진압 작전에서 농민군이 치른 전투는 46차례, 농민군 참가 인원은 연 13만 4,750명으로 추산된다.[43] 한국과 일본의 연구자들은 사망자 수를 3만에서 30만으로 추산한다.[44] 이노우에 가쓰오(井上勝生)를 포함한 세 명의 한일 역사학자가 함께한 공동 연구에서는 동학군의 전사자를 3만에서 5만으로 추산하고 있다.[45] 이돈화의 《천도교창건사》는 사망자 숫자를 20만 명으로 적시하고 있다. 박은식은 《한국독립운동지혈사》에서 "동학당은 호미와 곰방메와 가시나무 창을 들

41 Dawidowicz, *op.cit.*, p. 412.

42 홍동현, 〈1894년 일본 언론의 동학농민전쟁 인식〉, 《역사문제연구》 14(2), 262쪽.

43 原田敬一, 앞의 책, 72쪽.

44 조경달, 《이단의 민중반란—동학과 갑오농민전쟁 그리고 조선 민중의 내셔널리즘》, 박맹수 옮김(역사비평사, 2008) 참조; 오지영, 《동학사》(대광문화사, 1987), 162쪽.

45 나카츠카 아키라 외, 앞의 책, 113쪽.

고 밭고랑에서 분연히 일어나서 우리 관군과 일본군을 상대로 교전한 지 9개월 만에 결국 패하고 말았다. 사망자가 30여만 명으로, 유혈의 참상은 일찍이 없었던 것이었다"라고 서술했다.[46] 동학의 간부로서 직접 동학농민전쟁에 참가한 오지영(1868-1950)이 남긴 《동학사》에는 사망자가 아니라 '피해자'의 숫자를 30-40만 명으로 계산하고 있다.[47]

일본은 왜 동학농민군, 이들과 관련된 마을 주민, 심지어 무고한 양민을 몰살시켰을까? 이것은 일본이 조선의 독점적 지배라는 목표를 위해 청군을 한반도에서 몰아내는 것뿐만 아니라 조선 내부의 저항 세력을 무력화시키려고 했기 때문이다. 일본의 후비(後備) 제19대대에 내려진 훈령은 일본군 3개 중대가 세 방향으로 남하해서 전라도 쪽으로 동학농민군을 몰아붙인 후 "동학당을 격파하고 그 화근을 소멸시켜서 다시 발흥하거나 후환이 생기지 않도록 해야 한다"라고 명시하고 있다.[48] 그런데, 동학농민군의 진압 과정에서 고려해야 할 것이 러시아의 개입을 막는 것이었다. 일본의 무쓰 무네미쓰(陸奥宗光) 외상은 이노우에 공사에게 전보를 보내 러시아를 자극하지 않기 위해 동학군이 조선의 북부로 향하는 것을 막아야 한다고 강조했다.[49]

이 학살에 대한 생생한 기록은 홋카이도대학의 이노우에 명예교수가 한 향토사학자의 소개로 도쿠시마현 출신 병사의 후손으로부터 입수한 진중일지를 바탕으로 한 책 《동학농민전쟁과 일본》에 상세히 기

46 박은식, 《한국독립운동지혈사》(서문당, 1975), 24쪽.

47 오지영, 앞의 책, 162쪽.

48 나카츠카 아키라 외, 앞의 책, 91쪽.

49 原田敬一, 앞의 책, 71쪽.

록되어 있다.

> 당지(나주)에 도착하니 (나주성의) 남문으로부터 4정(약 400미터—역자) 정도 떨어진 곳에 작은 산이 있는데, 그곳에는 사람들의 시체가 쌓여 산을 이루고 있었다. (중략) 그들은 민병(반농민군—역자) 혹은 우리 부대에게 포획되어 고문한 뒤에 중죄인으로 죽인 숫자가 매일 12명 이상, 103명을 넘어섰다. 그리하여 그곳에 버려진 농민군이 680명에 달했으며, 근방은 악취가 진동했고, 땅 위에는 죽은 사람 기름이 얼어붙어 있어 마치 흰 눈이 쌓여 있는 것과 같았다.[50]

이것은 일본군 후비 제19대대 제1중대 제2소대 제2분대에 배속돼 있던 병사가 1895년 1월 전남 나주, 해남, 장흥 일대에서 실시된 동학 농민군 학살의 기록인 진중일지 일부다. 이노우에 교수에 따르면 일본군의 학살 방식은 이것을 목격한 관군과 조선인이 경악할 수준의 잔혹성을 드러냈다. 예를 들어 "잡아서 총살", "잔악한 고문", "모조리 총살", "민가를 모조리 불태우기", "불태워 죽이기", "고문 후 총살, 시체는 불태우기" 등과 같은 표현들이 이 진중일지에 기록되어 있다.[51] 이러한 일본군의 전근대적 학살 방식은 나치가 독가스를 이용해 근대식으로 유대인을 학살한 것보다 오히려 불태워 신에게 제물을 바친다는 홀로코스트의 의미에 훨씬 부합되는 행위라고 볼 수 있다. 이에나가 사부로(家永三郞) 교수가 1965년부터 일본 정부를 상대로 제기한

---

50 나카츠카 아키라 외, 앞의 책, 119쪽.

51 위의 책, 120쪽.

'교과서 재판'에서 그가 기술한 "청일전쟁 때의 조선 인민의 반일 저항" 부분을 삭제하도록 했을 정도로 일본 정부는 이 사실을 숨기고 싶어 했다고 이에나가 교수는 한국 언론과의 인터뷰에서 비판했다.[52] 이노우에 교수는 이 책에서 당시 일본군과 일본 정부가 한국인들의 저항 사실을 숨기기 위해 동학 '토벌' 과정에서 전사한 일본군을 청군과의 전투에서 전사한 것으로 날조해 야스쿠니 신사 명부에 올린 사실도 밝혀 냈다.[53]

중일전쟁 중의 난징대학살에 대해서는 알면서 일본군 약 2만 명, 청군 약 3만 명, 동학군 포함 조선인이 최소한 3만 명 이상이 사망한 청일전쟁에서 일본군에 의해 조선인 대량학살이 벌어졌다는 것을 아는 사람들은 얼마나 될까? 이 전쟁에서 화승총과 죽창으로 무장하고 대항한 동학군을 라이플총으로 무장한 일본군은 별 피해 없이 괴멸시켰다. 당시 학살을 주도한 인물들이 이토 총리, 무쓰 외상, 이노우에 공사 등으로 밝혀지면서 학살 책임자에 대한 역사적 단죄가 필요한 상황이다.[54]

국제사회의 무관심과 동학농민전쟁 접근법

일본군이 조선을 침략해서 최소 3만 명이 넘는 조선인을 학살했다는 것에 대해 국제사회는 어떻게 반응했을까? 한마디로 별 반응을 보이

52 〈일본 교과서 왜곡검정 32년간 법정투쟁 이에나가 사부로 교수〉, 《중앙일보》(1997년 8월31일).

53 나카츠카 아키라 외, 앞의 책, 99쪽.

54 위의 책, 83쪽.

지 않았다. 동학농민전쟁에 대해 일본 신문은 '동학당 몰살' 등으로 자세히 알리고 있었기 때문에 서양 열강이 일본군의 섬멸작전에 대해 파악하고 있었음은 분명하다.[55] 그럼에도 불구하고 서양 열강이 일본의 대량학살에 대해 침묵했다는 것은 동학과 같은 반외세 민족주의 집단이 잠재적 적대 세력으로 간주되었으며, 이런 면에서 일본군의 학살에 묵시적 지지를 보내거나 방조한 것이다.[56] 이것은 외세배척운동인 의화단 운동(義和團運動, 1899-1901)을 빌미로 일본과 7개 서구 열강의 연합군이 톈진과 베이징을 함락하고 약탈과 민간인 학살을 자행한 것과 비교될 수 있는데, 당시 제국주의 세력 간의 협력 체제가 존재했다고 할 수 있다. 즉, 식민지를 경영하는 제국들 간에는 상호 경쟁하면서도 불필요한 경쟁을 막고 자국의 이익을 극대화하기 위한 공존관계가 형성되었는데 이것을 경존 체제(競存體制)라고 부르기도 한다.[57]

이런 상황에서 조선의 요청에 군대를 파견한 청도 동학농민군 학살을 비난할 상황이 아니었고, 러시아의 남하를 일본을 통해 저지하려는 영국도 같은 입장이었다. 러시아의 관심은 한반도보다 만주 지역이었고, 미국은 1895년 인접국인 스페인 식민지 쿠바에서 스페인에 대항한 무장봉기가 벌어지자 카리브해의 전략적 요충인 쿠바를 스페인에게서 탈취하는 데 전략적 관심이 있었다. 결국 제국주의 세력들

---

55 위의 책, 126쪽.

56 위의 책, 126쪽.

57 山室信一, 〈國民帝國論の射程〉, 山本有造 編, 《帝国の研究—原理·類型·関係》(名古屋大学出版会, 2003), 108쪽; Volker Barth and Roland Cvetkovski (eds), *Imperial Co-operation and Transfer, 1870-1930: Empires and Encounters*(London: Bloomsbury Academic, 2017) 참조.

은 서로 경쟁하면서 약소국을 분점하는 데 몰두했고, 사실상 같은 학살자의 처지에 있었다.

한편 힐리어 총영사는 형편없는 무장을 한 동학군은 일본군의 적수가 되지 않아서 청주전투에서 "상당한 학살(considerable slaughter)"이 발생한 것을 인지하고 있었다.[58] 힐리어는 조선에서 일본이 반감을 산 이유는 고종의 권위를 박탈한 것 때문이고, 조선인은 청이 과거와 마찬가지로 일본을 몰아낼 것으로 믿지만 그 가능성은 별로 없고 종국에는 동학군은 해산되고 일본의 '철권통치'를 받아들일 것으로 분석했다. 조선의 해체 과정에서 동학농민군에 대한 대량학살과 자생적 반제국주의운동의 약화는 19세기 말 동아시아 국제 관계를 제국주의적 질서로 변환시키는 데 상당한 역할을 했다.

동학농민전쟁의 성격을 심층적으로 파악하기 위해서는 청일전쟁에 따른 동아시아 국제 질서의 변용과 이러한 격변기에 최대의 희생양이 되었던 조선의 민중에 대한 종합적인 연구가 필요하다. 국제정치학 및 역사학적 분석을 함께 사용함으로써 국제 질서의 구조적 변화에 민감하지만 구조의 기층을 형성하는 비국가행위자들의 역할 분석에 인색한 국제정치학적 접근법의 한계를 극복하고, 개념화나 이론화에 소극적인 역사학적 접근법의 약점도 보완될 수 있다. 또한 비교연구로서 일본과 비슷한 학살을 저지른 서구 열강의 사례를 조사해야 한다. 홀로코스트 연구의 권위자 중 하나인 루시 다비도비치(Lucy Dawidowicz)의 분석법은 대량학살이 가능했던 구조적, 인식적 배경들을 밝

58 Foreign Office, *op.cit.*, p. 15.

히는 데 유용하다.[59] 한편 19세기 조선의 상황을 정리하기 위해서는 냉전 후 국제 관계 분석에 많이 사용된 '국가 실패(state failure)'라는 개념이 적절해 보인다. 청일전쟁은 패권전이와 지역 질서의 변용 과정을 보여 주는 사례인데, 청이 이미 전쟁 전부터 실질적 패권국의 지위를 상실했음을 잘 보여준다. 이런 분석법을 종합하면 동학농민전쟁과 청일전쟁에 대한 국제적, 국가적, 민중 운동적 층위에서 분석이 가능하다.

이러한 분석을 통해 패권의 공백기는 어떻게 발생했고, '국가이성(raison d'État)'을 소유하고 있다는 근대국가는 어떤 이유로 대량살상이라는 범죄를 저질렀는지, 그리고 지역 패권의 부재 및 지배 권력의 무능으로 인해 '실패국가(failed state)'에 속했던 민중의 희생은 무엇을 의미하는지 이해할 수 있다.[60] 여기에서 패권의 공백기를 '공위기(空位期, Interregnum)'로 줄여서 부른다. 일본의 승리에도 불구하고 열강의 간섭으로 패권의 전환이 쉽지 않았던 이유와 이러한 공위기를 초래하는 데 일조한 조선의 국정 위기에 주목한다. 이를 통해 일본군에 의한 최소 3만 명이 넘는 동학군의 학살이 어떤 국제적, 국내적 환경에서 가능했는지를 재조명할 수 있다. 정리하면, 한반도에서 실패국가(조선)와 실패패권(청)이 통치 위기를 유발하면서 근대국가(일본)의 침략성과 잔혹성에 의해 청일전쟁과 동학농민군의 학살이 발생했다고 할 수 있다.

청일전쟁과 동학농민전쟁을 분석하면서 기존의 방대한 문헌 자료

59 Dawidowicz, *op.cit.* 참조.

60 Robert I. Rotberg, "Failed States, Collapsed States, Weak States: Causes and Indicators", Robert I. Rotberg (ed), in *State Failure and State Weakness in a Time of Terror*(Washington D.C.: Brookings Institution Press, 2003) 참조.

를 소개하기보다는 이 사건들을 개념적으로 정리하는 데 필요한 국내외 자료를 사용한다. 특히, 19세기 열강의 국방예산과 식민지 인구 통계를 비교한 데이터세트(dataset)를 이용하고, 영국 국립공문서보관소(National Archive)의 외교문서를 참조한다. 이 외교문서에는 당시 영국 외교관들이 수행한 청일전쟁과 동학농민전쟁에 대한 사태 파악 노력과 대응이 담겨있다. 영국 공사관은 청일전쟁 당시 원세개(元世凱)를 포함한 청의 관료들이 한성에서 철수하면서, 청의 요청으로 조선에서의 청의 이권 관리와 영사 업무를 담당했다. 영국은 청일전쟁에서 일본의 승리가 예상되자 일본이 "속임수와 교활함(guile and shrewdness)"으로 청의 영토를 잠식하게 버려두는 것보다 현상유지 쪽이 영국의 국익에 도움이 된다고 판단했다.[61] 이러한 사료는 청일전쟁 이후의 삼국간섭을 러시아, 프랑스, 독일이 주도했지만, 영국도 비슷한 입장에 있었음을 보여준다. 또한 이 사료들은 동학농민전쟁의 동향, 조선에서의 일본의 국권 및 이권 침탈, 조선의 개혁 실패에 따른 왕실과 민중의 반일감정에 대해서도 잘 묘사하고 있다.[62] 이 사료들은 패권 질서의 전환이라는 구조적 문제와 함께 패권 전환기의 민중 운동에 대한 분석에도 도움이 된다.

전쟁을 통해 성장한 근대국가는 어떤 이유에서 대량학살을 저지르게 되는 것일까? 홀로코스트는 문명이나 근대국가의 일시적 일탈 행위가 아니라 합리성을 중시하며 비합리성을 포용하지 못하는 근대국가의 태생적 문제이다.[63] 홀로코스트는 대량학살을 의미하지만

---

61 Foreign Office, *op.cit.*, p. 114.

62 *Ibid.*, pp. 102-105.

1960년대 이후 나치 독일에 의한 유대인 학살을 지칭하는 개념으로 통용되어 왔다. 다비도비치는 나치 독일에 의한 600만의 유대인 학살이 어떻게 가능했는지에 대해 3가지 질문을 던진다.[64]

1. 어떻게 근대국가가 유대인이라는 이유 하나로 전 민족을 조직적으로 살해하는 것이 가능했을까?
2. 어떻게 전 민족이 말살되는 상황을 스스로 용인하는 것이 가능했을까?
3. 어떻게 전 세계는 이 말살 행위를 중지시키지 않고 방관하는 것이 가능했을까?

이 세 개의 질문은 국제사회라는 국제적 행위자, 독일이라는 국가적 행위자, 그리고 유대인이라는 비국가행위자의 판단과 역할에 주목한다. 물론 600만 명의 학살과 최소 3만 명의 학살은 규모의 차이가 있지만, 유대인과 동학농민군이 각각 종교적 집단을 형성하고 있었고, 근대국가가 자행한 범죄이며, 전 세계가 이러한 학살에 대해 방관했다는 공통점이 있다.

근대국가의 대량학살

다비도비치는 나치 독일이 주변국과 미국을 상대로 전쟁을 벌임과 동

---

63 지그문트 바우만, 《현대성과 홀로코스트》, 정일준 옮김(새물결, 2013) 참조.

64 Dawidowicz, *op.cit.*; p. xxxv.

시에 유대인을 격리, 수송하고 대량학살한 것을 또 하나의 전쟁으로 간주한다.[65] 히틀러는 러시아계 유대인을 수용 시설로 보내기 위해 소련의 최전선으로 보내는 군수품 수송 열차의 배차시간을 연기하기도 했다. 나치 정권은 폴란드를 포함해 동유럽 점령 지역에서 일하는 수십만의 숙련된 유대인 노동자를 수용소로 이송하기 위해 전쟁 물자의 생산 차질을 감수할 정도였다.[66]

일본군도 청군과 전쟁을 하는 동시에 동학농민군에 대한 전쟁을 벌였다.[67] 청일전쟁 참전 일본군 병사들의 일지를 조사해 보면 동학농민군의 학살과 관련된 참혹함이 드러나는데, 전투에서 우월한 무력을 통해 섬멸시키는 것을 넘어서 포획된 농민군 포로를 고문하고, 다양한 방법으로 살상했으며, 시체는 소각했고, 심지어 마을 전체를 불태워버리는 극단적 방법도 동원했다. 마을 전체가 동학농민군에 가담한 옥천의 경우에는 "60리에 걸쳐 민가에는 사람이 없었고, 수백 호가 불에 타 없어졌으며, 또한 많은 사체가 노상에 버려져 개와 새 들의 먹이가 되고 있다"라고 도쿠시마현 출신 일본 병사가 진중일지에서 밝혔다.[68]

동학농민전쟁의 시점에서 홀로코스트라고 불릴 수 있는 대량학살을 자행한 국가들은 어떤 국가들이며, 그들은 자신들의 범죄행위에 대해 어떤 자세를 취했을까? 일본이 동학농민군을 몰살하고 청을 물

---

65 *Ibid.*, p. xxxv.

66 *Ibid.*, p. 187.

67 나카츠카 아키라 외, 앞의 책, 25쪽; 하라 아키라,《청일·러일전쟁 어떻게 볼 것인가》, 김연옥 옮김(살림, 2015), 79쪽.

68 나카츠카 아키라 외, 앞의 책, 124쪽.

리친 후 동북아에서 세력을 키워나가고 있을 때, 미국은 미국-스페인전쟁(1898)에서 승리하면서 스페인의 식민지였던 필리핀을 획득했다. 그러나 제1공화국을 선포한 필리핀 민족주의 세력이 미국으로부터 독립을 위해 항쟁하면서 필리핀-미국전쟁(1899-1902)이 벌어졌다. 미국은 이것을 전쟁이 아니라 하나의 "반란(insurrection)"이라고 규정하며 무력으로 진압했다. 미국 정부는 이 전쟁의 결과 4,200명의 미국군과 2만 명의 필리핀군이 사망하고, 폭력·기근·질병에 의한 필리핀 민간인 사망자가 20만 명에 달했다고 인정했다.[69] 하지만 이것은 최소치일 가능성이 높고 더 연구가 필요하지만 미군은 필리핀인들의 게릴라 항쟁에 대응해 학살은 물론이고 마을과 농지를 불태우는 등 인종청소에 가까운 보복을 자행했다. 특히 30만 명이 전투·기근·질병으로 사망했다는 바탕가스(Batangas)와 또 다른 피해 지역인 발란지가(Balangiga)가 학살의 주 무대로 주목을 받고 있다.[70] 300년 동안의 스페인 식민지 기간보다 미국의 초기 점령 기간에 더 많은 학살이 발생한 것이다.[71] 이 전쟁의 결과로 민간인 사망자가 100만 명에 이른다는 보고도 있고, 수백만에 달한다는 주장도 있는데,[72] 아직 미국은 공식 사과를 한 적이 없다. 바탕가스는 일본군이 태평양전쟁 동안인 1944-1945년에 강점

69 "The Philippine-American War, 1899 - 1902", *Office of the Historian*(https://history.state.gov/milestones/1899-1913/war).

70 Howard Zinn, *A People's History of the United States, 1492-Present*(New York: Harper, 2005), p.316.

71 Joel Ruiz Butuyan, "US apology Is Overdue", *Inquirer*, September 19, 2016(https://opinion.inquirer.net/97456/us-apology-is-overdue).

72 Spencer Tucker, *The Encyclopedia of the Spanish-American and Philippine-American Wars*(Oxford: ABC-CLIO, 2009), p. 478.

하면서 2만 5천 명에 이르는 민간인을 게릴라로 몰아서 학살한 곳으로도 알려져 있다.[73]

나치 정권 이전에 독일제국이 자행한 학살을 보자. 흔히 독일은 나치의 만행을 사과하고 주변국과 화해한 모범 국가로 알려져 있지만, 실상 독일도 사과와 보상에 인색하다. 동학농민혁명이 끝나고 10년도 지나지 않은 1903년에서 1909년까지 독일이 아프리카의 나미비아에서 자행한 헤레로·나마족의 학살이 20세기 최초의 학살로 불린다. 독일 정착민을 살해했다는 이유로 본국에서 대규모의 군대를 파견해 보호령의 인민들이 더이상 제국의 일원이 아님을 천명하고 학살한 것이다. 사망자의 숫자가 10만 명에 달하는데 헤레로족의 80퍼센트와 나마족의 50퍼센트가 여기에 해당된다.[74] 독일은 이 종족들의 땅을 몰수하고 '원주민 보호구역'을 설정해 분리시키면서 목축을 금지시켰다. 대대로 가축을 기르며 살아온 종족들에게 이런 행위는 문화적 정체성을 부정하는 폭정이었다. 독일은 거듭되는 나미비아 정부의 사과 요구에 100년이 지난 2015년에야 겨우 학살(genocide) 사실을 비공식적으로 인정했지만, 이것도 2017년에 이르러 가혹 행위(atrocities)로 의미를 강등시켰고 공식적인 배상을 거부하고 있다.[75]

근대국가에 의한 대량학살이 세계 곳곳에서 발생했다는 것은 문명

---

73 Bruce D. Landrum, *The Yamashita War Crimes Trial: Command Responsibility Then and Now*(https://www.pegc.us/archive/DoD/docs/Landrum_Yamashita.doc).

74 Reinhard Kossler, *Namibia and Germany: Negotiating the Past*(Windhoek: University of Namibia Press, 2015), p. 17.

75 Henning Melber and Reinhart Kössler, "Genocide Negotiations between Germany and Namibia Hit Stumbling Blocks", *The Conversation*, January 11, 2018.

국이라고 스스로를 정의한 근대국가가 야만국이라고 불렸던 국가들과 폭력성 면에서 별 차이가 없으며, 오히려 그들이 개발한 첨단무기의 파괴력으로 인해 폭력이 극대화되었다고 할 수 있다.

근대국가 일본의 형성

근대국가의 형성과 제국주의 국가의 탄생은 밀접한 관계가 있다. 일본에서 제국(帝國)이라는 용어는 《일본서기》에 처음 나타나지만 근대에 와서는 1789년 난학자인 구쓰기 마사쓰나(朽木昌綱)가 '카이저의 나라'를 뜻하는 네덜란드어 'keizerrijk'를 번역하면서 사용되기 시작했다.[76] 일본제국의 형성에 사상적 토대를 제시했다는 후쿠자와 유키치를 필두로 일본이 추구한 제국은 중화질서를 허물고 일본을 새로운 지도국으로 하는 수직적 질서를 구축하는 것이었다.

근대적 세계 질서는 국민국가(nation state)들로 구성된 체제이므로 국가의 약화 혹은 붕괴는 이 체제의 기초를 흔드는 위협이다.[77] 유럽의 국가 형성은 통치 집단이 군대를 양성해 외부의 적을 막고, 경찰과 관료를 통해 내부의 치안을 확보하고, 시민에게 권리를 부여하는 대신 조세의 의무를 지우는 과정이었다.[78] 찰스 틸리(Charles Tilly)는 근대국가가 권력의 중앙 집중과 폭력의 독점을 추구하는 과정을 "전쟁은 국

76 吉村忠典, 〈'帝國'という概念について〉, 《史學雜誌》, 108(3)(1999), 40쪽; 이삼성, 〈'제국' 개념과 19세기 근대 일본〉, 《국제정치논총》 51(1)(2011), 66쪽.

77 Rotberg, *op.cit.*, p. 1.

78 Charles Tilly, *The Formation of National States in Western Europe*(Princeton: Princeton University Press, 1975), p. 42.

가를 만들고, 국가는 전쟁을 만들었다"라고 묘사한다.[79]

일본에서는 메이지유신(1868)과 청일전쟁 발발 사이의 30년 가까운 시기에 국가의 폭력 행사를 정당화하는 담론이 형성되면서 군사적 부상에 앞서 이미 '전쟁 기계'로서의 근대국가화가 일본인의 의식세계에서 진행되었다. 에도시대에는 권력이 천황, 막부의 쇼군, 번의 영주들에게 분산되었는데, 대정봉환(1867)과 메이지유신을 통해 천황으로 권력의 일원화가 이루어졌다.

막스 베버(Max Weber)에 따르면 "국가는 일정한 영토 내에서 합법적 폭력을 독점하는 인간 공동체"이므로 폭력은 국가권력의 일반적인 수단이다.[80] 베버의 사상과 함께 국익을 위해 권모술수의 행사도 불가피하다고 주장하는 마키아벨리의 사상이 일본에 소개되면서 당시의 지식인들은 일본의 대외 전략을 새롭게 작성한다. 후쿠자와는 《통속국권론》에서 마키아벨리와 비슷한 입장에서 국가 차원의 이익 추구를 도덕 추구와 분리시키는 접근법을 취했고, 이것을 '탈아론(脫亞論)'과 연결시켜 청과 조선의 체제 전복을 희구했다.[81] 마루야마 마사오(丸山眞男)는 국가이성의 문제를 일본 사상사의 개관에 본격적으로 도입했는데,[82] 앞에서 서술했듯이 다원성을 부정하는 국가이성이 대량학살

---

79 Charles Tilly, "War Making and State Making as Organized Crime", Peter Evans, et al.(ed), in *Bringing the State Back in*(Cambridge: Cambridge University Press, 1985), p. 181.

80 Max Weber, *Weber: Political Writings*(Cambridge: Cambridge University Press, 1994), p. 310.

81 福澤諭吉,《通俗國權論》(慶應義塾出版社, 1878) 참조; 安川壽之輔,《福澤諭吉のアジア認識》(高文研, 2000) 참조.

82 丸山真男,〈近代日本思想史における国家理性の問題—1〉,《展望》37(1949), 4-15쪽; 山室信一·中野目徹 (校注),《明六雜誌 上》(岩波書店, 1999) 참조.

을 낳은 하나의 원인이 되었다.

끌려간 도공이 살고 싶었던 국가

제국으로 변신하기 전 도쿠가와 막부의 일본은 어떤 모습을 하고 있었을까? 또한 조선 왕조는 어떻게 시작해서 어떤 문제가 발생한 것일까? 먼저 고려시대를 돌아보자. 청자 제작에 있어서 절정기를 맞이한 중국 송나라에서도 '고려비색 천하제일(高麗翡色 天下第一)'이라고 하면서 고려의 청자 수준을 높이 평가했던 태평노인(太平老人)이라는 학자가 있었다. 높이 4미터 20센티미터, 폭 2미터 55센티미터의 현존하는 세계 최대(最大), 최고(最古)의 고려 불화라고 불리는 일본 가가미신사(鏡神社) 소장의 〈수월관음도(水月觀音圖)〉는 화려함의 극치를 보인다. 고려의 찬란했지만 부패했던 귀족정치를 종식하고 성리학에 기반을 둔 사대부 중심의 국가를 만들었을 때 500년 조선 왕조의 기틀이 마련되고 한민족의 역사는 새로운 기운을 받아 역동적으로 전개되었다. 그런데 왜 조선이라는 국가 만들기 프로젝트는 결국 실패했을까? 조선이라는 국가가 태생적으로 보여 준 강점에서 불구하고 자체 모순에 빠졌던 이유는 널리 알려진 대로 지나친 학문(學文)의 숭상과 기술의 천시, 신분제도의 경직성과 쇄국(鎖國)이다.

1598년 9월 도요토미 히데요시(豊臣秀吉)가 사망하고 정유재란(丁酉再亂)이 막바지로 치닫던 그해 말 도공 이경(李敬)은 퇴각하는 일본군에 잡혀 쓰시마를 거쳐 야마구치현 하기시(萩市)에 정착한다. 이것은 하기가 일본의 3대 다기(茶器) 생산지로 성장하는 계기가 되었다.

그런데 일본 측의 기록에 재미있는 부분이 있다. 이경의 형인 도공 이작광(李勺光)이 임진왜란 때 먼저 일본으로 끌려갔고 그 후 이경을 일본으로 불러들이면서 하기가 유명한 다도(茶陶)의 고장이 되었다는 것이다.[83] 형이 동생을 일본으로 오게 했다는 기록은 한국인 학자들의 연구에 의하면 사실이 아닐 가능성이 높다고 하지만, 두 사람이 친형제처럼 지내면서 일본에 정착해 일본 도자기의 역사를 바꾸어놓은 것은 사실인 것 같다.[84]

그런데 일본에서 도공의 생활이 어떠했기에 조선의 도공들이 일본에 정착하면서, 심지어 가족까지 데려왔다는 신화가 만들어졌을까? 1598년에 무장 가토 기요마사(加藤清正)에 의해 일본으로 피랍된 또 다른 도공 존계(尊階)는 나중에 아가노기조고쿠(上野喜藏高國)라는 사무라이 신분의 일본 이름으로 개명하고 15석의 녹봉과 하인 70명을 받아 도자기 제작에 전념했다.[85]

물론 조선의 도공이 일본에서 이 정도의 대우를 받은 것은 출신 성분이 좋았던 존계 개인의 특수한 사정도 있었을 것이다. 그렇다면 당시 조선에서의 도공의 삶은 어떠했을까? 숙종 23년인 1697년 윤3월 6일 자 《승정원일기》에 분원의 장인(匠人) 중 굶어 죽은 자가 39명이나 되고(院下飢死者, 已至三十九名云), 병과 기아로 이탈한 자들도 다수라는 기록이 있다. 이러한 사고가 '17세기의 위기'라고 불리는 전 세계적 소빙기(小氷期)로 인한 냉해와 관련이 있는지는 불확실하지만,

83 河野良輔, 〈萩焼—萩藩窯の成立と發展〉, 《古萩—その原流と周邊 圖錄》(山口縣立美術館, 1981). 138쪽.

84 노성환, 〈일본 하기의 조선도공에 관한 일고찰〉, 《일어일문학》 47(2010), 329-347쪽.

85 禹寬壕·金鎭奎. 《上野, 高取 陶磁器研究》(한국고미술문화재진흥협회, 2015) 참조.

조선도 잇단 흉년, 홍수, 질병으로 인구가 1693년에서 1699년 사이에 약 142만 명이 감소했다.[86] 1697년에는 황해도 구월산을 무대로 활약한 장길산(張吉山)의 농민군이 서울의 중인 및 서얼 들과 새 왕조를 세우려다 발각되는 등 통치가 힘든 시기였다.

이러한 자연재해나 민심 이반보다 더 조선의 미래에 영향을 미친 것은 사치를 금한 영조, 상업을 억제한 정조 등의 임금과 신하 들이 범한 국정 운영의 실수였다. 조선이 세계적 변화에서 유리되어 문을 닫고 지배층은 안빈낙도(安貧樂道)하고 민중은 반복되는 민란과 기아에 허덕일 때, 일본은 조선에서 데려간 도공들이 일구어낸 도자기 기술을 바탕으로 유럽인의 기호에 맞는 도자기를 팔면서 부국강병(富國强兵)의 길로 가고 있었다. 이미 도쿠가와 막부부터 기술을 우대하고 무역의 중요성을 인식한 일본이 근대국가의 초석을 다질 때, 조선은 농업 위주의 전통사회를 고수하면서 실패국가의 길을 재촉했다.

실패국가 조선

동학농민전쟁 시기에 자행된 일본군의 학살을 분석하기 위해서는 이 시기가 전 세계적으로 어떤 특징이 있는지를 파악해야 한다. 이런 시도는 19세기 말 동아시아에서 발생한 사건들을 조선이라는 특수성이나 오리엔탈리즘에서 벗어나 동시대에 전 세계적으로 자행되었던 제국주의 국가들의 침탈, 전쟁, 대량학살의 사례와 비교하는 데 유용

86 이태진, 〈소빙기(1500-1750)의 천체 현상적 원인—朝鮮王朝實錄의 관련 기록 분석〉, 《國史館論叢》 72, 110쪽.

하다. 1894년 당시 세계 인구에서 식민지배하의 인구가 5억 5,268만 6,925명으로 가장 많았고(34.7퍼센트), 32.4퍼센트는 전제정치 국가, 약 10퍼센트가 민주정치 국가에서 살았다는 데이터가 있다.[87] 일본은 이미 메이지유신 이후 본격적인 근대국가로 변모했지만, 동학혁명 당시의 조선은 '실패국가'이고, 청이 한반도에 대해 행사한 패권은 '실패패권'으로 볼 수 있다.

미국은 냉전의 종식과 함께 민주주의와 인권을 증진한다는 목적 아래 국가 체제가 붕괴한 나라에 대해 국제사회의 개입을 정당화하기 위해 실패국가라는 개념을 사용했다.[88] 하지만 실패국가라는 명분 아래 촉발된 국제사회의 개입은 상황을 더 악화시킬 수 있으며, 이 자체가 신식민주의(neo-colonialism)라는 주장도 강하다.[89] 분명한 것은 근대기 또는 냉전의 종식과 상관없이 국가의 내부 분열은 외부 세력의 개입 명분을 준다는 것이다.

20세기 말에 통용된 실패국가라는 개념을 19세기 말 전근대국가인 조선에 대입하는 것은 무리가 있지만, 당시 조선의 상황을 종합적으로 분석하는 데 필요한 하나의 잣대를 제공해 준다. 국가 실패(state failure) 현상을 연구하면서 로버트 로트버그(Robert Rotberg)는 안보와

---

87 Andreas Wimmer and Brian Min, "From Empire to Nation-State: Explaining War in the Modern World, 1816-2001", *American Sociological Review*, 71(6)(2006), pp. 867-897.

88 Gerald Helman and Steven B. Ratner, "Saving Failed States", *Foreign Policy* 89(1992-1993), pp. 3-20.

89 Henry J. Richardson, "Failed State, Self-Determination, and Preventive Diplomacy: Colonialist Nostalgia and Democratic Expectation", *Temple International and Comparative Law Journal*, 10(1996), p. 1; Ruth Gordon, "Saving Failed States: Sometimes a Neocolonialist Notion", *American University International Law Review* 12(6)(1997), pp. 903-973.

안전과 같은 정치적 재화(political goods)의 제공 여부에 따라 강한 국가(strong state), 약한 국가(weak state), 실패국가(failed state), 붕괴국가(collapsed state)로 나누었다.[90] 이 분류에 따르면 식량 위기를 겪은 1990년대의 북한 또는 폴 포트(Pol Pot) 통치하의 캄보디아가 인간 안보(human security)와 같은 정치적 재화를 제공하지 못했다는 측면에서 약한 국가로 분류되고 탈레반이 통치하면서 내란에 휩싸인 아프가니스탄은 실패국가로 분류된다. 실패국가는 국가 내부의 경쟁 집단에 의해 내란에 휩싸여 있거나, 정부군과 반군이 전쟁 중이며, 국경은 통제되지 않고, 부패와 범죄가 만연한 현상을 보인다. 이러한 혼란의 극단에 있는 국가가 붕괴국가이며 1980년대의 소말리아가 대표적이다. 실패국가의 경우 국정 운영의 효율성이 사라진 것이지 정부의 존재와 권리능력이 소멸된 것은 아니므로 국가의 존재는 기존의 정부에 의해 유지된다.[91] 실패국가를 판단하는 기준을 종합하면, 폭력의 독점적 행사를 통한 안보와 안전의 제공 여부, 법치의 여부, 시민의 생활 기반 및 복지의 제공 여부가 중요하다.

1894년에 조선에서 발생한 전쟁을 왜 청일전쟁이라고 부를까? 이 전쟁이 한반도에서 발생했고 전쟁에 동원된 인원이나 사상자도 조선인이 가장 많은데 왜 '조선전쟁'으로 불리지 않을까? 이유는 간단하다. 이 전쟁의 주체는 청과 일본이고 조선은 전쟁의 주체가 아니라는 인식 때문이다. 조선의 주권자로서 왕이 존재했지만, 왕의 위상과 역할

---

90 Rotberg, *op.cit.*, p. 2.

91 김선표, 〈실패국가에 대한 국제사회 개입 문제—북한 관련 함의와 대응방안에 소고〉, 《서울국제법연구》 24(1)(2017), 8쪽.

이 미약했고, 외침에 맞서 봉기한 민중은 전쟁의 주체로 인식되지 못했다.

전쟁과 학살이 조선에서 가능했던 이유는 조선이 통치 불능 상태인 실패국가가 되면서 외세의 간섭이 본격화했기 때문이다. 조선은 원래 이런 나라는 아니었다. 병자호란(1636–1637)에서 청을 상대로 2개월 정도였지만 전쟁을 벌였고 항복하면서 조공국이 되었다. 그 후 200년간 국가로서의 통치 능력이 퇴보했고 19세기 말에는 이미 통치의 효율성을 상실한 상태였다. 임오군란(1882)과 갑신정변(1884)을 이용해 청이 조선의 국정 운영에 대한 간섭을 확대하고 일본이 세력을 확장하면서 조선의 내부는 분열되어 혼란이 가중되었다. 앞에서 요약한 실패국가의 판단 기준인, 폭력의 독점 행사를 통한 안보와 안전의 제공 여부, 법치의 여부, 시민의 생활 기반 및 복지의 제공 여부를 19세기 말 조선에 대입해 보자.

첫째, 조선 정부는 임오군란과 갑신정변 과정에서 외국 군대에 대한 의존도를 높이면서 독립국으로서 폭력의 독점적 행사에 실패했다. 이것은 외국에 의한 군사적, 외교적 간섭의 확대와 민란과 같은 내란으로 이어졌다. 1905년 국제법상으로 일본의 보호국이 되기에 앞서 조선은 이미 1884년 갑신정변 이후부터 청일전쟁의 발발 시점인 1894년까지 청의 사실상의 보호국이었다.[92] 고종은 1882년에 임오군란으로 실각하고 대원군이 집권했으나 청의 군사적 개입으로 고종이 복위된 것이다. 청은 조선을 조공국이 아니라 서양 국제법에 따른 보

---

92 구선희,《한국 근대 대청정책사 연구》(혜안, 1999), 20쪽.

호국으로 만들려고 했는데 군란이 청에게 절호의 기회를 주었다.

청은 마건충(馬建忠)과 독일인 묄렌도르프(P.G. Möllendorf) 등 30여 명의 외국인을 정치·외교 고문으로 보내 내정과 외교에 간섭했고, 1882년 9월에는 〈조청상민수륙무역장정(朝淸商民水陸貿易章程)〉을 체결해 청의 상인에게 '내지 통상권'을 부여함으로써 조선에서 자유롭게 상업을 할 수 있게 했다. 외국군의 진주는 한 나라의 주권에 큰 영향을 미치는데, 군란으로 위기에 처한 민비 측이 청에 구원병을 요청했을 때 이런 상황을 예상했을까? 조선에 처음 왔을 때 23세의 청년 무관이었던 원세개는 쿠데타의 중심인물로 옹립된 대원군을 강제 구인(拘引)하고 군란을 평정했다. 갑신정변 때도 청군을 지휘하여 일본군을 제압하였으며 고종을 호위하는 등 치적을 쌓으면서 이홍장의 비호 아래 빠르게 성장했다.[93] 고종의 복위 후 원세개는 조선의 신식 군대를 훈련시키면서 군권을 장악하게 된다. 강화도조약 이후 일본의 경제적 침투가 강화되자, 청은 과거의 미온적 태도를 버리고 고려 때처럼 조선에 행성(行省)을 두어 한반도를 청의 군현(郡縣)으로 편입시킬 움직임도 보였다.[94] 고종을 배알하는 자리에서도 기립하지 않았고 이홍장에게 보내는 전문에서 고종을 '혼군(昏君)'이라 칭하면서 폐위를 주장했다.[95] 원세개가 청일전쟁 발발 수일 전 신변 안전을 위해 본국으로 도주하면서 청의 지배는 막을 내렸다.

한편 일본도 임오군란이 발발하여 별기군 교관인 호리모토 레이

---

93 이양자, 《淸의 對朝鮮政策과 袁世凱》(역사와세계, 1981), 82쪽.

94 위의 책, 91쪽.

95 위의 책, 112쪽.

조(掘本禮造)가 살해당하고 영사관이 포위 습격당하는 등 군란의 피해를 입자 거류민 보호를 구실로 하나부사 공사에게 군함 4척, 육군 1개 대대를 주어 조선에 파견했다. 일본은 〈한일통상장정(韓日通商章程)〉(1883)을 통해 최혜국 대우를 보장받으면서 수입세율도 8-10퍼센트로 낮추었다.

청의 개입으로 민씨 정권이 재집권했지만, 국내 정치 세력은 오히려 분열되었다. 급진개화 세력은 일본의 메이지유신을 모방한 개혁을 추진하면서 1884년 조선에 주둔한 청군이 청불전쟁으로 일부 철수하자 일본의 지지를 받으면서 갑신정변을 일으켰다. 1884년 12월 4일 우정국 낙성식 축하연을 계기로 민씨 세력을 몰아내고 신정부를 수립해 개혁을 단행했지만, 일본의 소극적 지원과 청군의 무력 개입에 패배해 개화당의 집권은 3일 만에 종식되었다. 개화당은 민심을 얻지 못했고, 청군의 개입에 대한 대책이 미비했으며, 일본군을 끌어들여 조선을 독립국으로 만든다는 것부터가 태생적 모순이었다. 조선의 국권이 청으로 넘어간 사이에, 일본의 힘을 빌려 개혁을 시도했지만, 국가적으로 혼란만 가중시키고, 외국군의 주둔을 용인하는 나쁜 결과만을 초래한 것이다. 결국, 조선이라는 나라에 함께 주둔하고 있는 두 나라의 군대는 작은 빌미에도 전쟁의 소용돌이에 휘말릴 수 있는 상황이 되었다.

청은 군란의 진압을 위해 6천 명의 군사를 출병시킨 후 군대를 철수하지 않고 1884년 봄까지 오장경(吳長慶)과 원세개가 지휘하는 군사 3천 명을 남겨두었고 갑신정변이 일어난 시점에도 1,500명이 조선에 있었다.[96] 갑신정변의 주모자들이 일본군에 지나치게 의지하면서

200명 정도의 군인과 행동대원을 동원해 정권을 장악하자 청의 주둔군은 이들을 쉽게 진압했다.[97] 조선의 왕권은 이미 1882년부터 실추되어 이홍장의 후광을 입고 조선을 장악한 원세개가 사실상 '총독'의 역할을 했다. 원세개가 일시 귀국한 후 1885년 '주찰조선총리교섭통상사의(駐紮朝鮮總理交涉通商事宜)'이라는 직함으로 재차 파견되어 국가를 대표하지 않는 북양대신의 파견원 신분이었지만 향후 8년간 조선의 내정과 외교 정책에 간섭했다.[98] 청일전쟁 당시 경복궁이 일본군에게 점거당한 상황에서 "초조한(nervous)" 고종은 영국, 미국, 러시아 공관에 배치된 각국의 해병대와 수비대가 한양에서 철수하지 않도록 영국 총영사에게 "간청(begging)"하는 상황이었다는 것을 보면,[99] 조선의 군대는 왕과 민중에게 안보와 안전을 제공할 능력이 없었다.

둘째, 19세기에 들어 조선의 법치는 무너진 상태였다. '삼정의 문란'으로 지배층은 조세와 공역의 과도한 부과를 통해 폭력적 수탈을 감행했다. 이것을 벗어나기 위해 도망치면서 유민이 증가하고, 중국의 마적단(馬賊團)과 같은 떼강도인 '명화적'이 등장했다.[100] 통치와 치안의 부재 상황이 동시에 벌어진 것이다. 어린 왕이 즉위하거나 왕위 계승의 문제가 겹친 가운데 세도정치가 극성을 부리고, 정통성 확보를 위한 왕실 행사가 증가하면서 조세 의무가 강화되자 임술민란(1862)과

96 구선희, 앞의 책, 82쪽.

97 박은숙, 〈갑신정변 주도세력의 참여층 포섭과 무력동원〉, 《한국근현대사연구》, 27(2003), 37쪽.

98 구선희, 〈갑신정변 직후 反淸政責策과 청의 袁世凱 파견〉, 《사학연구》 51(1996), 33쪽.

99 Foreign Office, *op.cit.*, p. 20.

100 배항섭, 〈조선후기 삼정문란과 명화적〉, 《역사비평》 17(1991), 338-344쪽.

같은 사건이 발생했다.[101] 특히 정조 사후 63년간의 세도정치기(1800–1863)에는 경주 김씨, 안동 김씨, 풍양 조씨 등의 가문이 국정을 전횡하면서 법질서 자체가 붕괴되었다.[102] 청일전쟁 중 조선의 정권을 장악한 일본 공사 이노우에는 조선의 외무대신은 그의 허락 없이는 아무것도 할 수 없다고 힐리어 영국 총영사에게 전하면서, 전쟁 중 구금된 중국인들이 가장 거부하는 것이 '속국(vassal state)'인 조선의 법정에서 재판을 받는 것이라고 했다.[103] 고종의 직무는 이노우에의 전임인 오토리 게이스케(大鳥圭介) 공사에 의해 박탈된 후, 일본이 실질적인 통치를 담당하는 상황이 된 것이다.[104]

외세의 침범과 국내의 정치적 분열 상황에서 부패하고 무능한 정부와 사회 혼란의 희생자로 전락한 민중이 기존 체제에 저항하면서 동학농민전쟁이 시작되었다. 이 상황을 지켜본 힐리어 총영사는 "내 생각에는 이 나라를 경험한 어떤 사람도 개혁과 관련된 계획을 조선인에게 맡기는 것은 시간 낭비라는 것을 공감한다. 부패는 도를 넘어서 모든 공공기관이 일본이나 다른 외국의 감시하에 있지 않으면 어떤 개혁도 불가능하다"라고 보았다.[105]

셋째, 조선은 민중들에게 적절한 생활 기반 및 복지 제공에 실패했다. 1855년 이후 청일전쟁까지의 40년간의 경제위기에는 쌀 생산과

---

101 임혜련, 〈철종대 정국과 권력 집중 양상〉, 《한국사학보》 49(2012), 121-158쪽.

102 박현모, 〈세도정치기(1800-63)의 정국운영과 언론 연구〉, 《한국동양정치사상사연구》 6(1)(2007), 163-187쪽.

103 Foreign Office, *op.cit.*, p. 37.

104 *Ibid.*, p.39.

105 *Ibid.*, p. 40.

공급의 감소, 무역과 시장의 쇠퇴, 환곡과 같은 국가적 재분배 경제 체제의 와해 등으로 민란이 빈발하고 왕조의 정치 통합 기능이 훼손됐다.[106]

일본군이 청일전쟁을 위해 원산항에 상륙했을 때 처음 목격한 것은 인분과 쓰레기로 뒤덮인 전근대국가였다. 근대화를 통해 문명국이라고 자부해 온 일본의 군인들에게 불결한 도시 환경은 경악할 수준이었고, 전투보다는 이질과 콜레라 등 소화기 계통의 병과 싸워야 했다.[107] 이러한 조선에 대해 외세의 개입 없이는 자체적 근대화가 불가능했다는 식민사관에 대한 비판이 '내재적 발전론'과 '자본주의 맹아론'을 등장하게 했지만, 이것 또한 조선의 변화 역량에 대한 과도한 해석이라는 비판에 직면했다.[108] 분명히 조선은 변하고 있었지만, 민중은 주권자가 아닌 통치 대상이었고 국가 차원에서 제공되는 생활 기반과 복지는 미약했다. 1890년대 들어 확대된 미곡의 대(對)일본 수출의 혜택은 농민이 아닌 외국 상인과 봉건지배 계급에게 돌아갔고 민중의 생활은 피폐해졌다.[109]

---

106 이영훈, 〈19세기 조선왕조(朝鮮王朝) 경제체제(經濟體制)의 위기(危機)〉, 《조선시대사학보》 43(2007), 267-296쪽.

107 原田敬一, 앞의 책, 72-73쪽.

108 이영훈, 〈조선후기 이래 소농사회의 전개와 의의〉, 《역사와 현실》 45(2002), 3-38쪽; 권내현, 〈내재적 발전론과 조선 후기사 인식〉, 《역사비평》 111(2015), 417-442쪽.

109 하원호, 〈곡물의 대일수출과 농민층의 저항〉, 《1894년 농민전쟁연구 1—농민전쟁의 사회경제적 배경》(역사비평사, 1991), 243-303쪽.

청의 실패패권

국가 유형의 분류와 유사한 방법으로 패권의 유형을 나누어 볼 수 있는데, 강한 패권, 약한 패권, 실패패권, 붕괴패권이 그것이다. 냉전의 종식과 함께 민주주의와 시장경제의 세계화에 고무되어 "역사의 종언"을 논의한 시점에서 미국이 전 세계적으로 강한 패권을 행사했다고 하면,[110] 트럼프(Donald Trump) 전 대통령의 미국은 말과 행동은 거칠지만 정치적 재화를 제공하는 데 인색한 약한 패권을 행사했다. 이런 맥락에서 청이 임오군란 이후 행사한 패권은 붕괴를 앞둔 실패패권에 가깝다. 앞서 언급한 실패국가처럼 실패패권인 경우에 패권의 효율성은 사라졌어도 명목상의 패권은 여전히 존재하는 것이고 이것을 종식시키기 위해서 새로운 조약이 필요한데 청일전쟁 후 맺어진 시모노세키조약(1895)이 그것이다.

패권이 붕괴되면서 패자(霸者)가 분명하지 않은 기간을 '공위기(空位期)'라고 할 수 있다. '공위기'란 어떤 국가의 정부 공백기, 특히 군주제 국가의 일시적 군주 부재기를 말하지만, 여기에서는 지역 패권국의 부재기를 나타내는 말로 사용한다. 흔히 사용되는 '세력 전이(power transition)'라는 개념은 한 국가에서 다른 국가로 세력이 넘어가는 상황을 상정하지만, 현실에서 세력 전이는 시간이 오래 걸리고 경로 의존적이지도 않다. 보통, 기존의 패권국이 권능을 상실하면서 패권의 행방은 불확실한 상태가 된다. 제1, 2차 세계대전도 영국의 세계 패권이

110 Francis Fukuyama, *The End of History and the Last Man*(New York: Free Press, 1992) 참조.

무너지고 있었지만, 세계 제일의 경제 대국 미국이 패권을 행사할 준비가 부족했던 20세기 초의 세력 전이 기간, 즉 공위기에 발생했다고 볼 수 있다.

조선은 임오군란이 발생하면서 청이 조선의 자주권을 위협하기 시작한 1882년부터 독립국이라고 할 수 없는 혼란 상태에 빠진다. 조선이 1910년까지 대한제국이라는 국체를 유지할 수 있었던 이유는 청, 일본, 러시아, 영국 등 열강 간의 힘의 균형과 견제 때문이었지 왕조나 정부의 역량 때문은 아니었다. 한반도에 대한 패권은 청일전쟁으로 청에서 일본으로 전환된 것이 아니라 패권의 공위기가 온 것이고, 이 공위기는 러일전쟁에서 일본이 승리하면서 종식된다.

제1차 학살이 가능했던 이유는 조선이 공위기로 접어들었기 때문이다. 무능하고 부패한 정부에 대해 일어난 동학농민전쟁과 같은 민란을 정부가 진압하지 못하고, 일본군에 의해 진압되면서 무차별 살상이 벌어진 것이다. 조선 정부가 실질적으로 존재했다면 타국의 군대가 어떻게 민란 진압에 동원될 수 있고, 또한 민란을 제압하는 과정에서 대량학살이 가능했을까? 물론 공위기의 가능성은 1894년 이전부터 보였지만, 1894년을 기점으로 확실하게 조선은 통치 능력이 부재하거나 조선 정부와 외국 정부가 한반도 통치를 둘러싼 경쟁 관계에 빠지면서 실질적인 공위기로 들어갔다고 할 수 있다.

19세기 후반의 국제 질서를 논할 때 패권이 행사되는 범위에 따라 전 세계적 패권, 동아시아 지역 패권, 한반도에 대한 패권이라는 세 개의 층위로 나눌 수 있다. 첫째, 전 세계적 차원에서 보면 제2차 아편전쟁(1856–1860)의 승리로 인해 전 세계적 패권국이라고 할 수 있는 영국이 동아시아 지역까지 영향권을 확대하면서 러시아의 남하를 견제하는 상황이 되었다.[111] 영국이 전 세계적 패권을 행사했지만, 동아시아 지역에서는 청과 일본의 지역 패권 경쟁이 러시아라는 변수에 직면해 복잡한 양상을 보였다. 한반도에 대한 패권은 역사적으로 청이 장악했지만, 청일전쟁에서 일본이 승리하면서 청의 패권이 종식되었다.

청은 19세기 말 근대국가로 변모한 일본과 비교해 볼 때 한반도에 대한 패권을 가질 만한 군사적 능력이 없었다. 영국 해군의 운영 방식을 도입하고 천황에 대한 충성심, 신식 훈련, 신식 군함으로 무장한 일본의 해군력에 비해, 청의 해군은 숫자는 많았지만 통일된 지휘 체계의 부재, 훈련과 신식 무기의 부족, 부패의 만연으로 인한 보급 부족으로 전쟁을 수행할 상태가 아니었다.[112] 이것은 패권 국가로서 영향력 아래에 있는 국가의 안보를 책임질 만한 군사적 역량이 없었음을 의미한다. 〈표 4〉는 1881년부터 1896년까지 일본, 청, 영국, 러시아의 방위비를 비교한 것이다. 청의 자료는 1895년까지 추산되지 않아 직접 비교가 힘들지만, 1896년에 약 3백만 달러로서 7백만 달러를 상회하는 일본의 방위비의 반도 되지 않는다. 일본의 방위비도 당시의 강국이었던 영국과 러시아의 방위비와 비교해 보면 5분의 1밖에 되지 않는다. 〈표 4〉는 군사력에서 현격한 차이가 나는 일본이 삼국간섭(1895)을 받아들일 수밖에 없는 사정을 보여준다. 이 표에서 주목할 것은 일본의 방위비가 임오군란과 갑신정변, 그리고 청일전쟁을 계기로 급격히 상승했다는 것이다.

---

111 한승훈, 〈고립정책과 간섭정책의 이중주〉, 《역사비평》 114(2016), 58쪽.

112 Bruce Elleman, *Modern Chinese Warfare, 1795-1989*(London: Routledge, 2001), p. 114.

표 4. 주요국 방위비 비교

단위 : 1,000달러

연도	일본	청	영국	러시아
1881	1,728	N/A	22,350	30,187
1882	1,809	N/A	24,028	27,617
1883	2,046	N/A	24,410	22,196
1884	2,120	N/A	27,051	22,500
1885	1,873	N/A	38,021	25,140
1886	3,109	N/A	29,412	24,932
1887	3,271	N/A	27,740	23,279
1888	3,238	N/A	27,136	21,482
1889	3,529	N/A	28,990	27,233
1890	3,905	N/A	29,602	30,191
1891	3,576	N/A	29,742	34,531
1892	2,496	N/A	31,871	30,053
1893	2,351	N/A	29,824	32,131
1894	13,167	N/A	33,168	35,039
1895	11,743	N/A	35,743	36,019
1896	7,398	2,994	35,253	36,679

출처 : David Singer, J., Stuart Bremer, and John Stuckey, "Capability Distribution, Uncertainty, and Major Power War, 1820-1965", Bruce Russett (ed), in *Peace, War, and Numbers* (Beverly Hills: Sage, 1972), pp. 19-48.

서구 열강보다 군사력 면에서 약한 일본이 청일전쟁의 종전에 동의할 수밖에 없었던 이유 중의 하나는 당시 일본 외상 무쓰와 벨기에 대표의 도쿄 면담 기록을 영국 외무성이 입수한 자료에 잘 드러난다. 일본이 가장 걱정한 것은 청의 권위가 손상되어 내란이 일어나고 무정부 상태가 되면 청이 "유럽 열강의 먹잇감"이 되는 것이었다.[113]

한반도에 대한 패권의 공위기는 청일전쟁에서 러일전쟁까지 10년 정도 지속되었지만, 동아시아 지역 전체의 공위기는 청일전쟁이 시작된 1894년부터 일본이 중일전쟁으로 중국의 주요부를 획득한 1937년까지 40여 년간 이어졌다고 볼 수 있다. 청일전쟁에서 승리한 일본은

113 Foreign Office, *op.cit.*, p. 4.

아직 이 지역에서 절대적 영향력을 미칠 수 있는 국가는 아니었고, 영국, 러시아 등 역외 열강의 간섭이 상당히 오래 지속되었던 것이다.[114] 한 국가가 지역 내의 경쟁국을 꺾고 세계적 패권국의 영향력을 축소시키면서 지역의 패자로 부상하는 데 40여 년이 걸린 것이다. 물론 이러한 지역 패권도 10년을 못 가고 1945년의 패전으로 종식된다.

청일전쟁

청일전쟁은 청의 실패패권을 조선에서 종식시키는 전쟁이었다. 청일전쟁에서 일본의 일차적 목표는 1860년대 이후 서양 열강과 청의 세력각축장으로 변하고 있는 조선의 불안정한 정세가 일본의 안전보장에 악영향을 미치므로 조선을 '중립화'하는 것이었다.[115] 1890년 야마가타 아리토모 총리가 '주권선'과 '이익선'이라는 개념을 제국의회의 시정방침 연설에서 도입함으로써 주권이 미치는 일본이라는 공간을 넘어 조선과 타이완이 일본의 이익선에 포함되게 됐다.[116] 하지만 청일전쟁을 통해 이 목표는 완전히 성취되지 못했는데, 임오군란과 갑신정변을 통해 조선에 대한 청의 지배가 강화되었다면 청일전쟁의 승리는 삼국간섭을 주도한 러시아의 영향력을 강화시켰다. 이 과정에서 일본이

---

114 Torsten Weber, "Same Race, Same Fate?: Theories of Asian Commonality and the Shift of Regional Hegemony in East Asia After the First Sino-Japanese War(1894/95)", Volker Barth and Roland Cvetkovski (ed), in *Imperial Co-operation and Transfer, 1870–1930: Empires and Encounters*(London: Bloomsbury, 2015), p. 155; Barth and Cvetkovski, *op.cit.*, p. 154.

115 平野龍二, 앞의 책, 3쪽.

116 原田敬一, 앞의 책, 52쪽.

주도한 조선의 내정 개혁 실패도 한몫을 했다. 청일전쟁 중에 수행된 이노우에 공사에 의한 개혁 시도에 대해 힐리어 총영사는 조선의 상황을 개선시키지 못하고 일본인의 이권만 보장해서, 일본에 우호적이었던 영국, 독일, 미국의 외교관들도 반감을 가지면서 "일본이 조선을 합병하거나 청의 종주권을 일본의 이기적인 직접 통치로 교체"하고자 한다는 의심을 갖게 했다고 상부에 보고했다.[117]

일본의 시각에서 보면 청일전쟁은 세 개의 전쟁으로 이루어져 있다. 첫째는 1894년 7월 23일 경복궁을 점거하는 과정에서 벌어진 '조일전쟁'이고, 둘째는 7월 25일부터 다음 해 4월 17일까지의 '청일전쟁', 그리고 5월 10일부터 11월 30일까지의 '타이완 정복전쟁'이다.[118] 일본은 조선을 세력권 아래 넣는 것을 포함해 동남아시아와 남양군도의 정복전쟁을 위해 타이완을 교두보로 확보하고자 했다.[119]

1894년 6월 1일 동학혁명을 진압하기 위해 조선 정부가 청에 파병을 요청하자 청은 6월 6일부터 25일까지 약 2,800명의 병력을 아산만에 상륙시켰고,[120] 톈진조약(1885)에 따라 일본에게도 파병 사실을 알렸다. 갑신정변 이후 청의 전권대신 이홍장과 일본의 전권대신 이토 히로부미가 조선에서의 세력 균형을 위해 톈진조약을 맺어 양국군의 철수를 합의했으나 출병할 경우 상호 통지한다는 조항이 청일전쟁의 도화선이 된 것이다. 6월 12일 인천항에 일본군 선발대가 상륙했고 추

117 Foreign Office, *op.cit.*, p. 103.

118 原田敬一, 앞의 책 참조; 하라 아키라, 앞의 책, 69쪽.

119 原田敬一, 앞의 책 참조.

120 김경록, 앞의 책, 40쪽.

가 파병이 곧 이루어졌다.[121] 청은 일본과의 전쟁을 회피하고자 했으나, 일본은 이미 6월 5일 역사상 최초로 '전시 대본영'을 설치하고 전시 체제로 공식 전환했다. 이는 일본의 전쟁 의지가 확고했다는 의미였다.[122] 일본은 철병을 거부하면서 조선에 추가 병력을 파견했고, 7월 23일 경복궁 수비대와의 전투에서 승리하면서 고종을 볼모로 잡고 대원군을 중심으로 한 친일내각을 구성했다. 7월 25일 대원군은 청나라와의 종속관계를 파기하면서 아산에 있는 청의 군대를 몰아내라고 일본에 요청했다.[123] 일본과 조선이 '공수동맹'이라고 할 수 있는 '조일맹약'을 26일 체결함으로써 일본과 조선은 청에 대해 합동군사작전을 개시하게 됐다.[124] 힐리어 총영사는 조선이 청과 전쟁상태라는 것은 조선정부에 의해 인정된 적이 없고, 조선 정부는 청에 대한 적대행위가 그들의 의지에 반해 강요된 것임을 표명했다고 기록했다.[125] 이어서 본격적인 해선과 육상선이 벌어졌고, 풍도해전, 성환전투와 평양전투, 황해해전 그리고 압록강전투에서 연승을 한 일본군은 여세를 몰아 11월 21일 청의 뤼순항을 점령하고 3만 명의 중국인을 학살했다.

일본의 근대국가로의 성장과 군사력의 확대를 보여주는 하나의 사례로서 황해해전을 좀더 살펴보자. 1894년 9월 17일에 압록강 근처에서 발발한 황해해전에서 청과 일본은 각각 12척의 전함을 동원했다. 일본의 함선에 비해 배수량이 2배에 이르는 7,000톤급 철갑함을 청이

121 原田敬一, 앞의 책, 60쪽.

122 위의 책, 59쪽.

123 하라 아키라, 앞의 책, 69쪽.

124 김경록, 앞의 책, 99쪽.

125 Foreign Office, *op.cit.*, p. 109.

표 5. 황해해전 참전 청일 양국의 해군

일본

배 이름	배수량(톤)	준공년	조선소
히에이(比叡)	2,200	1878	영국
후소(扶桑)	3,717	1878	영국
나나와(浪速)	3,650	1886	영국
다카치호(高千穂)	3,650	1886	영국
사이쿄마루(西京丸)	2,913	1888	영국
아카기(赤城)	614	1890	고베(神戸)
미쓰쿠시마(厳島)	4,278	1891	프랑스
치요다(千代田)	2,439	1891	프랑스
마쓰시마(松島)	4,278	1892	프랑스
요시노(吉野)	4,160	1893	영국
하시다테(橋立)	4,278	1894	요코스카(横須賀)
아키쓰시마(秋津洲)	3,172	1894	요코스카(横須賀)

청

배 이름	배수량(톤)	준공년	조선소
양위(揚威)	1,350	1881	영국
초용(超勇)	1,350	1881	영국
정원(定遠)	7,314	1884	독일
진원(鎮遠)	7,310	1884	독일
제원(濟遠)	2,300	1885	독일
정원(靖遠)	2,300	1887	영국
치원(致遠)	2,300	1887	영국
내원(來遠)	2,900	1887	독일
경원(經遠)	2,900	1887	독일
광갑(廣甲)	1,296	1889	푸저우(福州)
평원(平遠)	2,100	1890	푸저우(福州)
광병(廣丙)	1,000	1892	푸저우(福州)

출처 : 原田敬一,《日清·日露戦争》(岩波新書, 2007), p. 82(준공년 일부 오기 수정—필자).

2척 보유했으나 결과는 청의 대패였다. 청나라는 〈표 5〉의 북양함대 중 순양함 5척(양위, 초용, 경원, 치원, 광갑)이 격침됐고, 정원과 진원이 대파되었으나, 일본은 3척(마쓰시마, 히에이, 아카기)이 대파되는 피해에 그쳤다.[126] 이 표에서 주목할 것은 일본이 청과 톈진조약을 체결한 후 미래의 전쟁을 준비하기 위해 매년 새로운 전함을 발주한 반면 청의 함선은 이미 낡은 것이었다는 점이다. 이 해상전투에서 보이지 않는 조선의 수군은 어떤 상황이었을까? 판옥선(板屋船)이 주력 군함이었던 조선의 수군은 병인양요(1866)와 신미양요(1871)를 겪으면서 수군의 무용함이 증명되었고, 1895년 통제영(統制營)과 각도의 수군이 공식적으로 해체되었다.[127] 해군이 없는 조선의 바다는 열강의 각축장이 되었다.

새로운 과제

전근대적 국가 체제와 패권 체제의 붕괴는 그 체제 속에서 살던 사람들의 삶에 돌이킬 수 없는 피해를 줬다. 일본이 임진왜란을 일으킨 16세기에 조선은 명의 지원 아래 민관이 함께 7년간의 전쟁을 수행했고 일본군을 격퇴했다. 청일전쟁기의 조선과 청은 어떠했나? 조선은 민관이 분열되어 내란이 벌어진 전근대적 실패국가였고, 청은 서양 열강의 침탈과 내부 혼란으로 조선에서 마지막 허세를 부리던 실패패권이었다. 근대국가 일본은 임진왜란과는 달리 몇 개월 만에 조선을

---

126 原田敬一, 앞의 책 참조.

127 김재근, 〈朝鮮王朝의 水軍〉, 《군사》 1권(국방부전사편찬위원회, 1980), 106쪽.

점령하고, 랴오둥, 산둥, 타이완에 이르는 청의 주요부를 장악했다. 비록 삼국간섭이라는 결과를 맞았지만, 전쟁이라는 측면에서는 일본의 확실한 승리였다. 이 승리의 이면에 실패국가, 실패패권, 근대국가의 삼각관계가 빚어낸 동학농민군을 비롯한 조선 민중의 학살이 위치한다.

근대국가의 형성은 산업혁명을 통한 자본주의 국가의 성립을 의미하지만, 전쟁과 군대라는 관점에서 보면 전쟁 후에도 군비가 전쟁 전의 수준으로 줄어들지 않는 '영구적인 전쟁 국가(permanent war state)'의 탄생을 의미했다.[128] 일본이 빠르게 '전쟁 국가'로 탈바꿈하는 사이 조선과 청은 봉건적 질서를 고수하면서 국내외적으로 다양한 위기에 봉착했다. 조선의 왕과 지배층이 일본에 쉽게 굴복한 대신 동학농민군과 의병은 조선의 존재와 정체성을 대내외에 각인시켰다. 저항하는 민중이 일본과 일본을 따르는 조선의 엘리트에 의해 일찌감치 살육당한 탓에 1910년의 합방은 비교적 조용하게 이루어졌다.

결론적으로 보면 실패국가나 근대국가 모두가 내부적 모순을 지닌 국가였으며, 비슷한 문제가 21세기에도 반복되고 있다. 분단이 지속되고 있는 한반도에 19세기 말과 같은 패권의 전환이 발생하고 있어서 세계의 이목이 쏠려 있다. 19세기 말의 상황에서 얻을 수 있는 교훈은 내란과 대량학살 등을 동반하는 혼란 상태를 막기 위해 국내외 환경의 변화에 능동적으로 대처하는 국가운영과 함께 외국에 대한 의존도를 낮추면서 자강의 길로 가는 것이다. 이것이 학살당한 동학농민군

---

128 Michael Mann, *States, War and Capitalism: Studies in Political Sociology*(Oxford: Blackwell, 1988), p. 108.

과 조선의 민중이 원했던 것이고, 그 후 정미의병이나 100주년을 맞은 3·1운동의 참가자들이 염원한 것일 것이다.

동학농민군과 조선의 민중이 겪은 학살에 관한 연구의 진전은 한일 관계의 미래에 영향을 미칠 것이다. 일본이 식민지배보다 더 참혹한 대량살상을 한일병합 15년 전에 감행했는데도 아직 양국 간 외교 문제로 거론되고 있지 않다. 동학농민군의 학살과 식민지배를 연결해 이 학살이 식민지배의 초석을 다지기 위해 일본제국이 자행한 범죄행위라는 것이 공론화된다면 한일 간의 과거사 논쟁은 새로운 차원으로 발전할 것이다.

5장 제2차 학살 —정미의병전쟁(1907–1909)

20세기 초 제국주의적 근대국가 체제에서 일본이 대한제국을 소멸시키고 그 영토를 식민지배하기 위해서는 두 개의 걸림돌을 제거해야 했다. 첫째는 한반도에 전략적 관심과 이익을 가진 열강을 몰아내고 식민지배에 대한 국제적 인정을 확보하는 것이고, 둘째는 한국 내부의 저항 세력을 괴멸시키는 것이었다. 이 걸림돌을 외교적 협상으로 제거하는 것이 불가능하자 일본은 군사적 수단을 동원해 한반도를 강점하게 된다.

먼저 한국을 속국으로 관리해 온 청을 몰아내기 위해 청일전쟁을 일으켰지만, 군사적 승리에도 불구하고 한반도에 대한 독점적 지배에 실패한다. 삼국간섭과 아관파천으로 한반도에 대한 국제적 영향력을 확보한 러시아가 일본의 식민지배를 막았기 때문이다. 일본은 영국과 미국의 지원을 받으면서 1904년 러시아와의 전쟁에 돌입한다. 일본의 전비 17억 엔 중 8억 엔어치의 외채를 영국과 미국이 부담했고, 독일과 프랑스는 러시아를 지원하면서 러일전쟁은 세계 열강의 대리전과 같은 양상으로 전개되었다. 결국 일본이 승리하면서 군사력으로 한국 정부를 강압하여 제2차 한일협약, 즉 을사조약을 체결했다. 그 결과 외교권의 박탈과 함께 통감부가 설치되어 한국은 일본의 보호국이 됐다. 일본은 헤이그 밀사 사건을 빌미로 고종을 퇴위시키고 1907년 7월 24일 체결된 제3차 한일협약을 통해 군대 해산과 내정권 박탈 및 일본인의 요직 임명을 내용으로 하는 차관정치(次官政治)를 실시해 사실상 국가 소멸 과정을 완료했지만, 이것을 공식화하지 못한 이유는 러시아의 동의가 필요했기 때문이다.[129] 마침내 제3차 한일협약 조인 6일 후 체결된 러일협약(1907)으로 러시아가 한국 문제에 관여하지 않기로 약속함으로써 국제적인 걸림돌은 모두 사라지게 된다.

일본의 식민지배에 대한 한국 내부의 걸림돌은 고종의 양위와 군대 해산에 반발하는 일부 지식인층과 민중의 저항이었다. 현실적 안위와 이익을 추구한 황실과 대다수 고위 관료는 국가 간 협약을 통한 일본의 지배를 용인했지만, 일부 지식인층과 민중은 일본군에 맞서 의병이라는 민병대를 조직해서 격렬하게 저항했다. 대규모 의병 봉기가 보통 세 차례 있었다고 보는 시각이 지배적이지만, 한일병합 초기의 활동까지 포함하여 제1기(1895년 10월–1896년 6월), 제2기(1905년 4월–1907년 7월), 제3기(1907년 8월–1909년 10월), 제4기(1909년 11월–1914년)로 나누기도 한다.[130] 제1기는 민비의 시해와 친일개화파

---

129 原田敬一, 앞의 책, 228쪽.

130 김의환, 〈1909年의 抗日義兵部隊의 抗戰〉, 《민족문화논총》 8(1987), 205쪽; 신석호, 〈한말의병의 개황〉, 《사총》 1(1955), 4쪽; 조동걸은 의병전쟁의 시기 구분에 대해 다양한 사례를 밝힌다. 조동걸, 〈의병전쟁사의 시기구분문제〉, 《우사 조동걸 전집》(역사공간, 2011) 참조.

의 단발령을 포함한 개혁정치에 저항하는 봉기였지만 일본군이 직접 나서지 않고 관군이 이들을 진압했다. 러일전쟁을 맞아 재기한 제2기 의병은 1907년 7월 19일 고종의 강제 퇴위와 8월 1일 군대 해산을 계기로 일어난 정미의병으로 절정을 맞는 제3기에 이르게 된다. 제4기는 병합이 이루어지고 의병의 주 무대가 중국의 동북 지방으로 이동하면서 의병이 독립군으로 전환되는 시기이다. 여기에서는 일본에 의한 대량학살이 자행된 정미의병에 초점을 맞춘다.

일본군의 의병전쟁 기록인 《조선폭도토벌지》에 따르면 1907년 8월부터 1911년 6월까지 2,852회의 무력충돌이 발생했는데, 참전한 의병의 수는 141,815명에 이른다.[131] 이 《조선폭도토벌지》는 또 다른 통계표에서 1906년부터 1911년까지 의병 사망자는 17,779명에 달한다고 기록했다.[132] 당시 한국의 전체 인구 1,312만 명 중에서 14만 명 정도가 무장투쟁에 참여했으니 참전율이 1.1퍼센트밖에 되지 않음을 지적하는 시각도 있다.[133]

하지만 정미의병의 봉기 이후 2만 명에 가까운 전투 사망자를 포함해 10만 명으로 추산되는 민간인 학살의 규모를 볼 때 이 문제를 어떻게 접근해야 할까?[134] 이미 을사조약으로 보호국이 된 한국에서 통치

---

131 조선주차군사령부 엮음, 《조선폭도토벌지》(독립운동사 자료집)(독립운동사편찬위원회, 1971), 827-829쪽.

132 위의 책, 823-825쪽.

133 신복룡, 《한국사 새로보기》(풀빛, 2001), 215쪽.

134 한홍구는 10만 명가량의 인명이 '남한대토벌' 시기에 벌어진 의병 소탕작전으로 희생되었다고 했으나, 1909년 9월 1일부터 약 2개월간 벌어진 작전에서 10만 명이 희생되었다는 것은 과장되어 보인다. 한홍구, 《대한민국사》(한겨레출판, 2003), 135쪽; 백기인은 1894년에서 1915년까지 전체 의병전쟁 기간에 15만 명의 희생자가 발생했다고 주장한다. 백기인, 《한국근대 군사사상사 연구》(국방부 군사편찬연구소, 2012), 153쪽.

문제를 유발하면서 학살로 저항을 종식시켜야 했던 일본은 어떤 패권국이었을까? 이 질문에 답하기 위해서는 대량학살이라는 관점에서 일본의 의병과 민간인 학살을 다루고, 이러한 학살이 한일병합과 직접 연결됨을 규명해야 한다. 여기에서 일본의 패권을 '불완전패권'이라고 정의하면서 패권국의 통치 불능 사태가 대량학살을 유발했음을 밝힌다.

근대국가 일본은 스스로 문명국임을 주장했지만, 저명한 홀로코스트 연구자 바우만(Zygmunt Bauman)이 밝힌 것처럼 문명이 곧 폭력의 다른 이름이었다.[135] 여기에서는 일본군과 의병의 전쟁을 비대칭전쟁(asymmetric warfare)으로 분류하면서 비대칭전쟁에서 발생하는 대량학살을 분석한다. 요약하면 불완전패권이 비대칭전쟁을 통해 일으킨 대량학살을 하나의 홀로코스트적 사건이라고 보면서 희생의 함의를 밝히는 것이다.

일본군의 민간인 학살을 조사하기 위해 《매천야록(梅泉野錄)》, 《승정원일기(承政院日記)》, 《대한매일신보(大韓每日申報)》, 《공립신보(共立新報)》 등의 한문 및 국한문 자료, 일본군의 《조선폭도토벌지》와 통감부의 《제2차 한국시정 연보(第二次韓國施政年報)》와 같은 일본 자료, 그리고 당시 서울 주재 영국 총영사관의 《외교문서(FO 371-440)》도 참조했다. 많은 의병 관련 연구 서적과 논문 들은 의병 활동을 발굴하고 항일운동을 통한 민족주의의 고양에 주목해, 전과(戰果)를 기록하면서 일본군의 피해는 과장하고 의병의 피해는 축소하는 경향이 있

135 바우만, 앞의 책 참조.

었다.[136] 이러한 경향이 이해되지 않는 바가 아니나 의병전쟁은 그 용맹성과 민족 독립을 위한 불굴의 의지에도 불구하고 패배한 전쟁이고 대량학살로 귀결된 비극적 역사이다. 하지만 유대인의 홀로코스트가 보여주듯 학살의 역사에서 죽음의 기억은 어떤 영웅의 서사보다 더 웅변적이다. 이 연구는 의병전쟁에서 일본군이 홍주(지금의 충청남도 홍성군)의 한 마을 주민을 몰살하고 방화를 통해 마을을 초토화한 것을 포함하여 전국에서 벌인 홀로코스트적 살육에 주목한다. 일본은 의병전쟁을 통해 한반도를 강점하면서 '헌병경찰제'에 의한 무단통치(武斷統治)의 서막을 열게 된다.[137] 결론적으로 한국인의 '선택적 기억'에 너무나 생생한 식민지배에 따른 불법행위에 대한 일본의 사과와 보상만을 요구할 것이 아니라 기억의 사각지대에 있는 일제강점기 직전에 벌어진 학살에 대한 진상 규명 및 사과가 필요함을 보여준다.

불완전패권과 학살

제국주의 국가들에게 학살은 통치의 효율성을 높이고 부를 축적하기 위한 수단이었다. 벨기에의 레오폴드 2세가 아프리카의 콩고를 사유화하면서 콩고인을 노예로 전락시켰고, 인구의 절반인 1천만 명을 학살, 고문 등으로 죽음에 이르게 한 것은 잘 알려진 사실이다.[138] 1885년

---

136 홍영기, 〈구한말 호남의병에 관한 한국측 자료의 검토〉, 《수촌 박영석교수 회갑기념 한민족 독립운동사논총》(탐구당, 1992), 108쪽; 김의환, 앞의 책 참조.

137 박성수, 〈1907년의 의병전쟁〉, 《군사》 2권(국방부군사편찬연구소, 1981), 109쪽.

138 Adam Hochschild, *King Leopold's Ghost: A Story of Greed, Terror, and Heroism in Colonial Africa*(Houghton: Mifflin, 1999), p. 233.

콩고자유국가(Congo Free State)를 세우고 20년 동안 고무와 상아 등을 생산하기 위해 주민을 착취하는 과정에서 대학살이 발생했지만, 벨기에 정부는 레오폴드 2세 개인의 과오이며 식민통치에 벨기에 정부가 관여하지 않았다고 주장하면서 사과나 보상을 거부하고 있다. 레오폴드 2세가 통치 기간 거둔 수익은 2억 2천만 프랑, 현재 가치로 11억 달러(약 1조 2천억 원)로 추정된다.[139]

제국주의의 침략과 학살의 역사에 일조한 것이 1884년 등장한 맥심 기관총이다. 이 신병기는 전통적인 개인 병기로 전투를 하는 전근대적 군대에 대해 제국주의 군대가 수적 열세에도 불구하고 치명적인 타격을 입히는 것을 가능하게 했다.[140] 1898년 아프리카 수단의 이슬람 지도자이며 세속 군주인 압둘라가 약 5만 명의 병사를 이끌고 옴두르만에서 8,000명의 영국군과 교전했을 때 기관총과 대포로 무장한 영국인들은 겨우 43명의 사망자만 내면서 1만 2천 명을 학살했다.[141] 이 학살의 결과로 이 지역의 이슬람 세력은 붕괴되고 수단은 영국의 식민지가 됐다.

제국주의 세력의 학살과 통치는 한반도에서도 비슷한 시기에 유사한 모습으로 자행되었다. 일본은 1894년 시작된 청일전쟁을 통해 청나라를 한반도에서 몰아낸 후 일본군의 경복궁 점거에 항거해 일어난 동학농민군과의 전쟁에서 농민군과 민간인을 포함해 최소 3만에서 최

---

139 Michiko Kakutani, "'King Leopold's Ghost': Genocide with Spin Control", *New York Times*, September 1, 1998.

140 John Ellis, *The Social History of the Machine Gun*(New York: Pantheon Books, 1975), p.176.

141 William Wright, *Battle Story: Omdurman 1898*(Gloucestershire: History Press, 2012), pp. 1-190.

대 30만–40만 명을 학살했다.[142] 일본은 이러한 전쟁과 학살이 서구 열강의 간섭으로 직접 통치로 귀결되지 못하자 1904년 러일전쟁을 일으켜 러시아를 한반도에서 축출하고 한국의 통치를 강화하는 과정에서 다시 최소 2만에서 최대 10만 명의 학살을 자행한다.

많은 연구자들은 보통 제2차 한일협약(을사조약), 제3차 한일협약(한일신협약), 한일병합조약에 주목하면서 을사오적(이완용, 이근택, 이지용, 박제순, 권중현), 정미칠적(이완용, 송병준, 이병무, 고영희, 조중응, 이재곤, 임선준), 경술국적(이완용, 윤덕영, 민병석, 고영희, 박제순, 조중응, 이병무, 조민희)이 불법적인 방법으로 국가를 양도했다는 '매국'이라는 프레임에 초점을 맞춘다. 또한 병합조약은 일반적인 조약체결의 과정 중의 하나인 순종의 비준이 없었다거나, 옥새는 찍혀있지만 순종의 서명이 빠졌다는 점을 강조한다.[143]

하지만 이러한 법적 조치는 군사적, 정치적 행위가 종결된 후에 따르는 최후의 절차라고 볼 때 군사적, 정치적 행위는 조약체결이라는 법적 조치에 선행해 이루어졌다. 러일전쟁의 승리, 정미의병과 민간인의 학살, 그리고 병합에 대한 황실의 묵시적 동의와 내각의 결정이 보다 중요한 것이지 조약체결을 둘러싼 법적 논의는 진정한 한일병합의 원인이 무엇이었는가에 대한 논지를 흐린다. 대량학살이 벌어지고 황제가 조약체결에 대해 태업(怠業)을 하는 일이 왜 발생했을까? 그것은 명·청과 같은 중국의 제국이 조선에 대해 누린 종주권에 비해

142 손기영, 〈실패국가, 실패패권, 근대국가의 홀로코스트 삼중주—청일전쟁과 일본의 동학농민군 대략학살의 개념적 분석〉, 《일본공간》 24(2018), 223-258쪽.

143 도시환, 〈한일병합조약 체결강제의 역사적 진실규명과 국제법적 조명〉, 《국제법학회논총》 55(2010), 13-47쪽.

20세기 초 일본의 패권은 불완전했고, 조공 체제를 선호했던 중국과는 달리 일본은 한국이라는 국가를 소멸시키고자 했기 때문이다.

'패권'은 국제정치학에서 19세기의 영국이나 20세기의 미국처럼 강압적(coercive) 수단과 비강압적(non-coercive) 수단을 동시에 쓰면서 국제 질서를 형성할 수 있는 압도적 역량을 가진 행위자의 능력을 지칭한다. 트럼프 전 대통령이 2016년 선거 기간부터 제기한 '미국 우선주의(America First)'의 맥락을 보면, 중국이 자유시장경제의 혜택을 입으면서도 '환율조작'으로 수출을 확대해 미국의 경쟁력을 잠식하고 있다는 것이다.[144] 이 주장은 국제정치학에서 논의되는 '패권안정이론(hegemonic stability theory)'으로 설명될 수 있다. 즉, 미국이 패권국으로서 국제적 평화 유지 의무를 지면서 안정적인 통화와 무역질서를 포함하는 자유시장경제라는 공공재(public goods)를 전 세계에 제공했지만,[145] 이 공공재로부터 모든 국가가 혜택을 보게 되므로 공공재를 공급하는 데 기여하지 않고 이익만 향유하는 중국과 같은 무임승차자(free rider)가 발생한다는 것이다.[146] 또 다른 문제는 군사적 능력에 초점을 맞추는 단극 체제(unipolarity)와는 달리 패권국은 군사력을 포함해서 이념, 종교를 포함하는 여러 가치와 문화적 매력을 통해 상대방을 설득할 수 있는 연성권력(soft power)을 함께 가져야 한다는 것이다.[147]

---

144 "Trump Accuses China of 'raping' US with Unfair Trade Policy", *BBC News*, May 2, 2016.

145 Robert Gilpin, *War & Change in World Politics*(Cambridge: Cambridge University Press, 1981), p. 34.

146 Charles Kindleberger, *The World in Depression 1929-1939*(Berkeley: University of California Press, 1973), p. 302; Norman Frohlich and Joe Oppenheimer, "I Get By With A Little Help From My Friends", *World Politics*, 23(1)(1970), pp. 104-120.

신생 제국인 청이 조선을 복속시키기 위해 직접 침략을 자행했듯이(병자호란) 연성권력이 부족했던 일본도 설득과 회유로 한국을 복속시킬 수 없었기 때문에 군사력을 동원할 수밖에 없었다. 청일전쟁과 러일전쟁을 통해 국제적으로 일본의 한반도 통치를 인정받았지만, 동학농민전쟁과 의병전쟁으로 대표되는 내부의 저항에 직면해야 되는 일본이 선택한 것은 학살로 저항의 뿌리를 뽑는 것이었다. '동학당 섬멸'이 동학농민전쟁 시기 일본의 군사작전 지침이었다면, '남한대토벌'은 정미의병 시기 군사작전명이다.

일본의 군사적 강점

일본은 러일전쟁의 개전과 한국의 군사적 점령을 동시에 진행했다. 러일전쟁의 전운이 돌자 한국은 1904년 1월 23일 대외로 중립을 선포했다. 한국의 친러적 중립 선언에 불만을 품은 일본은 군대를 보내 황성을 점령한다. 2월 8일 일본군이 뤼순항에 있는 러시아의 극동함대, 2월 9일에는 제물포항의 전함 두 척을 공격하면서 러일전쟁이 시작되었다. 병참선의 확보를 포함해 러시아와의 전쟁을 수행하기 위해 한성부를 점령한 일본은 2월 23일 한일의정서(韓日議定書)를 강압적으로 체결한다. 한일의정서는 일종의 조일공수동맹이었는데, 제5조에는 "대한제국 정부는 대일본제국 정부의 행동이 용이하도록 충분히 편의를 제공할 것. 대일본제국 정부는 전항(前項)의 목적을 성취하기

---

147 Gilpin, *op.cit.*, p. 34; Joseph S. Nye Jr., *Soft Power: The Means to Success in World Politics*(New York: Public Affairs, 2004), p. 5.

위하여 군략상 필요한 지점을 임기수용할 수 있을 것"이라는 내용을 포함하고 있다. 이를 근거로 일본은 함경도 일대에서 군정을 실시했으며, 3월에는 청일전쟁 이후 서울, 원산, 부산에 배치한 1개 대대의 한국주차대를 해체하고 대본영 직속의 조선주차군 사령부를 신설하여 병력을 대폭 증강했다.[148] 7월에는 '군사경찰훈령'을 공포하여 한국의 치안을 일본군이 담당하고, 철도나 전선을 훼손한 한국인을 공개 처형하는 등 일본 통치에 저항하는 민중에 대한 탄압을 자행했다.[149]

일본은 러일전쟁 이후 보병 3개 연대, 기병 1개 연대, 야포병 1개 연대, 공병 1개 연대로 편성된 일본군 12사단을 '한국주차군'이라는 이름으로 잔류시켜 북부수비관구(北部守備管區)를 맡게 하고, 1907년 7월 한국군대 해산에 대비해 본국에서 최정예의 제12여단 병력을 파견하여 대구에 본부를 두고 남부수비관구를 보강했다.[150] 10월에는 기병 1개 연대를 추가로 파병하고 강릉과 인천에 수뢰정을 보내 연안의 의병을 공격했다.[151] 이것은 산간지대에서 전개되었던 의병전쟁이 해안지대와 섬으로 확대되면서 일본의 어선과 상선을 습격하여 어로 행위와 미곡 반출을 방해했기 때문인데 1909년 9월에 안계홍(安桂洪) 의병부대 40명이 일본 어선을 습격해 일본 어부 3인을 사살했다는 기록이 있다.[152] 1908년 5월에도 보병 2개 연대를 추가 파병하여 제7사단 27연대는 원산에 상륙했고, 제6사단 23연대는 마산에 상륙하여 의병과 교

148 홍순권, 〈의병학살의 참상과 '남한대토벌'〉, 《역사비평》 45(1998), 30-31쪽.

149 위의 책, 31쪽.

150 위의 책, 31쪽.

151 박성수, 앞의 책, 116쪽.

152 김의환, 앞의 책, 207쪽.

전하게 된다.[153]

일본은 군대만으로는 부족해서 헌병과 경찰력을 증강하게 되는데 한국주차 헌병대는 1906년에 1,162명이었고 이들이 2,679명의 경찰을 보조했으나, 1907년에는 헌병을 2천 명으로 충원하고 경찰도 4,952명으로 늘렸다.[154] 이것도 모자라 1908년에는 헌병을 6,608명으로 3배 이상 증원했다.

비대칭전쟁과 의병전쟁

비대칭전쟁(asymmetric warfare)은 정상적인 국가 간의 전쟁이 아니므로 전력이 약한 쪽에 속한 교전 당사자는 전투원으로 인정받지 못한다. 나아가 가공할 만한 무력에 형편없는 무기로 대항한다는 점에서 사악하거나, 미친 자들로 취급받고, 심지어는 인간으로 대우받지도 못하는 경우가 많다.[155] 약자는 절박한 상황에서 수단과 방법을 가리지 않고 강자의 약점을 파고들고, 강자는 무참하게 약자와 약자가 이용할 수 있는 촌락과 같은 배후 시설을 파괴하는 비인도적 행위를 자행하게 된다. 하지만 전쟁에서 반드시 강자가 승리하는 것은 아니다. 많은 연구자들은 왜 비대칭전쟁이 지속될 수 있고, 가끔은 약자가 승리하는가를 연구해 왔다.[156] 하지만 비대칭전쟁이 지속되거나 약자가 승리하

---

153 박성수, 앞의 책, 116쪽.

154 홍순권, 앞의 책, 32쪽.

155 Ivan Arreguin-Toft, *How the Weak Win Wars: A Theory of Asymmetric Conflict*(Cambridge: Cambridge University Press, 2005), p. xi.

156 *Ibid.*, p. xi; Andrew Mack, "Why Big Nations Lose Small Wars: The Politics of

기 위해서는 몇 가지의 선결조건이 있다. 첫째, 강대 교전국과 경쟁관계에 있는 강대국이 약소 교전국을 지원하거나 교란작전을 통해 강대 교전국이 약소 교전국과의 전쟁에 전력을 집중시키는 것을 막아야 한다. 둘째, 강대 교전국이 국제적 평판에 신경을 쓰거나 국내 여론의 지지 획득에 실패해야 한다.

일본군과 의병의 비대칭전쟁에는 일본을 견제할 강대국이 청일전쟁과 러일전쟁으로 구축(驅逐)되었고, 영국이 일본의 의병 학살에 외교적 관심을 가졌지만, 서구 열강도 각각의 점령지나 식민지에서 일본에 버금가는 학살을 자행하고 있는 상황에서 일본이 국제적 평판에 대해 신경 쓸 이유도 없었다. 의병전쟁은 의병의 게릴라전과 일본군의 진압작전으로 나누어 볼 수 있는데, 일본군은 의병 부대와 전투하는 과정에서 배후의 모든 시설을 파괴하는 초토화 작전을 감행해 10만 명 가까운 민간인을 학살하게 된다.

정미의병전쟁은 1907년의 봉기 이후 1911년까지 14만 명을 상회하는 의병이 참가해 2만 명 가까이가 전사한 항일무장투쟁이었다.[157] 일본군이 작성한 《조선폭도토벌지》의 통계표는 1906년부터 1911년까지 의병 사망자를 17,779명으로 기록했다.[158] 하지만 이것은 가해자의 공식적인 기록으로 축소되었을 가능성이 높다.

계란으로 바위를 치는 것과 같은 의병전쟁에서 보여준 한국인의 용맹과 무모함은 일본의 한국 병합을 약 3년 정도 지연시켰다고 할 수 있

Asymmetric Conflict", *World Politics*, 27(2)(1975), pp. 175-200.

157 조선주차군사령부, 앞의 책, 827-829쪽.

158 위의 책, 823-825쪽.

다.[159] 안창호가 1905년 샌프란시스코에서 창립한 공립협회 기관지인 《공립신보》는 의병전쟁을 '한일전쟁(韓日戰爭)'이라 부르면 상세하게 보도하고 있는데, 해외 항일운동가들의 시각을 잘 반영한다고 할 수 있다.[160]

황제와 정부가 민족의 의사를 대변하지 못하는 상황에서 민병대라고 할 수 있는 의병이 민족 저항의 본류로 등장하지만, 이들이 겪은 것은 당시로서는 첨단무기로 무장한 일본군에 의한 대량학살이었다.[161] 1907년 8월의 군대 해산 이후 해산된 군인들이 의병에 합류하면서 의병 활동은 규모와 화력 면에서 증가했다. "서울 양 시위대(兩侍衛隊)의 봉기로 1천여 정의 총이, 원주 진위대의 봉기에서 1천 6백여 정의 총과 탄환(彈丸)이, 강화 진위 분견대 봉기에서 약 6백 정의 총과 많은 탄환이 각각 유출"되어 총으로 무장한 의병 활동은 한때 일본군과 일본인 체류자 그리고 친일단체인 일진회의 가담자들에게는 공포의 대상이었다.[162]

의병들은 총뿐만 아니라 창과 칼을 포함한 다양한 전근대적 병기로 38식 소총이라는 개인화기로 무장하고 소대별로 기관총을 보유한 일본군에 대항했다. 1909년 10월 23일 전라 관찰사 신응희가 내무대신 박제순에게 올린 〈전라남도폭도토벌보고〉에 의하면 1909년 8월 25일에서 10월 23일까지 피살 혹은 체포되거나 자수한 의병이 2,107명에

159 신용하, 《의병과 독립군의 무장독립운동》(지식산업사, 2003), 69쪽.

160 〈韓日戰爭 서류발표〉, 《공립신보》(1908년 6월 10일).

161 조동걸, 앞의 책 참조.

162 독립운동사편찬위원회, 《독립운동사 제1권 — 의병항쟁사》(동경: 고려서림, 1983), 488쪽.

의병 사진(출처: F. A. Mckenzi, *The Tragedy of Korea*)

이르고 노획한 무기는 총기 455정, 칼과 창 51개로 나와 있다.[163] 사진첩에 나오는 의병들의 무기를 살펴보면 화승총 56정, 권총 4정, 창 25자루, 삼지창 3자루, 도검류 41자루, 화포 2문, 철봉, 침, 곤봉 99개로 일본군의 화력과는 비교가 되지 않는 전근대성을 보였다.[164]

의병전쟁이 절정을 맞은 것은 1907년 12월부터 1908년 5월까지의 기간인데, 이 시기에 십삼도창의진(十三道倡義陳)에 의한 서울진공작전이 도모되었다. 의병 부대라고 볼 수 있는 의진(義陳)이 연대하면서 적도(敵都)라고 할 수 있는 서울 공격 계획을 세웠으나, 일부 산발적 전투 외에는 본격적인 연합작전을 수행할 역량이 되지 못했다.[165] 이후 1909년 9월에서 10월까지 실시된 일본군의 '남한대토벌'로 대규모 전투는 잦아들고 소규모 유격전이 주류를 차지했다.

163 김의환, 앞의 책, 250쪽.

164 위의 책, 250쪽.

165 구완회, 〈정미의병기 원주의병의 연합노선과 서울진공작전〉, 원주시 엮음, 《원주 정미의병 연구》(원주: 중앙인쇄소, 2008), 140쪽.

장비를 갖춘 일본군(출처: F. A. Mckenzi, *The Tragedy of Korea*)

《조선폭도토벌지》의 부록인 〈부표(附表)〉에 의하면 1908년 3월의 경우 1,964명의 의병이 전사한 것을 포함해 2월을 빼고 1907년 11월부터 1908년 8월까지 매달 1,000명 이상의 의병이 사망했다.[166] 양측 피해에 대해 일본군이 추산한 누계를 보면, 1906년에서 1911년까지 의병 사망 17,779명, 부상 3,706명, 포로 2,139명인 반면, 일본군경의 피해는 사망 136명, 부상 277명이었다.[167] 하지만 이 숫자는 추후 공개된 일본 측 자료로 판단하건대 의도적으로 축소된 것으로 보이며 실제 일본군 사상자의 숫자는 800명 이상이 될 것으로 보인다.[168] 의병의 공격은 일본군보다는 '소프트 타깃(soft target)'이라고 할 수 있는 일진회에 집중되었는데, 1906년 2월 통감부 설치 후 1908년 6월까지 의병에게 살해된 일진회원은 926명, 소각된 가옥은 360호였다.[169] 하지만 영국

166 조선주차군사령부, 앞의 책, 823-824쪽.

167 위의 책, 823-827쪽.

168 독립운동사편찬위원회, 앞의 책, 639쪽.

169 원주시, 앞의 책, 368쪽.

총영사 헨리 콕번은 이토 히로부미(伊藤博文) 통감의 말을 인용하면서 1907년 8월에서 1908년 3월까지 살해된 일진회원은 2천 명이 넘는 규모라고 영국 외무성에 보고했다.[170]

의병전쟁에 대항하기 위해 일본은 군대의 배치를 전국적으로 세분화하면서 의병 부대를 '차단고립(遮斷孤立)'시키는 작전을 펼쳤다.[171] 호남 지방에서의 잔혹한 대량학살 이후 의병 활동은 전국적으로 퇴조했고 병합이 이루어진 1910년에는 소멸의 길로 가고 있었다. 영국 공사관은 의병전쟁의 초기에는 그들의 독립의지에 민중이 찬동하면서 지원을 보냈지만, 의병 부대의 촌락공동체에 대한 지나친 '세금 부과'와 거부하는 촌락에 대한 방화 및 일부 의병 부대의 도적단화가 민중의 반감을 사면서 의병의 퇴조에 일조했다고 보았다.[172]

의병전쟁은 대량학살로 종식되었고 일본은 이러한 학살의 결과로 1910년 8월에 병합을 단행할 수 있었다. 한국의 황제와 대다수의 엘리트는 동아시아의 세력 전이와 일본의 부상에 대해 현실적으로 타협하면서 자신의 안위를 보장받는 길을 택했지만, 일부 엘리트와 많은 민중은 무력으로 저항하면서 최후를 맞이했다. 한일병합은 근대적 조약을 통한 국가 간 병합이기보다는 의병전쟁을 대량학살로 종식시킨 결과로 얻은 피의 산물이었다.

의병전쟁에 대한 기록 중에 황현의 《매천야록(梅泉野錄)》은 귀중한 자료이다. 황현은 1910년 한일병합조약 체결을 통탄하며 조약체결

---

170 Foreign Office, *Consul General Cockburn to Sir Edward Grey*, June 4, 1908, FO 371-440.

171 독립운동사편찬위원회, 앞의 책, 518쪽.

172 Foreign Office, *Consul General Cockburn to Sir Edward Grey*, February 1, 1908, FO 371-440.

16일 후 전남 구례군 자택에서 〈절명시〉를 남기고 목숨을 끊었다. 과거에 급제해 1888년 34세로 성균관 생원이 되었으나 당시 과거장의 폐해를 직접 목격한 그는 낙향했고, 이러한 신분적 배경은 동학농민전쟁을 비롯한 민중의 투쟁에 대해 비판적 입장을 견지하게 했다. 비록 그의 기록이 낙향한 이후에는 신문이나 풍문 혹은 지인들을 통해 얻은 정보를 토대로 하고 있으나 의병전쟁을 추적하면서 '의보(義報)'라는 형태로 지속적으로 자세히 기록했다.

황현은 당시 구례에서 일본군의 만행을 목격했는데 1909년 일본군의 진압 작전이 호남에서 막바지에 달하고 있을 때 일본군의 기동과 한국인 피해자에 대해 이렇게 기록했다.

> 일본군은 길을 나누어 호남 의병을 수색했는데, 위로는 진산, 금산, 김제, 만경으로부터 동으로는 진주, 하동, 남은 목포로부터 사방을 포위하여 마치 그물망을 펼친 것과 같았다. 촌락을 수색하며 집집마다 빗(櫛)으로 빗듯이 뒤져 조금이라도 혐의가 있으면 즉시 살육하였다. 이에 길에는 행인이 끊어지고 이웃과도 통할 수가 없었다. 의병들은 삼삼오오 사방으로 달아났으나 숨을 곳이 없었다. 강한 자는 앞으로 돌진하여 싸우다 죽고, 약한 자는 기어 달아나다가 칼을 맞았다. 점차 쫓기어 강진, 해남에 이르렀으나 달아날 곳이 없어 죽은 자가 수천 명에 이르렀다.[173]

173 황현, 〈정미(1907) 광무 11년〉, 《매천야록》 권5, 이장희 옮김(명문당, 2008), 631쪽.

일본은 체포된 의병장들을 폭동, 강도, 절도, 살인 등의 죄로 처형하고, 일반 의병들은 도로나 철로 공사에 강제동원해서 그들의 노동력을 착취했다.[174] 1906–1907년 한국에 머물면서 의병전쟁을 취재한 영국 언론인 매켄지(F. A. McKenzie)는 《대한제국의 비극(The Tragedy of Korea)》이라는 책을 출간했는데 그때 만난 한 의병은 "우리는 어차피 죽게 되겠지요. 그러나 좋습니다. 일본의 노예가 되어 사느니보다는 자유민으로 죽는 것이 훨씬 낫습니다(We may have to die. Well, so let it be. It is much better to die as a free man than to live as the slave of Japan)"라고 털어놓았다.[175]

민간인 학살

이 책이 주목하는 것은 의병전쟁을 수행하는 과정에 발생한 일본군의 민간인 학살이다. 일본은 의병에게 숙식 또는 기타 편의를 제공한 마을이나 의병에 참가한 병사가 나온 마을 전체를 불 지르고 살육하는 홀로코스트를 자행했다.[176] 《조선폭도토벌지》에 따르면 이러한 만행이 아래와 같이 최고 사령관의 지시로 하달되었음이 드러난다.

> 주둔군 사령관은 명치 40년 9월 한국인 일반에 대한 고시(告示)를 발하여 한국 황제의 성지(聖旨)를 받들어 비도(匪徒)를 격멸해서 서민대

174 김의환, 앞의 책, 218쪽.

175 F. A. McKenzie, "A Journey to the 'Righteous Army'", *The Tragedy of Korea*(독립운동사 편찬위원회, 1971). 995쪽.

176 신용하, 앞의 책, 67쪽.

> 중을 도탄에서 구하려고 한다는 목적을 밝히고, 비도에 대해서는 귀순하는 자는 감히 그 죄를 묻지 않고, 또 그것을 포박하거나 그 소재를 밀고하는 자에게는 반드시 중상을 줄 것이나, 만약 완고하게 깨닫지 못하고 비도에 투신하거나 또는 그것을 은피시키고 혹은 흉기를 장익(藏匿)시키는 자는 가차 없이 엄벌에 처할 뿐 아니라, 그 책임은 현행범의 촌읍(村邑)으로 돌려 부락 전체를 엄중하게 처치할 것을 밝혀 깨우치게 하였다. 그러나 그들 폭도는 그 복장이 양민과 다름이 없는 자가 많을 뿐 아니라 시리(時利)가 없으면 곧 무기를 버리고 양민을 가장하여 우리의 예봉을 피하는 수단을 취하였다. 그리고 특히 사건 발생 초에 있어서는 원주민도 그들 폭도에 동정하여 그것을 비호하는 경향이 있었으므로, 토벌대는 이상 고시(告示)에 의하여 그 책임을 현행범 촌읍으로 돌려 주륙(誅戮)을 가하고, 또는 전촌을 소각하는 등 처치를 단행하여 충청북도 제천(堤川) 지방 같은 곳은 거의 초토화되고 말았다.[177]

주륙이라는 표현은 형벌을 내려 죽이라는 말이다. 제천에서의 만행은 1907년 8월 23일 발생했는데, 현장을 취재한 매켄지는 주민 3천 명 정도의 마을이 지도에서 사라졌을 정도로 초토화되고 살아남은 사람들은 산으로 피난했음을 증언한다.[178] 같은 날 일본군은 지금의 양평인 양근(楊根)의 용문사(龍門寺)라는 절을 폭도의 근거지라면서 소각했는데, 전국에서 30여 개소의 사찰 방화가 있었다.[179] 24일에는 명성황후

177 조선주차군사령부, 앞의 책, 671쪽.

178 McKenzie, 앞의 책, 989쪽.

일본군에 의해서 폐허가 된 촌락(출처: F. A. Mckenzi, *The Tragedy of Korea*)

의 출생지인 여주(驪州)에서도 일본군이 부락을 소각하는 상황이 보고되었다.[180] 11월 21일에는 일본군이 안동 임동면 일대의 산악지대를 소각해서 의병과 의병의 근거지를 파괴했다.[181]

제천뿐만 아니라 홍성 지역에 발생한 대량학살도 주목할 필요가 있다. 주자학에 기반을 둔 홍주 문화권이라고 불린 충청남도 서부 지역에서 봉기한 홍주의병은 1906년 5월 19일 홍주성을 포위하며 일본 헌병을 격퇴하고 성을 점령한다. 그 후 몇 차례의 헌병대 공격이 무산되자 이토 통감은 주차군 사령관에게 군대 파병을 지시한다. 일본군은 성을 포위 공격해 300여 명의 의병을 사살하고 양민을 학살한다.[182] 학살당한 양민의 수에 대해서 자세한 기록은 없으나 1906년 6월 15일 자 《대한매일신보》는 〈학살홍민(虐殺洪民)〉이라는 제목으로 아래와 같이

---

179 홍영기, 《한말 의병에서 독립군으로》(선인출판사, 2017), 140쪽.

180 조선주차군사령부, 앞의 책, 691-692쪽.

181 국가기록원, 《독립운동 관련 판결문자료집 의병운동 II》(대전: 행정안전부 국가기록원 기록편찬문화과, 2012), 49쪽.

182 김상기, 〈조선말 홍주의병의 봉기원인과 전개〉, 《한민족 독립운동사논총》(수촌 박영석교수 회갑기념)(논총간행위원회, 1992), 82쪽.

그 참상을 소개했다.

> 홍주군의 상황을 들어보면 일본 군대가 의병을 습격하자 의병은 기미를 알아채고 흩어져 모두 제거되지는 못하였지만 거주민을 남기지 않고 도륙했다. 러일전쟁 때 만주를 점령함과 같이 일본인을 점차 이주케 할 계획이라고 하니 한 사람의 무고한 백성을 죽이고 천하를 얻어도 사람들이 참지 못하는 바이거늘 하물며 한 주(州)의 무고한 생명을 학살하고 한 성(城)을 점령했으니 이를 가히 참을 수 있겠는가. 우리는 너무 비참하고 눈물이 흘러내려 말을 잇지 못하겠다.

《대한매일신보》는 〈홍천참보(洪川慘報)〉라는 제목의 9월 21일 자 기사에서도 7월과 8월의 상황을 종합하면서 홍천읍에서 300호에 가까운 주택이 소각되었다고 전했다.[183] 《매천야록》도 군대 해산 이후 의병전쟁에 대해 의병과의 전투 중에 사망한 일본군의 피해를 아래와 같이 자세히 묘사하면서 이에 수반된 몇 배에 달하는 한국의 민간인 학살과 방화에 대해서도 기록했다.[183]

> 원주에서 발생한 일본군의 전사자는 제1차 전투에서 2백여 명, 제2차 전투에서 4백여 명이었고, 충주에서 전사한 인원은 6백여 명이다. 이

183 〈홍천참보〉, 《대한매일신보》(1907년 9월 21일). 《대한매일신보》는 영국인 베델(Ernest Thomas Bethell)이 1904년 창간한 신문으로 의병전쟁을 상세히 보도함에 따라 이토 통감을 포함해 일본 관리들이 폭동과 저항을 선동하는 행위로 간주해서 지속적으로 영국 총영사관에 항의하는 등 외교문제로 비화해, 이 사건이 당시 영국 외교문서의 상당한 부분을 차지했다; Foreign Office, *Consul-General Cockburn to Sir Edward Grey*, FO 371-440 참조.

때 여주, 지평, 양근, 원주 사이에서 민간인 사망자가 3,000여 명에 달했고, 불탄 집은 5,000여 호에 이르렀다.[184]

1907년 11월 12일에는 일본군의 민간인 보복행위에 대해 영국 정부가 이 사실을 조사 중이라면서 일본 외무대신 하야시 다다스(林董)가 이토 통감에게 타전한 기록이 있을 정도였다.[185] 문제의 심각성은 일본군의 행위가 의병을 진압하기 위한 군사 활동과 상관없이 군사적 피해에 대한 보복으로 전투와 무관한 민간인을 사살했다는 데 있다. 《공립신보》는 1908년 1월 15일 자로 금산군에서 일본군이 나무를 베는 나무꾼 6–7명을 잡아 의병이라고 사살했다고 보도했다.[186] 《매천야록》에는 1908년 1월 "20일 일본군은 충주 입장(笠場)에서 패하고 행인 30여 명을 살해했다"라고 기록했다.[187] 민간인들의 피해가 수천 호에 달하자 순종이 조를 통해 탕금(帑金)을 내려 구휼 사업을 돕고, 내외국인이 함께 구호하게 하였다.[188] 1908년 5월 22일 《대한매일신보》는 5월 11일 의병 수색에 나선 토벌대가 오인하여 양민 2명을 사살하고 1명에게 중상을 입혔다고 보도했다.[189] 1908년 5월 31일 《대한매일신보》는 토벌대에 의한 의병의 진압방법을 전하면서 나무꾼을 의병의 정탐으로 간주해 사살하거나 짐꾼을 의병의 군량미를 수송한다는 빌미로 죽

184 황현, 앞의 책, 293-295쪽.

185 원주시, 앞의 책, 344쪽.

186 〈학살무고가여차〉, 《공립신보》(1908년 1월 15일).

187 황현, 앞의 책, 378쪽.

188 《承政院日記》 3217책(탈초본 141책) [순종 2년(1908) 1월 27일].

189 〈양민피해〉, 《대한매일신보》(1908년 5월 22일).

인다는 소문이 난무하고 있음을 보도했다.[190] 1908년 7월 8일 자《공립신보》는 일본군이 수원에서 의병과의 전투에서 의병뿐만 아니라 마을 주민을 포함하여 60여 명을 학살한 사건을 보도했다.[191] 일본군이 벌인 초토화 작전의 양상은 통감부가 간행한《제2차 한국시정 연보(第二次韓國施政年報)》에 드러나는데 1908년에 피해가구가 6,681호에 달한다고 기록했다.[192] 이러한 학살과 파괴의 사례는《독립운동사》의 〈일군의 만행〉이라는 제목으로 소개되는 등 많은 기록물에서 찾아볼 수 있다.[193] 당시 충청도를 취재한 매켄지는 한국인 피해자들로부터 직접 그 참상을 전해 들었는데, 다음과 같이 증언하고 있다.

> 일본은 한국을 회유하고자 했고 일반의 지지와 지원을 얻고 싶었다. 적어도 한 지역에서의 주택 소각(houseburning) 정책은 번창하는 공동체를 파괴하고, 반군에의 가담을 늘리며, 몇 세대까지도 잊히지 않을 원성의 씨앗을 뿌렸다.[194]

전국에 걸친 학살과 가옥 및 시설물 소각으로 한민족은 일본이 한국이라는 국가뿐만 아니라 생활인으로서의 개인의 존재까지도 파괴하는 침략자라는 인식을 하게 되었다. 일본군은 의병 토벌 작전의 일

---

190 〈진압방법〉,《대한매일신보》(1908년 5월 31일).

191 〈참재라학살무고〉,《공립신보》(1908년 7월 8일).

192 統監府,《第二次韓國施政年報》, 韓國併合史硏究資料 60(東京: 龍溪書舍, 2005), 56쪽.

193 독립운동사편찬위원회, 앞의 책, 522-527쪽.

194 McKenzie, 앞의 책, 986쪽.

부로 초토화 작전을 벌였는데 얼마만큼의 피해를 한국인에게 입혔을까? 《조선폭도토벌지》는 "일선 양민의 손해를 따진다면 그것은 극히 다대해서 소재 일본인으로서 폭도에 학살된 수는 토벌대의 전사자의 수 배에 달하고, 선민(鮮民)의 손해는 도저히 그 정확한 숫자를 헤아릴 수 없을 정도로 일인(日人)의 손해의 수십 배가 된 것은 말할 나위도 없다"라고 기술했다.[195] 토벌대의 전사자가 136명으로 집계된 상황에서 군인이 아닌 일본 민간인의 피해는 어림잡아 3배에서 9배를 가정할 때, 408명에서 1,224명에 달한다. 선민, 즉 한국인의 피해는 이것의 수십 배라고 할 때, 30배에서 90배를 가정하면, 그 숫자는 최소 12,240명에서 최대 110,160명에 달한다. 하지만 여기에서 말하는 선민은 일본군에 의해 피해를 입은 조선인이 아니라 의병에 의해 죽임을 당한 일진회나 기타 친일파들을 의미할 가능성이 높다. 당시 일진회의 반민족행위는 조선인의 공분을 샀는데 1907년 7월부터 1908년 5월까지 의병에게 사살된 일진회원의 수가 9,200여 명(一進會通謀于倭 創自衛團 以禦義兵 自丁未七月至今年五月 會民死者九千二百餘人)이라고 《매천야록》은 기록하고 있다.[196] 앞에서 죽임을 당한 일진회원의 수가 일본군 문서나 외교문서에 따르면 1천 명에서 2천 명 정도의 수준이었는데, 《매천야록》은 훨씬 큰 피살 규모를 적시하고 있다.

당시 한국에 체류하던 일본인의 숫자를 고려하면 일본인 몇 백 명의 사망이 어떤 규모였는지를 짐작할 수 있다. 1905년 러일전쟁의 승리와 제2차 한일협약으로 한국을 사실상 식민지화한 일본은 이민을

195 독립운동사편찬위원회, 앞의 책, 673쪽; 統監府, 앞의 책, 145쪽.

196 黃玹, 《梅泉野錄》 권6(國史編纂委員會, 1955), 439쪽.

적극 장려했고, 1905년 말 조선 내 일본인 수가 5만 명 정도로 증가하더니 1910년에는 171,543명으로 세 배 이상 급증했다.[197]

독립협회 계통의 일진회와 동학 세력이 변신한 진보회는 1904년 12월 2일 일진회라는 이름의 단체로 통합되어 친일활동에 앞장선다. 일진회 계열의 회원이 3,670명, 진보회 계통의 회원이 117,735명이었는데 당시 활동했던 단체 중 최대 규모였다.[198] 동학혁명 당시 반일의 선봉에 섰던 동학이 대한제국의 계속된 핍박을 받으면서 손병희가 일본으로 망명한 뒤 친일로 돌아서 러일전쟁이 나자 군자금과 인력을 일본에 지원하게 된다. 하지만, 손병희는 1905년 을사조약에 반대해 동학을 천도교로 개칭하고 친일 세력은 출교시킨다. 안중근처럼 손병희도 한때 러시아에 맞서 '아시아의 연대'라는 구호 아래 일본을 지지했지만, 양자 모두 일본의 한반도에 대한 영토적 야심이 강해지자 반일운동으로 돌아섰다. 문제는 이 일진회가 정미의병전쟁 당시에 민병대를 조직해 의병 진압 전투에 참가했고, 전상자도 많이 발생했다.

일본군과 조선 체류 일본인이 몇 백 명씩 죽고, 이들과 협조한 일진회 및 기타 친일파들이 적어도 몇 천 명, 많으면 만 명 이상이 죽어가는 상황에서 의병과 조선 민간인의 사망자를 어떤 방법으로 추산할 수 있을까? 특히 일진회는 일본군, 즉 한국주차군의 전폭적인 지원을 받으면서 최신무기로 무장했었다. 이런 점에서 일본군이 집계한 1906년에서 1911년까지 의병 사망 17,779명은 공식적인 기록일 뿐 의병을 포

---

197 송규진, 《통계로 보는 일제강점기 사회경제사》(고려대학교출판문화원, 2018), 32쪽.

198 국사편찬위원회, 〈일진회—일제 식민지화에 앞장섰으나 병합 후 해산되다〉, 우리역사넷(http://contents.history.go.kr).

함한 조선인 사망자의 숫자는 이보다 훨씬 많다고 볼 수 있다. 또한, 일본군의 토벌이 겨울철 혹한기를 맞아 강화되었는데, 월별 희생자가 집중된 시기가 1907년 11월부터 1908년 7월까지의 기간이다. 조선의 겨울철 기온을 고려했을 때 마을을 불태우는 초토화 작전이 전개되었으면 작전에 포함된 지역의 양민들이 어떤 피해를 보았을지는 미루어 짐작할 수 있다. 아마도 일본이 집계한 1906년에서 1911년의 기간에 적어도 10만 명의 희생은 가져왔을 것이다.[199]

물론 10만이라는 희생자의 수를 특정할 사료는 없다. 21세기의 첫 대량학살로 알려진 2003년 2월부터 2010년까지 수단의 다르푸르 지역에서 발생한 분쟁을 보면 수단 정부가 9천 명이 죽었다고 주장하지만, 유엔은 이것의 30배가 넘는 30만 명이 폭력과 질병으로 사망하고 250만 명의 난민이 발생했다고 추산한다.[200] 냉전 이후 현대전에서 앞장에서 예를 든 미국과 필리핀의 전쟁(1899-1902)에서 미국 정부가 공식적으로 2만 명의 필리핀군이 사망하고 폭력, 기근, 질병에 의해 필리핀 민간인 사망자는 20만 명에 달했다고 인정한 것을 보면 전투병의 사망에 10배에 해당하는 민간인 사망자가 나오는 경우가 많다.

일본이 공식적으로 인정한 17,779명의 의병 사망기록에도, 의병과 민간인을 구별하기 힘든 상황에서 민간인의 사망이 포함되었을 가능성이 크다. 그래서 순수 의병 사망이 1만 명 정도라면 이것의 10배에 가까운 10만 정도의 민간인이 직접적인 학살과 초토화 작전에 따른 기

---

199 한홍구, 《대한민국사》(한겨레출판, 2003), 135쪽.

200 Mike Corder, "Sudan President Charged with Genocide in Darfur", *Associated Press*, July 15, 2008.

근과 질병으로 사망했을 가능성이 크다. 물론 민간인 사망자를 추산하는 작업은 조사가 불가능한 상황에서 정확도가 낮다는 비판을 받아왔지만, 이러한 노력도 하지 않으면 어떤 결과가 나올까. 모호성이 높아 평가가 쉽지 않은 역사적 사실은 쉽게 잊히고, 잘못된 역사 인식은 잘못된 정책으로 이어져 우리의 미래를 암울하게 할 수도 있다.

잊힌 학살

정미의병전쟁을 홀로코스트, 불완전패권, 비대칭전쟁이라는 개념을 사용해 분석함으로써 '제국주의시대'라는 세계사적 관점에서 한국인의 학살 문제를 조망했다. 또한 의병전쟁을 통한 한국인의 저항에 초점을 맞추는 기존의 연구를 넘어 병합조약 체결 직전까지 자행되었던 민간인 대량학살과 식민통치의 연계성을 밝히고자 했다. 일본은 정미의병의 봉기와 함께 2만 명에 가까운 의병을 포함, 10만 명에 이르는 민간인을 학살하는 홀로코스트를 자행하면서 '공포통치'를 통해 한국을 제압했다.

기존의 연구가 의병 항쟁의 활약상에 초점을 맞추었다면 이 책은 의병전쟁 과정에서 발생한 의병과 민간인 학살을 추적했다. 이미 100여 년이 지난 사건이고 많은 기록이 일본에 의해 작성된 것이지만, 병합 직전에 있었던 학살에 대해 새롭게 인식하는 계기가 되었으면 한다. 여러 자료에서 관련 기록을 수집해 한일관계 연구의 새로운 방향성을 제시했음에도 불구하고 일본에 의한 대량학살은 앞으로 더 많은 조사와 연구가 필요하다.

정미의병 시기의 대량학살은 국내에서의 항일 독립운동이 사실상 불가능해짐에 따라 의병이 국외에서 독립군화 되는 전기가 되는 중요한 사건이다. 독립군의 활약과 더불어 비무장 독립운동은 3·1운동의 형태로 다시 등장해 임시정부의 수립으로 연결된다. 결론적으로 일본의 군경이 자행한 의병과 민간인의 대량학살은 동학농민전쟁 이후 발생한 또 하나의 홀로코스트이다. 정미의병전쟁은 일본의 한국 통치의 공고화 과정에서 발생한 문제이고 한국인의 저항을 상징하지만, 기억의 사각지대에서 다시 조명되어야 할 역사적 사건이다.

6장 정신의 학살 —일본의 식민지배(1910–1945)

거듭되는 학살과 공포통치로 정신이 나간 민족에게 1910년 8월 29일 경술국치일은 조용히 밝았다. 조용할 수밖에 없었다. 이동휘를 포함해 문제가 될 만한 인물들은 이미 구속되어서 어떤 행동도 할 수 없었고, 그전에 자결하거나 수차례의 학살로 주요 반일세력들이 제거된 상황이었다. 잘 알려진 대로 유학자 황현도 〈절명시〉 4수를 짓고는 다음과 같은 말을 가족에게 남기고 음독 자결했다. "나는 죽어야 할 의리는 없다. 다만 국가에서 선비를 길러온 지 500년이 되었는데, 나라가 망한 날을 당해, 한 사람도 국난(國難)에 죽는 자가 없다면, 어찌 통탄스러운 일이 아니겠느냐. 내가 위로는 하늘로부터 타고난 양심을 저버리지 않고, 아래로는 평소에 읽은 글을 저버리지 않고 영원히 잠들어 버린다면, 참으로 통쾌함을 깨달을 것이니, 너희들은 너무 슬퍼하지 말거라."[201] 그의 죽음은 애석하지만, 대한제국의 종말은 그의 마지

201 황현, 《매천집》, 탁양현 엮음(e퍼플, 2018) 참조.

막 회상처럼 선비만을 길러왔던 나라가 어떤 최후를 맞는지를 잘 보여준다. 선비와 양반 들이 누린 독점적 권력 아래 상인과 기술자 등 다른 직종의 사람들이 고초를 겪거나 가난을 대물림하면서 보낸 세월이 500년이다. 단순한 핍박과 가난의 문제가 아니라 불평등이 초래한 인력자원의 손실로 조선 전체가 실패국가가 되어버린 것이다.

그런데 조선 말기나 대한제국시대에는 허울뿐인 국가나 정부라도 존재했지만, 이것마저 없어지고 외국인에 의한 식민통치에 처한 민중은 어떤 정신 상태에 빠졌을까? 통치권을 획득한 새로운 외국인 정부와 그들이 데려온 정착민이 국민의 권리를 박탈당한 민중에 대해 고유한 전통과 문화를 말살하고 새로운 가치를 강제로 이식한다고 생각해보라. 보통 아시아와 아프리카에서 자행된 서구 제국주의 식민은 분명히 피부색도 문화도 다른 인종 간의 불행한 접촉의 역사로서 인간성을 부정하는 가운데 인종적 말살로 귀결된 경우가 많다.[202] 게다가 학살의 기록이 밝혀져도 현존하는 국력의 차이 때문에 과거 제국주의 국가는 약소국에게 쉽게 사과하거나 보상하지 않는다.

그런데 조선인과 일본인은 인종적으로 거의 차이가 없고, 비슷한 문화를 공유하다가 일본의 빠른 근대화 때문에 이질적 요소가 많아졌을 뿐이다. 여기에서 자존심의 문제가 발생한다. 전혀 다른 유럽 국가나 중국처럼 어찌할 수 없는 강대국에 의해 식민화되었으면 조선인이 이 정도로 분노하거나 치욕적이라고 생각했을까? 케케묵었지만 쉽게 빠져나올 수 없었던 중화질서 속에서 조선이 문명의 중심에 가까운 이

---

202 Kossler, *op.cit.*, p. 1.

등 국가라는 자부심은 있었는데 한 수 아래로 보았던 일본에 당한 모욕에는 형언할 수 없는 비통함이 있었을 것이다. 하지만 분노는 잠시고 절박한 상황에서도 생존이라는 우선적인 목표는 한국인들에게 가슴에 분노를 쌓아두고 인고의 세월을 보내게 했을 것이고, 이것이 독립 후에 차츰 뿜어져 나오면서 반일감정을 강화했다. 오히려 그 시대를 살았던 사람에게는 차별받았던 기억 속에 어쩔 수 없이 스며있는 어린 시절의 즐거웠던 기억들이 교차하면서 일본어 노래를 흥얼거리기도 하지만, 책과 방송에서 일본 제국주의의 나쁜 점만을 집약적으로 접해왔던 젊은 세대에게 일본은 맹목적인 적대의 대상이 되었다. 이들이 일본을 여행하면서 그들의 친절, 세련, 부유함을 목격하고, 맛있는 음식과 깨끗한 도시와 농촌을 체험하고도 역사 문제나 영토 문제가 나오면 무차별적으로 일본을 비난하는 경향을 보인다. 이 책이 제시한 학살의 역사를 볼 때 '학살의 제국'에게 반감을 품는 것은 당연하지만, 현재의 일본은 일본제국과는 다른 나라이다. 게다가 반일감정이 고조될수록 한일관계는 더 악화되고 일본으로부터 제대로 사과나 보상을 받을 가능성도 낮아진다. 메아리 없는 공허한 외침을 21세기에도 계속하고 있다는 것은 지금까지 뭔가 분명히 잘못되었다는 것이다.

식민통치와 학살

여기에서는 우선 한일병합기에 벌어진 3·1운동, 간도참변, 간토대지진과 관련된 일본의 실제 학살사건들을 먼저 정리한 후 '정신의 학살'

문제를 논의하겠다. 2013년 국가기록원은 식민통치기에 3·1운동 피살자, 간토대지진 피살자, 강제징용 피살자 등이 실린 '일제강점기 희생자' 명부를 공개했다. 이 명부는 2013년 6월 일본 도쿄 주일 한국 대사관 이사 도중 발견된 식민통치기 희생자 명부 67권을 분석한 것이다. 이 명부에는 총 23만여 명의 희생자가 등재돼 있는데, 그중 3·1운동 피살자와 강제징용 피살자 명단 등이 공개됐다. 이 명부는 이승만 전 대통령의 지시로 전국적인 조사를 거쳐 1953년 4월 제2차 한일회담을 준비하면서 만든 것으로 보인다. 공개된 명부는 '3·1운동 시 피살자 명부(1권 630명)'와 '일본 진재(震災) 시 피살자 명부(1권 290명)', '일정(日政) 시 피징용(징병)자 명부(65권)' 등 총 67권이다. 간토대지진 당시 한국인 학살자 수는 적게는 6천 명에서 많게는 2만 명가량으로 추정된다. 강제징용 피살자 명부는 총 65권으로 229,781명의 명단이 실렸다.

3·1운동과 학살

한일병합 이후 실시된 일본의 무단통치는 한국을 근대화시키기 위한 대규모의 지출과 함께, 수탈이 공존하는 변혁의 시기였다. 특히 1918년에는 일본의 흉년으로 조선에서 쌀 약탈과 투기가 심해져 쌀값이 3배로 폭등하는 등 주민들이 생활고에 시달렸다. 국제정세도 급박하게 돌아가 제1차 세계대전이 끝나면서 미국을 포함한 전승국들은 전후처리와 국제연맹의 창설을 위한 파리강화회의를 1919년 1월 18일부터 개최했다. 파리강화회의를 맞아 여운형을 포함한 상하이 지역의 한인들이 한국의 독립을 요구할 목적으로 '신한청년당(新韓靑年黨)'이라는 단체를 1918년 8월 창립했다. 신한청년당의 명칭은 1918년 11월

여운형이 터키의 국부로 알려진 케말 파샤의 '터키청년당'을 참고하여 지은 것이다.

신한청년당은 1918년 12월 독립청원서를 미국의 우드로 윌슨 대통령에게 전달했으며, 1919년 1월에는 김규식을 파리강화회의에 파견해 조선의 독립을 요구했다. 이 단체는 조선의 독립을 국제사회에 요구하기 위해서는 한민족의 독립에 대한 결집된 의사가 국내외로 알려져야 한다고 판단했다. 이에 일본의 한인 유학생들이 '2·8독립선언'을, 한국에서는 '3·1운동'이 발생하는 계기가 되었다.

윌슨 대통령의 '민족자결론'과 레닌의 '민족자결에 관한 이론'이 전 세계의 식민지로 유포되면서 김규식뿐만 아니라 베트남의 청년 호찌민도 파리강화회의의 장소인 베르사유 궁전으로 찾아와 프랑스의 식민통치를 비난하며 베트남인의 법적 권리를 요구하는 청원서를 제출하려고 했다. 결과는 김규식이나 호찌민이나 마찬가지였는데 전승국인 일본과 프랑스의 반대로 파리강화회의 참석을 거부당했다.

3·1운동은 일본이 식민지배에 항거해 독립을 선언하고 전국적인 만세운동을 벌인 사건이다. 고종의 독살설이 퍼지면서 고종의 인산일인 3월 3일에 맞추어 한반도 전역에서 독립을 희구하는 민중들이 봉기했는데 일본 경찰은 무자비하게 탄압했다. 박은식의 《한국독립운동지혈사》에는 "창으로 찌르고 칼로 치는 것이 마치 풀을 베듯 하여, 즉사한 사람이 3,750여 명이고, 중상을 당해 며칠 후에 죽은 사람이 4,600여 명이었다. 수감되어 옥중에서 죽은 사람은 얼마나 되는지 알 수도 없다. 체포되어 감옥에 수감된 사람이 수십만 명이었는데 사망하였다는 통보가 계속 이어지고 있다"라고 적었다.[203] 박은식은 〈표 6〉

과 같이 집회 횟수와 희생자의 숫자를 포함해 다양한 기록을 남기고 있다.

미국 신문 《샌프란시스코 크로니클(San Francisco Chronicle)》은 상하이에서 온 전문을 토대로 3월 28일 서울에서 벌어진 시위에서 불과 3시간여 만에 1천 명이 넘는 한국인이 학살됐다고 전했으며 5월 2일자에는 1만 명이 넘는 한국인이 사망하고 5만 명이 넘게 부상했으며 5만 명이 체포되었는데, 그중 1천여 명이 여성이었다고 보도했다.[204] 물론 이 보도가 믿을 만한 소식통을 인용하고 있는지는 의심이 가지만 3·1운동이 단순히 만세운동이 아니라 하나의 학살사건으로 받아들여졌음은 분명하다.

이런 점에서 3·1운동이 독립을 요구하는 평화적 시위였다는 한국인들의 접근법도 수정되어야 할 필요가 있다. 물론 전반적으로 평화로운 시위였지만, 상당한 폭력 사태도 동반되었음이 일본 측의 기록에서 보인다. 1919년 3월 당시 조선의 전체 인구는 1,678만 8,400명이었다. 총독부 경무국의 〈3·1운동에 관한 조선인의 동향(三·一運動に関する朝鮮人の動向)〉에는 평안남북도의 사망자 231명을 포함해 '폭민(暴民)' 사망자가 553명, 부상자가 1,409명으로 기록되어 있다.[205] 당시 일본의 관헌도 전국적으로 8명 사망, 158명 부상이라는 기록을 보면 한국인들이 학살에 대항하거나 기타 이유로 상당한 폭력 행위에 가담했

---

203 박은식, 앞의 책, 196쪽.

204 "10,000 Koreans Die in Revolt; Japs Jail 50,000 to Crush Move; 600 Women and Children Killed, Is Charge", *San Francisco Chronicle*, May 2, 1919.

205 総督府警務局, 〈騷擾 死傷者数(大正 8年 6月20日)—騷密第四四O三号〉, 《現代史資料 25》(みすず書房, 1965), 474頁.

표 6. 박은식의 3·1운동 관련 총계표

부군 수(府郡數)	211
집회 횟수	1,542
집회인 수	2,023,098
사망자 수	7,509
부상자 수	15,961
투옥자 수	46,948
소실 교회 수	47
소실 학교 수	2
소실 민가 수	715

출처 : 박은식, 《한국독립운동지혈사》 상(서문당, 1975), 196쪽.

음을 짐작할 수 있다.

3·1운동 기간의 대표적 학살 사례는 1919년 4월 15일 '화성 제암리 교회 학살·방화사건'이다. 일본은 빠르게 확산되는 만세운동을 차단하기 위해 군경 혼성부대를 수원, 화성, 안성 지역으로 파견해 대대적인 토벌작전을 벌인다. 조선주차군 수원수비대 79연대 소속 아리타 도시오(有田俊夫) 중위가 지휘하는 11명의 일본군과 일본인 순사 1명, 조선인 순사보 1명이 제암리 주민을 교회에 가두고 총을 쏜 뒤 불을 질러 23명을 죽였다. 일본은 치안유지를 위한 작전 중의 우발적인 사건이라고 해명했지만, 당시의 자료들에 따르면 일본인 피해에 대한 보복이었다는 주장이 강하다. 즉 3월 31일의 시위로 일본인 학교, 주재소, 상점 등이 불에 탔으며, 일본인들이 생명의 위협을 느끼고 이웃 마을로 피한 상황에서 현지 일본인들은 강력한 대응을 요구했다.[206] 일본군은 이웃 마을인 고주리에서도 6명을 총살하고 마을을 불태웠다. 제

206 이덕주·김형석, 〈3·1운동과 제암리사건〉, 《한국기독교와 역사》 7(1997), 60쪽.

암리 학살이 국제사회에 잘 알려진 것은 선교사들이 학살 소식을 듣고 서울 주재 미국 영사관에 요구해 레이먼드 커티스(Raymond Curtice) 영사가 현장 조사를 했고 이 사실이 미국 국무부에도 전달됐기 때문이다.

일부 과격한 시위가 발생했지만, 전반적으로 평화로운 만세 시위에 발포를 해서 대량학살을 자행한 일본의 통치를 어떻게 평가할 것인가? 비록 3·1운동을 계기로 조선총독부는 문화통치로 정책을 바꾸지만, 학살과 박해의 상흔은 민족을 결집하게 만들어 임시정부의 수립으로 이어졌다.

간도 학살

일본은 자국에서나 만주 등지에서 독립운동을 하는 사람들을 불온한, 혹은 불량한 조선인이라는 의미의 '불령선인(不逞鮮人, 후테이센진)'이라고 불렀다. 불령선인이라는 용어 사용에 대한 반항과 조롱으로 박열과 같은 이가 스스로 불령선인을 자칭하면서 《불령선인》이라는 제목의 잡지를 출간하기도 했다는 것은 2017년 개봉된 영화 〈박열〉을 통해 잘 알려졌다.

간도 지역의 한인 학살은 일본이 이 지역의 독립군 활동을 근절시킬 목적으로 '간도 지방 불령선인 초토계획(間島地方不逞鮮人剿討計劃)'이라는 이름으로 자행되었다. '간도 학살'은 1920년 10월부터 1921년 5월까지 북간도와 서간도 일대에 일본군 약 2만 명이 투입되어 한인 마을과 독립군 근거지를 파괴하고 수천 명을 학살한 사건이다.

1919년의 3·1운동 이후 1920년에 걸쳐 만주 지역에서 수많은 독립군 양성기관과 독립군 부대가 형성되면서 무장 독립 투쟁이 활발해진다. 대표적인 것이 '봉오동전투'인데 1920년 6월 6-7일 지린성(吉林省) 허룽현(和龍縣) 봉오동에서 홍범도(洪範圖) 등이 이끄는 대한군북로독군부(大韓軍北路督軍府)의 독립군 연합부대가 일본군과 맞서 전투를 벌였다. 상하이 임시정부가 발행한 《독립신문》 89호에는 독립군이 157명의 일본군을 사살했다고 적었지만, 일본 측은 1명 사망으로 기록하고 있어 한국 측의 기록이 과장되었다는 분석이 많다. 그럼에도 불구하고 조선총독부와 조선주둔군은 독립군을 공격할 명분을 찾기 위해 '훈춘사건'을 일으켜 군사 행동의 근거를 마련하였다. 훈춘사건은 일본이 마적단을 사주해 1920년 10월 2일 일본 영사관을 불태우고 일본인 거류지를 공격하게 한 후 마적단 속에 '불령선인'과 '러시아 과격파'가 포함되어 있다는 사실을 강조하면서 군사 개입 명분을 만든 사건이다.

일본군이 여러 마을을 초토화하면서 진격하던 중 홍범도 부대를 포위 섬멸하려고 했으나 10월 21일부터 26일까지 청산리 일대에서 독립군의 매복과 기습에 당하는 사태가 발생했다. 일본군은 그 보복으로 한국인 마을과 학교, 교회 등을 무차별적으로 공격해 사살하고 방화하는 초토화 작전을 벌였다. 간도 침공의 중심 역할을 맡았던 19사단은 독립군 기지를 먼저 공격하고 그 배후지 역할을 하는 한인촌을 습격하는 전략을 구사했는데 이것은 1909년 한국 내에서 행해진 '남한대토벌작전'과 비슷한 전략이다.[207]

---

207 조원기, 〈일제의 만주침략과 간도참변〉, 《한국독립운동사연구》 41(2012), 224쪽.

당시 간도에 거주 조선인은 모두 28만 9천여 명이었는데 상하이에서 발간된 《독립신문》은 그 가운데 1920년 10월 초부터 11월 말까지 훈춘(琿春), 왕칭(汪淸), 허룽(和龍), 옌지(延吉), 류허(柳河), 싱징(興京), 콴뎬(寬甸), 닝안(寧安) 등 8개현(縣)에서 3,693명 피살, 171명 체포, 71명 강간 등의 인명 피해와 가옥 손실 3,288채, 학교 소실 41개교, 교회 소실 16곳 등의 재산 피해가 있었다고 보도했다.[208] 이 기간 동안 5천 명 이상이 학살당하고 3,500호의 주택이 소실되었다는 연구도 있다.[209] 그런데 이것이 작전 초기 두 달간 자행된 학살과 방화라면 1921년 5월까지 전개된 작전에서 얼마나 더 많은 인명과 재산의 피해가 있었는지에 대해서는 상상하기도 어렵다.

일본 정부의 공식집계는 없지만, 1921년 3월 18일 조선군 참모장이 일본 육군 차관에게 보낸 〈간도사건의 조선인 및 중국인 사상자 조사의 건(間島事件に依る鮮支人死傷者調査の件)〉라는 보고서에 따르면 조선인 사망자 522명의 명단, 나이, 직업, 주소, 사살 사유, 연월일이 기록되어 있고, 보병 제73연대(106명), 보병 제74연대(64명), 보병 제75연대(104명), 보병 제76연대(136명), 야포병 제25연대(16명), 보병 제28여단(24명) 등이 학살에 가담한 것으로 되어있다.[210]

1926년 조선군 참모장이 육군성 부관에게 보낸 《간도출병사(間島出兵史)》에도 1920년 12월 20일 제19사단 사령부가 작성한 "〈초토효과

208 〈西北間島 同胞의 慘狀血報〉, 《독립신문》(1920년 12월 28일).

209 Eckhardt Fuchs · Tokushi Kasahara · Sven Saaler(eds), *A New Modern History of East Asia*(Göttingen: V&R unipress, 2018), p. 196.

210 조선군, 〈間島事件に依る鮮支人死傷者調査の件〉(国立公文書館 アジア歴史資料センター, 1921) 참조.

일람표(剿討効果一覽表)〉에 사살 인원이 494명, 체포 인원 607명, 소각 건축물 수로는 민가 541호, 학교 25호, 교회 1호, 병사(兵舍) 21호"로 나타난다.[211] 그런데 이 일람표의 제목이 '초토효과'라는 것을 보면 일본군이 어떤 생각을 갖고 이 작전에 임했는지 드러난다. 이 자료가 집계된 12월 20일의 간도가 어떤 상황이었을까를 유추해 보면, 지린성 창춘의 12월 평균온도는 영하 7도씨에서 영하 16도씨인데, 이런 추위에서 총을 맞아 죽지 않더라도 초토화 작전으로 집을 잃은 주민들이 어떤 상황에 처해졌을까? 일본군이 사살한 인원보다 훨씬 많은 사람들이 혹한과 기아에 시달리며 죽어가거나, 운이 좋은 일부를 빼고는 중국인 마을에서 노예 및 성노예와 비슷한 처지에 직면했을 것이다.

간토대지진과 재일 조선인 학살

한국의 공영방송인 KBS에서 역사 다큐멘터리를 표방하는 〈역사저널 그날〉이 2019년 4월 21일 "조센징이 우물에 독을 탔다!—관동대지진, 학살의 기억"이라는 제목의 프로그램을 방영했을 때 사회자를 제외한 학자와 방송인 들이 모두 자리를 뜨는 '사건'이 발생했다. 당황한 여성 사회자만 남은 텅 빈 스튜디오의 침묵은 어떤 웅변보다도 그들이 느낀 감정을 그대로 보여주었다. 물론 이 방송은 녹화방송이기 때문에 이 장면도 모두 연출되었다고 할 수 있다. 이들이 자리를 뜬 이유는 재일교포 2세 오충공 감독이 촬영한 학살 목격자와 가해자들이 증언하는 동화상을 보고 난 다음이었다. 이해되지 않는 이유를 달아 다양한 방

---

211 조선군사령부, 《間島出兵史》(国立公文書館 アジア歴史資料センター, 1926), 145쪽.

법으로 학살을 당한 동포의 비극, 아니 인류의 비극에 어떤 언어로도 담기 어려운 난감함과 무력감이 어려 있었다.

1923년 일본은 어려운 시기를 맞고 있었다. 제1차 세계대전이 끝나고 경제특수가 사라지면서 노동자들은 일자리를 잃었고 사회주의자들의 활동이 활발해지면서 일본 사회에 긴장감이 감돌았다. 일본인 사회주의자들과 조선인 노동자들이 연대하는 가운데 일본 정부는 5월 메이데이 행사에서 참여자를 체포하는 등 국내 치안 불안이 고조되었다. 이런 상황에서 일본에 대지진이 발생했고 일본 정부와 일본인은 국내에 거주하는 타민족인 조선인과 중국인을 희생양으로 삼았다.

1923년 9월 1일 진도 7.9의 지진이 도쿄를 비롯한 간토 지방에서 발생해 10만여 명 이상이 사망했다. 그런데 "조선인이 우물에 독을 풀었다"는 등의 유언비어가 조작되면서 군경 및 자경단과 같은 주민조직이 재일조선인들을 학살하기 시작했다. 일본 군인, 경찰, 자경단원 등이 길에서 무단으로 검문을 해 '주고엔 고주센(15엔 50전의 일본어 발음)'이라는 일본말을 시켜보아 잘 발음하지 못하는 사람들을 '불령선인'이라 하여 죽창 등으로 학살했다.[212] 대지진이라는 재난 속에서 공포에 사로잡힌 사람들의 집단광기가 외국인 혐오로 이어지면서 6천 명이 넘는 조선인뿐만 아니라 700여 명에 이르는 중국인, 그리고 표준어 발음에 익숙지 못한 지방 출신 일본인까지도 학살의 희생자가 되었다.[213]

당시 일본 내무성이 각 경찰서에 '조선인들이 방화와 폭탄에 의한

---

212 김양수, 〈관동대지진을 응시하는 세 개의 시선—郭沫若·李箕永·中島敦〉, 《중국문학연구》 39(2009), 109쪽.

213 仁木ふみ子, 《震災下の中國人虐殺—中國人勞動者と王希天はなぜ殺されたか》(東京: 青木書店, 1993) 참조.

1923년 간토대지진 때 학살된 조선인 사진(좌)과 간토대지진 때 학살된 조선인 사진을 들고 있는 봉선화회의 니시자키 마사오 이사(우)(제공: 김강산)

왼쪽 사진은 간토대지진 당시 조선인 학살을 보여주는 대표적인 사진으로 널리 알려져 있다. 오른쪽 사진은 니시자키 마사오 봉선화회 이사가 간토대지진 당시 발생한 조선인 학살 사건을 증명하는 자료를 보여주고 있는 모습이다. 봉선화회는 간토대지진 조선인 학살 사건을 규명하고 추도하는 단체이다.

테러, 강도 등을 획책하고 있으니 주의하라'는 지시를 내렸고, 일본 사회의 내부 불만이 조선인에게 분출되면서 무자별 학살이 발생했다. 《연합뉴스》의 추적과 보도에 따르면 도쿄 고토(江東)구 가메이도(龜戶) 경찰서에서 자행된 학살에서 제주도 대정읍 인성리 출신의 조묘송 씨(趙卯松, 1891-1923, 당시 32세)의 가족이 포함되어 있음이 밝혀졌다. 당시 증언에 따르면, "일본 군인들이 일제히 칼을 빼 조선인 83명을 한꺼번에 죽였으며 이때 임신한 부인도 한 사람 있었는데 그 부인의 배를 가를 때 배에서 어린 아기가 나왔다. 그 어린 아기까지 찔러 죽였다"라고 전하고 있는데, 만삭 상태에서 학살당한 부인은 바로 조묘송의 아내 문 씨였다는 것이다.[214]

---

214 〈관동지진 때 사망 韓人명단 日공문서에서 발견…학살된 사람 포함〉, 《연합뉴스》(2016년 5월 9일).

1930년의 인구조사에 따르면 오사카에 96,943명, 도쿄에 38,355명을 포함해 일본 전역에 419,009명의 조선인이 거주하고 있었다.[215] 한국 및 일본 학자들의 연구 결과에 따르면 학살 희생자의 숫자는 6천 명 정도로 추산되었다.[216] 이 숫자는 대한민국임시정부의 《독립신문》이 6,661명의 학살 희생자가 있었다고 보도한 것에 기초한 것이다.[217]

하지만, 최근 연구 결과를 발표한 강효숙 원광대학교 사학과 교수에 따르면 간토대지진 당시 학살된 조선인의 수는 기존에 알려진 것의 3.4배인 총 23,058명에 이른다.[218] 강 교수는 국가보훈처 공훈전자사료관에서 제공하는 〈해외의 한국독립운동사료(III)—독일 외무성 편(2)〉 속에 있는 "MASSACRE OF KOREANS IN JAPAN 〈The List of killed bodies and places〉"라는 제목의 사료를 분석한 결과 이같이 확인됐다고 주장했다.

물론 이 숫자는 당시 일본 최고의 지식인으로 존경받던 요시노 사쿠조(吉野作造)가 조사한 2,613명 살해와 비교해서는 엄청난 규모다.[219] 요시노는 당시의 상황을 이렇게 정리했다.

> 일본 국민의 결함을 폭로한 일대 불상사인 이 사건의 원인은 유언비

---

215 内閣統計局, 〈民籍国籍別人口—府県, 総務省統計局昭和5年国勢調査〉(総務省統計局, 1930) 참조.

216 成田龍一, 《大正デモクラシー》(岩波新書, 2007), 166쪽; 伊藤隆, 〈第3章 中間内閣と政党内閣〉《日本歴史大系5 近代 II》(山川出版社, 1989), 250쪽; 김승학, 《한국독립운동사》(독립문화사, 1965) 참조.

217 〈一萬의犧牲者〉, 《독립신문》(1923년 12월 5일).

218 〈관동대지진 때 학살된 조선인 2만3천58명이었다〉, 《연합뉴스》(2013년 8월 21일).

219 吉野作造, 〈朝鮮人虐殺事件〉, 《現代史資料 6—関東大震災と朝鮮人虐殺》(みすず書房, 1963), 362쪽.

어에 있다. 민중은 왜 유언비어를 믿었던 것일까. 첫째, 돌발적인 사태로 민중들이 흥분한 시기였던 점. 둘째, 혼란 속에서 민중이 신뢰의 지표로 삼고 있었던 경찰과 군대가 유언비어를 해소하지 않고 오히려 유포를 촉진한 점. 셋째, 지금까지 총독부와 정부가 조선 통치의 성공을 선전했음에도 불구하고 민중들은 이를 믿지 않았던 점이다. 이번 사건을 통해, 국민들이 조선 통치는 실패했으며 따라서 불만을 품고 있는 조선인들이 이 혼란을 틈타 반드시 무슨 일을 저지를 것이라고 믿고 있었음이 드러났다. 이와 같은 국민들의 심리상태에 대해 통치자는 스스로 깊이 자성하지 않으면 안 된다. 정부와 민간 구호단체는 화를 입은 조선인 유족에 대해 충분히 손해배상을 하고 위로금을 줘야 마땅하다. 그것은 어떤 정책적 의미가 아니라 국민들의 도의심의 발로로 당연히 해야 할 일이다. 또한 재해 사망자 위령탑을 세울 때에는 화를 입은 조선인들을 위해서도 위령탑을 세워 그들의 혼령을 위로하고 아울러 국민의 반성을 도와주어야 한다고 생각한다.[220]

요시노의 분석과 해결방안 제시에도 불구하고 일본 정부는 사건의 책임을 자경단에게 전가하거나 은폐하기에 급급했고, 현재까지도 사건의 진상을 밝히지 않고 있다. 사실 근본적인 문제는 일본인들이 조선인들을 그들이 구축한 사회적 질서에 포함되지 않는, 그래서 죽여도 처벌을 피할 수 있는 존재로 생각했고, 실제 가해자들에게 별다른 법적 처벌을 하지 않았다는 것이다.[211] 일본 표준어를 제대로 발음하

220 강덕상, 《학살의 기억, 관동대지진》(역사비평사, 2003), 350쪽(《報知新聞》, 1923년 10월 22일 자 보도를 재인용).

지 못하는 이방인들을 죄의식도 없이 총과 같은 근대적 무기로, 혹은 죽창과 같은 전근대적 무기로 학살한 이 사건은 인간이 얼마나 잔혹할 수 있는가를 되돌아보게 한다.

정신의 학살

거듭되는 학살과 식민통치의 장기화로 한국인은 서서히 일본의 통치에 순치되어 가고 있었다. 물론 차별이 극심했다. 일본인과는 학제도 달랐고, 승진에도 차별이 있었다. 범죄인에 대한 처벌에서도 조선인과 타이완인만 태형을 가했고 일본인은 태형에 처하지 않았다. 1930년대에는 '백의 금지령'이 내려졌다. '백의 토벌'이라는 이름으로 흰옷과 심지어 속옷에다가도 먹물을 뿌려야 했는데, 백의민족이라는 알려진 한민족의 상징을 없애는 작업이었다. 생명을 앗아가는 학살이 아니면서 인간의 정신세계를 황폐화하는 행위는 어떤 것이 있을까? 아마도 그중의 하나가 상투를 자르고 서양식 머리를 강요당하는 순간이 아니었을까? 아니면 자신의 이름을 일본식 성명으로 바꾸도록 강요한 것이었을까? 아니면 조선어 사용을 금지하면서 조선인을 '황국신민화'시키는 정책이 이러한 충격을 주었을까?

단발령

병합 이전인 1894년 7월 일본군이 경복궁을 점령하며 국권을 탈취한

---

221 Sonia Ryang, "The Tongue That Divided Life and Death. The 1923 Tokyo Earthquake and the Massacre of Koreans", *The Asia-Pacific Journal/Japan Focus*, 5(9)(2007), pp. 1-13.

후 임명한 친일내각이 시행한 개혁 중의 하나가 '단발령'이다. 김홍집 내각은 고종 32년인 1895년 12월 30일(음력 11월 15일) 고종의 칙령으로 성년 남성은 상투를 자르고 서양식 머리를 하라고 공포했다. 조선의 유교 사회를 흔든 이 명령의 배후에는 일본이 있었고, 석 달 전인 10월 8일(음력 8월 20일)에 발생한 을미사변으로 알려진 민비 시해 사건과 함께 을미의병이 봉기하는 계기가 되었다. 의병 항쟁의 기세가 격렬해지자, 당시 친일내각을 이끈 김홍집은 일본 공사와 대책을 협의해 유화책을 제시하기도 했다.[222]

고종과 왕세자가 먼저 상투를 잘랐고, 내부대신 유길준과 군부대신 조희연이 앞장서 이 조칙을 실행에 옮겼다. 매천 황현은 이렇게 서술했다.

> 유길준은 관리들로 하여금 가위를 들고 거리와 성문을 지키고 서서 통행하는 백성들을 붙잡아 머리를 강제로 깎게 했다. 경무사 허진은 순검(경찰)들을 인솔해 칼을 들고 길에서 만나는 사람마다 머리를 깎았다. (…) 서울에 손님으로 왔다가 엉겁결에 상투를 잘린 사람들은 상투를 주워 주머니에 감추고 통곡을 하며 도성을 빠져나갔다. (…) 나라 전체가 물 끓는 솥같이 들끓었고 의병이 사방에서 일어났다.[223]

조선은 《효경(孝經)》에 나오는 "신체, 머리털, 피부는 부모로부터 물려받은 것으로서, 감히 훼손하지 않는 것이 효의 시작이다(身體髮膚

222 박성순, 〈고·순종년간 의병의 개념과 위상 변천 연구〉, 《東洋古典研究》 38, 220쪽.
223 황현, 《매천야록》, 105-110쪽.

단발령 시행으로 상투가 잘리는 장면

受之父母 不敢毁傷 孝之始也)"라는 금언을 체화한 사회였다. '내 목을 자를지언정 상투는 자를 수 없다'고 외치며 유교 문화에 심취했던 조선인들에게 단발령은 충격을 넘어 500년 조선 역사와의 단절을 의미했다. 상투가 없는 조선인은 개화한 일본인과 별 차이가 없어지고, 정체성의 혼란 속에서 식민지 이등 시민으로 일본에 동화되는 과정을 밟아야 했다. 정신적 충격과 함께 단발령은 일본인 사업가와 소매업자에게 이익을 주기 위한 적극적 조치였다. 1895년 12월 26일자 《윤치호 일기》에는 "그들은 일본인 모자 제작자와 양복 제작자를 위해 조선인들의 단발을 원하고 있다"라고 기록하고 있다.[224] 단발령은 모자와 양복 제작자뿐만 아니라 구두, 벨트, 셔츠, 멜빵과 같은 그 부속품에 대한 수요를 폭발적으로 발생시켜,[225] 식민지하의 '모던보이'가 탄생하게 된다.

일본이 반일감정에 젖은 조선인을 코즈모폴리턴적인 '모던보이'로 바꿈으로써 얻을 수 있는 이익은 무엇일까? 조선인이라는 정체성을 약화해 식민통치를 쉽게 하는 하나의 도구가 될 수 있다. 민비 시해 사

224 윤치호, 《3집 국역 윤치호 영문 일기3》(한국사료총서 번역서3)(과천: 국사편찬위원회, 2015) 참조.

225 박성순, 앞의 책, 220쪽.

건처럼 조선인의 자존심을 뭉개버리고 동학혁명과 같은 저항이 다시 발생하지 않도록 조선인을 개조해 일본 통치에 순화시키는 기능을 할 수 있는 것이다. 이러한 공포 분위기에서 조선인들은 외양적으로나 내면적으로도 서서히 일본인과 가까워지고 있었다.

내선일체(內鮮一體)와 황민화 정책(皇民化政策)

일본은 한반도를 통치하면서 일본과 조선이 하나라는 뜻이 담긴 '내선일체' 정책을 폈다. 일본어 교육을 시행하고, 민족 고유의 문화를 금지했다. 내선일체 정책은 일본이 동아시아 식민지에서 실시한 '황민화 정책'과 맥을 같이하는데, 일본어 교육의 강화뿐만 아니라, 천황 숭배, 일장기 게양, 기미가요(君が代) 제창, 궁성요배(宮城遙拜), 신사참배 등으로 나타난다. 일장기는 일본의 국기이고, 기미가요는 일본의 국가이다. 궁성요배는 일본제국과 그 식민지들의 주민들이 천황의 궁성이 있는 방향으로 고개를 숙여 절을 하던 예법을 의미한다. 또한, 신사는 일본의 국교는 아니지만 국교에 버금가는 신토(神道)이 사원으로 조선 각지에 세워졌는데 조선총독부는 신사참배를 강제해서 특히 기독교계 학교들의 반발을 샀다.

일본이 1937년 중일전쟁을 도발하고 1938년부터는 조선어 교육을 폐지하고, 한글 신문과 잡지를 폐간하는 등 조선의 민족 문화에 대한 탄압을 강화했다. 물론, 전쟁의 여파로 징용과 징집을 강행하는 과정에서 조선인의 권리를 이전보다 인정해 주는 정책도 펼쳤다. 전쟁의 수요에 맞추어 조선인을 황국의 신민으로 바꾸는 정책이다. 이 시점에서 창씨개명을 실시하고 조선인에 대한 참정권 부여 문제도 거론된다. 일본이 전쟁에 승리하기 위해 국가의 가용자원을 총동원하는 총력전 체제를 도입함으로써 식민지 인력자원에 대한 관리도 변화했다. 총력전 체제에서 일본과 미국의 인종주의 문제를 다카시 후지타니는 다음과 같이 서술하고 있다.

> 두 식민주의적 제국(국가)이 인종화된 식민 주체와 소수자를 다루는 방법을 아주 유사하게 조정했다는 것이며, 이는 총력전을 수행하기 위한 물질적이고 이념적인 필요 때문이었다는 것이다. (…) 가장 중요한 사실은, 미국과 일본의 총력전 체제가 공히 인종주의를 부인하고 거부하면서, 경멸당하는 인구들을 그 국가 공동체 안에 포섭하는 전략을 향해 결정적으로 전환했다는 점이다. 이는 총력전을 운영하며 나치 체제가 취했던 인구 관리의 해결책과 대조된다. 나치는 영토를 공격적으로 확장했으며, 배타적으로 분절되고 생물학적으로 상상된 '인종적인 복지국가'에 게르만인으로 보이는 사람들을 포섭시켰다. 그리고 이는 독일제국의 지리적 경계 내부와 외부에 사는 바람직하지 않은 인구를 멸종시키면서 그들을 강제 노동자로 사용하는 일과 짝을 이루고 있었다.[226]

일견 조선인의 권리가 신장됨으로써 내선일체에 가까워진 것 같지만, 이런 정책의 내면을 파악해 보면 일본의 의도가 드러난다. 정당한 일본의 시민으로 살아갈 권리를 부여했다기보다는 계속되는 전쟁이

---

226 다카시 후지타니, 《총력전 제국의 인종주의—제2차 세계대전기 식민지 조선인과 일본계 미국인》(푸른역사, 2019), 40-41쪽.

라는 상황에서 일본인으로 전장에 나가 죽거나 헌신할 권리를 부여한 것이다.

신사참배

21세기를 사는 인류에게 종교의 자유는 하나의 기본적 권리이다. 물론 식민지 조선에서 이러한 권리는 보장되지 않았고, 총독부는, 학교는 물론 기독교를 포함한 종교단체까지 '신사참배'를 강요했다. 이 과정에서 천황제 이념을 주입하여 조선인을 일본제국의 신민으로 만들고 전쟁에 대비해 정신 무장을 강화하는 효과를 노렸다. 신사에서 숭배의 대상인 제신(祭神) 문제도 상당한 논의를 거쳐 아마테라스오미카미(天照大御神, あまてらすおおみかみ)와 메이지 천황(明治天皇)으로 결정되었다. 일본 고유의 종교인 신토의 최고신인 아마테라스가 일본 천황에게 통치자의 상징으로서 삼종신기(三種の神器)라고 불리는 구슬(가타마), 칼(쓰루기), 거울(가가미)을 하사했다고 한다. 최고의 태양신 아마테라스의 직계 후손이라고 알려진 일본 천황에 대한 숭배를 강화함으로써 조선에서 새로운 통치권에 대한 상징체계를 만드는 작업을 가속화한 것이다.

조선총독부는 1915년 총독부령 제82호로 〈신사사원규칙〉을 공포하고 조선의 주요 도시에 신사를 본격적으로 건립하기 시작했다. 1936년에는 〈개정신사규칙〉을 공포하고 '1면 1신사주의'에 따라 패망 직전까지 총 1,062사에 이르는 다양한 규모의 신사들이 전국에 세워졌다.[227]

가장 중심이 되는 신사를 서울에 설립하기로 하면서 1919년 7월

서울의 남산에 있는 조선 신궁을 방문하는 시민들(서울역사박물관 소장)

18일 일본 내각고시 제12호로 조선 신사 창립을 확정·공포하고 남산 한양공원 주위에 용지 66만 제곱미터(약 20만 평)을 확보했다. 1920년 공사에 들어가 1925년에 완공했으며 명칭도 격을 높여 조선 신궁(朝鮮神宮)으로 바꾸었다. 현재 도쿄에 있는 메이지 신궁이 70만 제곱미터의 숲속에 있는데, 조선 신궁도 그에 못지않은 43만 제곱미터의 대지 위에 15개의 건물이 있었다고 한다.

총독부의 철저한 국가주의 교육과 신사참배의 강요로 가장 타격을 입은 것은 기독교 학교였다. 선교사들은 교육 선교를 포기하는 상황으로 내몰렸고, 수십 곳의 기독교계 학교들은 1940년에는 완전히 폐교되거나 관공립학교로 흡수되었다.

그럼 이 웅장한 규모의 조선 신궁은 해방 이후 어떤 운명을 맞았을까? 일본이 항복한 바로 다음 날인 8월 16일에 일본인들이 신들을 하

227 김승태, 〈조선총독부의 종교정책과 신사(神社)〉, 《한국기독교역사연구소소식》 79, 68쪽.

늘로 돌려보내는 승신식을 한 후 해체해서는 남은 시설을 소각하고 각종 신물은 일본으로 귀환시켰다. 이 자리에는 현재 남산공원이 조성되어 있고 아이러니하게도 안중근기념관이 자리 잡고 있다. 일본이 패망과 함께 서둘러 조선 신궁을 스스로 해체한 이유는 무엇일까? 이유는 간단하다. 해방과 함께 분노한 조선인들이 각지의 신사들을 파괴하고 소각한 것과 같은, 일본인으로 봐서는 '신성모독'에 해당할 행위를 방지하기 위함이었다.

창씨개명

살면서 이름은 여러 번 바뀔 수도 있다. 보통 성인이 되면 자신이 자신의 이름을 법적으로 바꾸거나, 여러 가지 이유로 호나 닉네임을 쓰기도 한다. 자기정체성의 표상인 이름에 대해 개명을 강요당한다면 어떤 심정일까? 일본은 중일전쟁이 시작된 후 동화정책(同化政策)의 하나로 조선인들이 쓰는 이름까지 일본식으로 바꾸는 '창씨개명'을 강요했다. 이는 유교적 전통으로 족보를 통해 가문의 혈통과 역사성을 자랑스럽게 여기는 조선인의 사고방식 자체를 바꾸어놓은 일대 변혁이었다. 용모도 비슷한데 이름마저 같으면 정말 조선인과 일본인 간에는 차이가 나지 않는 상황으로 간다.

미나미 지로(南次郎) 총독은 1939년 11월 10일 자 제령(制令) 제19호로 〈조선민사령(朝鮮民事令)〉을 개정하고 다음 해인 1940년 2월 11일부터 8월 10일까지 모든 조선인이 일본식 씨명(氏名)으로 바꾸어 호적계에 신고하도록 강요했다. 이러한 정책은 1945년 8월 15일 광복 직전까지 이어지면서 다양한 형태의 반발과 거부 운동에 직면했다. 전라남도 곡성군의 유건영(柳健永)은 창씨개명에 반대해 자결했으며, 창씨개명을 풍자해 해괴한 이름을 신고함으로써 저항한 사람들도 있다. 예를 들어 단군의 자손이란 뜻으로 견자웅손(犬子熊孫, 이누코 구마손), 개똥이나 먹으라는 뜻으로 견분식위(犬糞食衛, 이누쿠소 구라에), 혹은 천황을 의미하는 '덴노 헤이카(天皇陛下)'를 신고했다가 고초를 겪기도 했다.[228]

일부 친일파들이 창씨개명에 앞장섰지만, 1940년 5월까지 창씨 신고 가구 수가 총 호수 428만 700여 호 중 불과 7.6퍼센트에 불과하자, 조선총독부가 개입해서 국가기구, 어용단체, 유명 인사를 동원해서 강압함으로써 그 비율을 1941년까지 전체 호수의 81.5퍼센트인 322만 694호로 끌어올렸다. 이 과정에서 창씨개명을 거부하는 가정에 대해서는 자녀의 입학, 진급 및 진학 과정에서 차별이 있었고, 학교 교원들은 이런 학생들을 질책하거나 구타하기도 했다. 성인에 대해서는 공무원은 물론 사기업에 대한 취직도 제한하고 주의할 인물로 낙인찍었다. 사회 복지 혜택도 거부당했으며, 노무·징용 대상자로 끌려가거나, 심지어 화물 및 우편물의 발송을 거부당하기도 했다.

전시기(1937-1945) 강제동원

한일병합 후 1910년대와 1920년대에 3·1운동, 간도참변, 간토대지진과 관련된 학살을 주기적으로 겪으면서 한국인은 공포통치하의 피지배민족으로 살았지만, 아직 살아남아 있는 이들이 기억에도 생생하게

---

228 〈창씨개명거부운동(創氏改名拒否運動)〉, 한국민족문화대백과사전.

증언하는 것은 1937년 중일전쟁이 시작되면서 벌어진 인적·물적 수탈 행위이다. 냉전 후 한일관계의 핵심 현안으로 등장해서 30년 동안 문제가 더 꼬여가는 것이 일본군 '위안부' 동원이라면, 강제동원은 한국의 대법원 판결 이후 새롭게 주목받고 있는 문제다. 아직 언론의 주목을 받지 못하고 있는 문제는 아마도 강제징집 문제가 아닐까?

일본이 1932년에 설립한 괴뢰국가인 만주국에 만족하지 못해 중일전쟁을 일으켜 중국 전역을 점령하려고 시도하자 한국 내의 사회 분위기도 급격하게 바뀐다. 이화여대 총장을 지낸 김활란도 《매일신보》 1943년 12월 25일 자에 〈남자에 지지 않게 황국 여성으로서 사명을 완수〉 등의 글을 게재하면서 여성들도 전쟁을 적극적으로 지원해야 함을 강조했다. 최초의 근대소설을 쓴 이광수와 같은 문인도 독립운동을 벌였던 과거와 결별하고 1944년 '결전태세즉응(決戰態勢卽應) 재선(在鮮) 문학자 총궐기대회' 의장을 맡는 등 일본의 징병제를 옹호하고 한국인의 입대를 권유하는 데 최선봉에 서는 '전쟁범죄'를 범하게 됐다.

이들의 친일 전쟁 옹호 행적은 이미 한국 사회에 잘 알려져 역사적 단죄가 이루어졌지만, 이 와중에 강제징집되어 '남의 전쟁'에서 희생된 수많은 한국 젊은이들의 목숨은 누가 보상하고, 이러한 전시동원 행위에 대한 책임은 누구에게 물을 것인가?

강제동원은 세 가지 형태로 나누어 볼 수 있는데, 첫째, 모집, 관 알선, 징용, 근로보국대 형식의 노동력 강제동원, 둘째, 지원병, 학도병, 징병 등 병력 동원, 셋째, 군속, 군부(軍夫), 일본군 '위안부' 등 군 관련 동원 등으로 구분된다. 여기에서는 일본군 '위안부' 문제를 먼저 알아본 후 노동력 강제동원과 병력 동원에 관해 서술한다.

일본군 '위안부'

정신의 학살이라는 제목에 가장 부합하는 일본의 잔혹 행위가 일본군 '위안부' 문제이지 않을까? 당장 죽지는 않기 때문에 죽음에 직면하는 학살보다는 덜 가혹해 보이지만, 평생을 두고 잊히지 않는 기억으로 남을 이 몇 달 혹은 몇 년의 경험이 한 여성의 정신세계에 어떠한 상처를 주었을까? 이러한 여성들의 경험이 한국에서 영화 만들기로 이어지면서 〈귀향〉(2016)과 〈아이 캔 스피크〉(2017)는 각각 300만이 넘는 관객이 관람하는 기록을 남겼다.

일본은 1931년의 만주사변 이후 제2차 세계대전의 종전까지 아시아태평양 지역에 주둔한 일본 군부대에 위안소를 세우고 식민지 조선과 중국, 필리핀, 인도네시아 등 점령지의 여성들을 동원해 성노예로 삼았다. 위안소를 설립한 목적은 현지인을 강간함으로써 발생할 수 있는 반일감정과 위생 문제와 남녀 간 친분관계가 발생함으로써 생길 수 있는 정보 유출의 문제를 해소하고 전쟁에 지친 일본군의 사기를 높이기 위해서였다.

이렇게 아시아 각국에서 동원된 일본군 '위안부'의 총수는 최소 2만 명에서 최대 40만 명이라는 다양한 의견이 제시되었다. 〈표 7〉은 아시아 여성 기금의 웹사이트에 나오는 것으로 다양한 연구 결과를 포함한다. 일본군 '위안부' 문제를 오랫동안 연구한 요시미 요시아키(吉見義明)는 '위안부' 수는 최소 8만 명에서 20만 명으로 추산되며 그 중 조선인 여성의 비율이 절반이 넘는다고 보았다.[229] 1999년에는 상

표 7. 일본군 '위안부' 수에 대한 연구자들의 추산

연구자 명	발표 해	병 총수	파라미터	교대율	'위안부' 수
하타 이쿠히코	1993	300만 명	병50에 1명	1.5	9만 명
요시미 요시아키	1995	300만 명	병100명에 1명	1.5	4.5만 명
	1995	300만 명	병30명에 1명	2	20만 명
쑤즈량	1999	300만 명	병30명에 1명	3.5	36만 명
	1999	300만 명	병30명에 1명	4	41만 명
하타 이쿠히코	1999	250만 명	병150명에 1명	1.5	2만 명

출처: 〈디지털 기념관—위안부 문제와 아시아 여성 기금〉, 위안부문제아시아여성기금(http://www.awf.or.jp/k1/facts-07.html).

하이사범대학 쑤즈량(蘇智良) 교수의 주도로 중국위안부연구중심이 설립되어 약 50명의 특별연구원이 중국 각지에서 관련 조사를 진행했다. 상하이 82곳, 우한 40–50곳, 난징 약 50곳을 포함한 여러 위안소에서 '위안부'로서 피해를 본 생존자들이 확인되었는데 '위안부'의 총수는 40만 명에 달하며 이 가운데 중국 여성이 20만 명, 한반도 여성이 14–16만 명 정도로 추산되었다.[230]

이러한 목적을 위해 희생된 수많은 피해자가 가족이나 친구에게도 말할 수 없는 비밀을 수십 년간 가슴에 묻고 살았다. 그런데 냉전이 끝나고 한국의 민주화가 진행되면서 '정대협'이 1990년에 창립되고 여성인권운동이 활발해지자 시대적 분위기가 변했다. 1991년 8월 14일 한국에서는 최초로 공개 증언을 한 김학순 할머니를 필두로 본인이 과거에 일본군 '위안부'였음을 세상에 알리고 일본의 공식사죄, 법적 배상,

229 吉見義明,《従軍慰安婦》(東京: 岩波親書, 1995) 참조.

230 일본의 전쟁 책임 자료센터 엮음,《일본의 군 '위안부' 연구》, 강혜정 옮김(동북아역사재단, 2011), 352쪽; 〈위안부 피해국, 유엔에 '위안부의 날' 제정 공동 추진해야…中 전문가〉,《뉴시스》(2014년 12월 15일).

책임자 처벌을 요구하는 '위안부 할머니'들의 커밍아웃이 시작되었다. 커밍아웃은 보통 성소수자들이 자신의 성정체성을 대외적으로 밝히는 것을 의미하지만, 공개 이후에 받게 될 부담스러운 주변의 시선을 생각할 때 역사적 의미가 있는 용기 있는 행동이라는 면에서는 비슷하다. 2019년 1월 28일 김복동 할머니가 별세함으로써 커밍아웃한 한국인 피해자 238명 중 생존자는 23명이라고 정대협이 이름을 바꾼 '정의기억연대'는 밝혔다.[231]

같은 경험을 하거나 동시대를 살았던 그녀들의 동지애도 한몫했다. 정대협 창립에 결정적인 역할을 한 이화여대 윤정옥 교수도 본인이 1943년에 이화여자전문학교에 입학했을 때 학교 측의 강요로 국민총동원령에 따른 정신대 지원서를 쓴 후 징집을 피하려고 가족과 함께 금강산으로 피신했다고 한다. 윤 교수는 당시 '위안부'가 되지 않은 것에 대해 피해를 본 다른 여성에게 늘 죄책감을 느낀다고 여러 번의 인터뷰에서 술회했다.

일본이 점령하거나 통치한 여러 동아시아 지역에서 자행된 '위안부' 동원의 형태는 다양했다. 1944년 초부터 1946년 3월까지 일본군 제1군의 '가타메(固)여단' 7대대에서 위생병으로 중국 산시(山西)성 양취안(陽泉)에서 근무했다는 마쓰모토 마사요시는 《연합뉴스》와의 인터뷰에서 일본군이 어떻게 중국 여성을 '사냥'해서 '위안부'로 만들었는지 생생하게 증언했다.[232] 마쓰모토 씨에 따르면 일본군은 점령지였

---

231 최지희, 〈위안부 피해자 김복동 할머니 별세…생존자 23명으로 줄어〉, 《조선일보》(2019년 1월 28일).

232 이충원, 〈日 참전군인 위안부 증언…"'중국 부녀자 사냥' 목격"〉, 《연합뉴스》(2013년 5월 23일).

중국에서 찍힌 일본군 '위안부' 사진(미국 국립문서기록관리청 소장)
중국 윈난성 쑹산 고지의 한 마을에서 중국군 병사가 일본군 '위안부'와 같이 찍은 사진. 사진의 오른쪽에는 만삭의 위안부 모습이 보인다.

던 중국인 마을을 습격해 '부녀자 사냥'을 했는데, 아직도 '요우피아오랑더쿠냥(有漂亮的姑孃, 예쁜 여자애 없느냐)'라는 중국말을 생생하게 기억하고 있으며, 여자들을 부대로 끌고 와서 집단으로 강간하는 것을 목격했다고 한다.

그럼 한국의 상황은 어떠했을까? 한국이 당시 식민지였다는 상황을 고려하면 군경이 젊은 여성을 사냥하듯이 끌고 갔다기보다는 민간업자의 취업 사기와 같은 형태로 동원한 경우가 많았다. 물론 일본군 '위안부' 피해자들이 일본의 군경에 의해 강제적으로 연행당했다고 증언한 사례도 있지만, 당시의 전근대적이며 가부장적 한국 사회에서 빈곤과 차별을 겪던 여성들이 취업을 빙자한 인신매매나 유괴를 주로 당했음이 증언으로 남아있다.

위안소에서 이러한 여성들은 하루에도 수 명에서 수십 명의 일본군을 상대해야 했고, 제대로 된 보상을 받지 못했으며, 위안소에서 벌어진 구타, 성병 감염, 인공유산, 불임수술, 자궁적출 등으로 인해 전쟁 후에도 신체적, 정신적 고통에서 벗어나지 못했다. 살아남아서 귀국한 피해자들도 고향으로 돌아가지 못하고 타지에서 목숨을 이어가면서 겪었을 고초는 말로 표현하기 힘든 상황이었을 것이다.

이런 행위에 대해 일본은 1993년의 '고노 담화'를 통해 일본군 '위안부' 동원의 강제성을 인정하고 사과했지만, 구체적인 법적 책임과 보상 그리고 책임자 처벌에 대해서는 분명히 하지 않았다. 하지만 지속적인 연구와 사료 발굴을 통해 일본 정부와 군대가 조직적으로 '위안부'를 동원했다는 것에는 큰 이견이 없다. 국제적으로도 1996년 유엔 인권위에서 채택된 〈라디카 쿠마라스와미(Radhika Coomaraswamy) 보고서〉와 1998년 유엔 인권소위에서 채택된 〈게이 맥두걸(Gay J. McDougall) 보고서〉를 통해 일본이 전시에 '군대 성노예제(military sexual slavery in wartime)'를 실시했음이 인정되고 있다.

고노 담화의 기초가 되었던 것은 당시 일본 정부가 1991년 1월 2일부터 경찰청, 방위청, 법무성, 외무성, 문부성, 후생성, 노동성, 국립공문서관, 국립국회도서관, 그리고 미국 국립공문서관 등을 상대로 일본군 '위안부' 관련 조사를 시행해, '위안부', 군인, 조선총독부 관계자, 위안소 경영자, 위안소 부근 거주자, 역사 연구가 등으로부터 증언을 듣고 1992년 7월 6일 발표한 〈조선반도 출신의 이른바 종군위안부 문제에 관하여(朝鮮半島出身のいわゆる従軍慰安婦問題について)〉라는 보고서이다. 일부 미흡한 부분이 있지만, 당시의 일본 정부는 나름 일본군 '위안부'의 실체를 조사하고 공개하는 작업을 수행했지만, 이

런 일본 정부의 자세가 그 이후에, 특히 아베 정권이 들어오면서는 이어지지 못했다. 물론 아베 총리도 2015년 박근혜 정부와 일본군 '위안부' 관련 합의를 했을 때 사과를 표명했지만, 기시다 후미오(岸田文雄) 외상에게 사과문을 대독하게 하는 등 한국에서는 진정성이 느껴지지 않는다는 반응이었다.

고노가 관방장관이었던 때 총리를 맡았던 미야자와 기이치(宮澤喜一)는 달랐다. 미야자와는 제2차 세계대전에 대해 일본이 책임을 져야 한다는 분명한 태도를 보이고 있었고, 정계 은퇴 이후에도 일본의 평화헌법 개정에 반대했던 소신 있는 총리였다. 일본에도 양식 있는 지도자, 학자, 시민 들이 많이 있다. 하지만 상당한 영향력을 가진 일본의 우익 보수 세력이 반일기조를 내세운 문재인 정부와 충돌하면서 이 글을 쓰고 있는 시점에는 한국과 단교해야 한다는 목소리를 내고 있다는 보도가 있었다.

강제동원

군대를 갔다 온 한국 남성들 사이에서 최악의 악몽은 무엇일까? 두말할 것도 없이 다시 입대하는 꿈이다. 한국인 남성들이 군대에서 20여 개월을 의무적으로 복무하면서 어떤 정신적, 육체적 고통에 처했는가는, 같은 경험을 공유한 사람들끼리 술자리에서 늘 안줏거리처럼 언급되면서 희화화되기도 하지만, 그 생활을 다시 하라고 하면 다시 할 사람이 몇 명이나 되겠는가? '위안부'라는 이름으로 여성들이 일본군의 성노예로 전락했다면, 강제동원은 주로 남성의 노동력을 무단으로 혹은 제대로 된 보상 없이 착취한 경우이다. 일본에 의해 수많은 한국인은, 한반도를 포함해 여러 아시아 국가의 작업장과 공장에서 신체의 자유가 없는 노예노동과 비슷한 상황에 처했고, 많은 수가 노동 재해, 폭력, 학살 등으로 죽임을 당했다.

강제동원은 1937년 중일전쟁이 발발하면서 식민지 조선을 병참기지화하기 위해 1938년 4월 1일 제정된 〈국가총동원법〉에 근거하고 있다. 이 법은 의회의 동의 없이 일본 본토와 식민지, 점령지 등 모든 지배 지역의 인력과 물자를 전쟁에 투입하기 위해 일본 정부에 광범위한 권한을 위임한다. 1939년 7월에는 〈국민징용령〉이 공포되면서 조선인에 대한 모집, '관 알선', 징용, 근로보국대 형식으로 강제동원이 시행되었고, 노동자들은 조선을 포함해 일본, 사할린, 만주, 중국, 남양군도 등 일본제국 전역의 공장과 작업장에서 일하게 되었다.

일본에 의해 동원된 한국인의 숫자는 755만 4764명(중복 동원 포함)에 이른다고 '일제강제동원피해자지원재단'은 추산하고 있다.[233] 이 중에서 한반도 내로 동원된 노동자 수는 연인원 600만 명 이상, 일본이나 전쟁 지역으로 동원된 노동자 수는 139만 이상, 군인, 군속 36만 이상에 이른 것으로 추산된다.[234] 이들은 11,523개소 이상의 다양한 작업장에서 일했는데, 업종별로는 탄광과 광산으로 동원된 경우가 가장 많다. 일본인 학자 안자코 유카도 1942년에서 1944년까지 총 424만 9,398명이 동원되었음을 일본 대장성 자료를 이용해 밝히고 있다.[235]

---

233 〈노무동원〉, 일제강제동원피해자지원재단(https://www.ilje.or.kr/mobilize/labor/list/#self).

234 정태헌,《문답으로 읽는 20세기 한국경제사》(역사비평사, 2010) 참조.

235 안자코 유카, 〈총동원체제하 조선인 노동력 '강제동원' 정책의 전개〉,《한국사학보》14(2003), 331쪽.

표 8. 제6차 회담 시 한국이 청구한 피징용자 피해에 대한 보상 내역

	노무자	군인, 군속	합계	1인당 보상금	청구액
생존자	648,081명	282,000명	930,081명	200불	약 186,000,000불
사망자	12,603명	65,000명	77,603명	1,650불	약 128,000,000불
부상자	7,000명	18,000명	25,000명	2,000불	50,000,000불
합계	667,684명	365,000명	1,032,684명	–	364,000,000불

출처: 장박진, 〈한일회담 청구권 교섭에서의 세부 항목 변천의 실증분석—대일 8항목 요구 제5항의 해부〉, 《정신문화연구》 34(1)(2011), 109쪽.

강제징용당한 한국인들에 대해 어떻게 보상할 수 있는지의 문제는 1965년의 한일 청구권 협정 교섭에서도 논의된 문제다. 〈표 8〉과 같이 박정희 정부는 1961년 제6차 청구권 협상에서 약 100만 명의 피징용자와 군인, 군속에 대한 보상 명목으로 3억 6천 4백만 달러를 요구했다.[236]

이러한 청구권 협상이 양국정부의 정책적 필요로 인해 청구권이 아니라 '경제협력'이라는 명목으로 바뀌어 '재산 및 청구권에 관한 문제의 해결과 경제협력에 관한 협정'이라는 이름으로 타결되면서 피징용자 피해에 대한 보상이라는 의미가 퇴색되었다.[237] 애초부터 박정희 정권은 피해자의 숫자와 보상액을 합산 청구해서 총액으로 받기를 선호했고, 일단 경제협력자금으로 돈을 받은 다음에는 피해자에 대해 개별 보상을 거부했다. 당시 외무부는 청구권에 대하여, "정부가 외교특권으로 전반적으로 청구했던 것이며 정치적으로 일괄타결된 것이므로 이제 와서 정부가 민간인에게 보상해 줘야 할 법적 의무가 없지만,

236 장박진, 〈한일회담 청구권 교섭에서의 세부 항목 변천의 실증분석—대일 8항목 요구 제5항의 해부〉, 《정신문화연구》 34(1)(2011), 109쪽.

237 장박진, 《미완의 청산—한일회담 청구권 교섭의 세부 과정》(역사공간, 2014), 749쪽.

정치적으로 재량껏 판단할 것이며, 더군다나 한일 간의 개인 청구권은 법적으로 소멸, 시효가 지났으므로 설사 민간인에게 보상해 준다고 해도 근거가 확실한 몇 가지에 한정해서 대상을 최소한으로 줄여야 한다"라고 주장했다.[238] 애초부터 개별 보상을 하지 않고 경제건설을 위한 자금으로 사용할 계획이었다. 이러한 양국 간의 양해를 뒤엎고 2018년 한국의 대법원이 강제동원 피해자들에게 해당 일본 기업이 배상해야 한다는 최종 확정판결을 내림으로써 강제동원 피해 보상 문제는 한일 간의 격렬한 논쟁의 대상이 됐다. 이미 수교 회담에서 피징용자 피해에 대한 보상을 구체적으로 논의하고 일본도 이에 응한 상태에서 경제협력이라는 명목으로 자금이 지급되었기 때문에, 피징용자에 대한 배상은 법적으로 일본 기업에 책임이 있더라도 도의적으로는 돈을 받은 한국 정부가 나서서 해결해야 할 문제이다. 일본 정부는 사실상 한국에게 피징용자 피해에 대한 보상을 지급했고, 이 자금을 한국은 경제개발을 위한 목적으로 사용했기 때문이다. 외교를 도덕적 관점에서만 접근할 수 없지만, 일본 기업이 강제동원 피해자에게 보상을 해야 한다는 대법원 판결의 준수만을 얘기하면서 한국 정부가 한발 빼고 있는 사이에 아베 정부는 반도체 관련 핵심 소재에 대한 수출 규제를 발표했다. 문제는 문재인 정부의 강제징용과 일본군 '위안부' 문제와 관련된 대일정책의 결과로 그동안 공세적이었던 한국의 대일외교가 수세로 몰리는 상황이 되었고, 한일관계도 악화되었다.

식민지 피지배 민중으로서 수개월에서 수년 동안 노동력을 착취당

238 한혜인, 〈한일청구권협정 체결 전후 강제동원 피해의 범위와 보상논리 변화〉, 《사학연구》 113(2014), 255쪽.

했는데도 해당 일본 기업들이 제대로 보상하지 않았고, 차후 일본 정부도 한일교섭 과정에서 개인 보상을 포기했으며, 경제협력 자금을 받은 한국 정부도 고속도로 건설이나 다른 용도로 지출하면서 개별보상은 최소한에 그쳐 이 문제가 곪아 터진 것이다. 지루한 외교 교섭이나 법적 책임 소재에 대한 논의보다 이들에게 제대로 보상하고 명예를 회복시켜주는 것이 시급한데 해당 기업을 포함해 양국정부 모두 소극적 태도로 일관하면서 해결의 기미가 보이지 않고 있다.

대법원 판결은 2014년 사망한 여운택 씨 등 강제징용 피해자 4명이 일본 기업인 ㈜신일철주금(옛 일본제철)을 상대로 낸 손해배상청구소송의 재상고심에서 나온 것인데, 이들이 소송을 제기한 지 13년 8개월 만이다. 이들은 1941–1943년 일본제철의 일본 공장에 강제동원돼 노역했으나 임금을 받지 못한 채 해방 후 귀국했다. 1997년 일본 법원에 임금과 손해배상을 청구하는 소송을 냈으나 오사카 지방재판소는 "구 일본제철의 채무를 신일본제철이 승계했다고 볼 수 없다"라며 원고 패소로 판결했고 이 판결이 2003년 10월 일본 최고재판소에서 확정됐다. 일본 법원에서 패소하자 강제징용 피해자들은 2005년 국내 법원에 소송을 내, 2012년 5월 대법원 1부에서 원고 승소 취지의 파기환송 판결을 받았다. 그러나 당시 대법원은 2013년 7월 환송 후 원심인 서울고등법원 민사19부가 대법원 환송 판결의 취지대로 여 씨 등 원고들에게 1억 원씩을 배상하라고 판결한 이후에도 5년 넘게 재상고심 심리와 선고를 미뤄왔다. 박근혜 정권이 퇴진하고 문재인 정부가 출범한 후 대법원이 이 사건을 2018년 7월 전원합의체에 회부해 선고를 서두르면서 결과가 나온 것이다.

대법원 판결에서 전원합의체의 다수의견은 "피해자들의 손해배상 청구권은 '일본 정부의 한반도에 대한 불법적 식민지배 및 침략전쟁의 수행과 직결된 일본 기업의 반인도적 불법행위를 전제로 하는 강제동원 피해자의 일본 기업에 대한 위자료 청구권'이어서" 한일협정의 적용대상에 포함되지 않아 피해자들의 개인적 손해배상청구권은 살아있다는 것이었다.[239] 한편 권순일, 조재연 대법관의 반대 의견은 "개인청구권은 한일협정의 적용대상에 포함되며, 한일협정에 따라 피해자들의 권리행사가 제한된다"라는 것이었다.

이 논의의 핵심 중의 하나는 1965년 한일 정부가 체결한 '청구권 협정'의 해석 문제다. 이 협정에서 일본은 일본강점기에 한국에 투자한 일본 자본과 일본인의 개별 재산 모두를 포기함과 동시에 3억 달러의 무상 자금과 2억 달러의 차관을 지원하고, 한국은 대일 청구권을 포기하기로 합의했다. 협정문 2조에는 "양 체약국은 체약국 및 그 국민의 재산, 권리 및 이익과 양 체약국 및 그 국민 간의 청구권에 관한 문제가 완전히 그리고 최종적으로 해결된 것이 된다는 것을 확인한다" 라는 내용이 담겨 있고 부속 조항에는 "상대 체약국 및 그 국민에 대한 모든 청구권으로서 1945년 8월 15일 이전에 발생한 사유에 기인하는 것에 관하여는 어떠한 주장도 할 수 없는 것으로 한다"라고 되어있다.

일본은 이를 근거로 피해자가 일본 정부나 기업에 배상 청구를 할 수 없다고 주장하는 반면 피해자들이나 유족들은 한국 정부가 제대로 배상금을 나누어 준 적이 없고, 정부 간 협정으로 개별 청구권을 박

239 〈'일제 강제징용 피해자에 1억씩 배상' 판결 확정〉, 《한겨레》(2018년 10월 30일).

탈할 수 없다고 주장한다. 피해자들의 불만이 커지자 박정희 정부는 1970년대 중반에 일제 강제동원 희생자와 유족에게 30만 원을 위로금으로 지급했고, 노무현 정부는 '대일항쟁기 피해조사 및 지원위원회'를 만들어 해외 강제동원 피해자 또는 유족에 대한 보상 작업을 시작해 6만 6천여 명에게 위로금을 지급했다.[240] 하지만 피해자와 그들의 유족들은 희생자 한 명당 1억 원의 보상금은 필요하다고 주장하며 외로운 투쟁을 계속했다.

강제징집

일본이 1941년부터 태평양전쟁을 시작하면서 얼마나 많은 한국의 젊은이들을 지원병, 학도병, 징병 등의 이름으로 동원했고, 얼마나 많은 이들을 '남의 전쟁'에서 아무런 대가 없이 죽게 했을까? 일본은 원래 한국인을 징병 대상으로 보지 않았는데, 이것은 한국인의 반일 무장투쟁 가능성을 원천적으로 차단하기 위해서였다. 하지만 1937년 중일전쟁이 발발하고 침략전쟁이 확대되는 과정에서 병력을 확충할 필요성이 대두됐다. 1938년 칙령 제95호로써 〈조선육군특별지원병령〉을 공포하여 만 17세 이상으로 소학교 졸업 이상의 학력을 가진 자는 육군 특별지원병으로 지원할 수 있도록 했다. 지원병이라는 것은 명목뿐이었고, 경찰서를 비롯한 각 행정기관과 어용단체, 홍보기관 등이 총동원되어 지원을 강요하고, 직장별, 지역별 지원 경쟁을 부추김으로써, 해당자들이 지원할 수밖에 없는 상황을 만들었다. 그 결과 전국

240 〈일본 '65년 청구권 협정' 내세워 개별 피해보상 거부〉, 《중앙일보》(2014년 6월 21일).

의 총지원자는 첫 연도인 1938년에 2,964명이던 것이, 1942년에는 무려 251,594명에 이르게 되었다.[241]

태평양전쟁이 발발하자 1943년 7월 〈해군특별지원병령〉을 공포해 해군병지원자훈련소를 설립하고 강제적인 훈련을 실시했으며 10월에는 〈육군특별지원병 임시채용규칙〉을 공포해 학도지원병이라는 이름 아래 고등전문학교 이상 재학생들을 징집했다. 학도지원병의 경우, 많은 수가 지원을 꺼렸고, 그중 일부는 산악지대에 은신해 집단생활을 하면서 무장투쟁을 준비하는 사람들도 있었다. 태평양전쟁에서 패전을 거듭하면서 군인이 부족해지자 1944년 4월부터 본격적으로 징병제를 시행했다.

일본 후생성 인양원호국(厚生省引揚援護局)이 1963년 펴낸 〈속속(續續) 인양원호의 기록〉은 패전 당시의 조선인 군인, 군속 숫자를 364,186명(군인은 육군 186,980명, 해군 22,299명 등 209,279명)으로 집계했다.[242] 일본 정부가 1971년과 1993년에 이것보다 12만 명이 부족한 조선인 군인, 군속 명부(243,992명)와 사망자 명부(21,699명)를 한국 정부에 전달했지만, 차이가 나는 이유를 설명하지 않아 한국의 언론은 일본이 강제징집을 은폐하려고 한다는 의혹을 제기했다.[243]

현재 일본군 전몰자를 추도하는 도쿄의 야스쿠니 신사에는

---

241 김대상, 〈징병거부운동(徵兵拒否運動)〉, 한국민족문화대백과사전(http://encykorea.aks.ac.kr/Contents/Item/E0055087).

242 塚崎昌之, 〈朝鮮人軍人·軍屬の動員実体とその被害〉, 《第11回強制動員真相究明全国研究集会 자료집》, 16쪽(http://www.ksyc.jp/sinsou-net/20180317oknawa-siryou.pdf).

243 〈日, 강제징병 조선인 명부 증발 은폐〉, 《서울신문》(2013년 12월 24일).

21,181명의 한국인이 태평양전쟁 A급 전범 14명과 함께 합사되어 있는데 희생자 유가족의 명부 삭제 요구에도 불구하고 야스쿠니 신사 측은 거부하고 있다.[244] 여기에서 합사라고 하는 것은 종교적 절차로서 패전 후 야스쿠니 신사가 민간 종교 법인으로 전환된 후 일본 정부로부터 한국인이 포함된 군 사망자 명단을 전달받아 모두 신으로 모시면서 제사를 지내는 의식을 의미한다. 한국인도 일본군에 복무하다 사망했으므로 천황을 위해 싸우다 신이 된 '영령(英靈)'으로 명부에 올라가는 것이다. 야스쿠니 신사에는 영령의 유골이나 위패는 없고, 이름, 소속부대, 계급 등이 명부에 기록되어 있다.

일본제국은 이렇게 엄청난 수의 한국 청년들을 징집해 일본군의 일부로서 중국, 버마, 인도네시아, 뉴기니 등 여러 국가의 전선에 배치했고 일본군과 함께 싸우다 전사했다.[245] 버마 지역 일본군의 전사율이 54퍼센트에 달하므로, 강제동원된 한인 병사의 수를 약 5천 명으로 보았을 때, 2,700명이 전사하고, 2,300명이 귀환했다고 볼 수 있다.[246]

이 전쟁에서 살아남은 한인들의 일부는 그들의 명예 회복과 일본 정부에 사죄와 보상 입법을 요구하고 있다. 일본군의 포로 감시원으로 동원됐다가 전범이 된 한국인 B·C급 전범 기소자들은 이런 취지로 1955년 4월 동진회(同進會)를 결성했다. 이들은 태평양전쟁 때 태국, 인도네시아, 싱가포르 등지의 연합군 포로 감시원으로 투입되었던 한

244 塚崎昌之, 앞의 책.

245 Paul H. Kratoska (ed), *Asian Labor in the Wartime Japanese Empire: Unknown Histories*(New York: Routledge, 2005) 참조.

246 김도형, 〈일제 말기 필리핀·버마지역 한인 병사의 강제동원과 귀환〉, 《한국독립운동사연구》 47(2014), 185-186쪽.

국인 중에 종전 후 열린 연합군의 군사재판에서 포로 학대 등 혐의로 유죄 판결을 받은 148명을 말한다. 이 중 23명이 처형됐고 한국에서도 '일제 부역자'로 취급되었다. 2006년 노무현 정부가 설치한 '일제강점하 강제동원 피해진상규명위원회'에 의해 전범이 아닌 강제동원 피해자라는 인정을 받았지만 일본 정부로부터는 어떠한 사죄와 보상도 받지 못했다. 대부분 고령으로 사망했고, 스스로 목숨을 끊은 사람도 2명 있다. 이들 중 한때 사형수 신분이었던 이학래 씨(재일본동진회 회장)는 2015년 4월 1일 도쿄 지요다(千代田)구 중의원 제2의원회관에서 동진회 결성 60주년을 기념하고 일본 정부에 사죄와 보상 입법을 요구하는 행사를 개최했다.[247]

이 책의 서두에서 이미 밝혔지만, 제2차 세계대전 기간 징집과 징용의 결과로 사망한 한국인의 수는 53만 3천 명에 이른다는 추산이 있다.[248] 정확한 숫자와 피해의 규모는 앞으로 더 연구되어야 한다. 중요한 것은 이 피해의 성격이다. 직접적인 학살의 형태는 아니고 일부 자발적 지원도 있었겠지만, 수백만의 식민지 청년들을 징발해 전쟁과 산업현장에 투입하고 수십만을 죽음에 이르게 한 것은 변명의 여지가 없는 국가범죄이다.

247 〈'전범 멍에' 식민지 조선인 모임 동진회, 슬픈 환갑잔치〉, 《연합뉴스》(2015년 4월 1일).

248 Gruhl, *op.cit.*, p. 19.

7장 학살과 민족정신

대량학살과 함께 식민지배라는 정신의 학살을 겪은 피지배민족이 지배국가에 대해 품은 반감은 당연한 것이다. 반일감정과 이것이 집약된 반일민족주의는 한국에서 가장 성공한 이념이 되면서 한국의 대일외교에는 냉철한 판단보다는 수치와 분노와 같은 감정적 요소가 적나라하게 스며있다.[249] 1995년 11월 에토 다카미(江藤隆美) 총무청 장관이 "한일합방으로 일본이 좋은 일도 했다"라는 발언을 했을 때 김영삼 대통령은 "버르장머리를 고쳐놓겠다"라며 대응했고 일본의 여론도 김 대통령의 비외교적 언사에 반발했다. 2012년 임기 말을 앞두고 이명박 대통령이 독도를 현직 대통령으로 처음 방문했고, 그 후 천황에 대해 비외교적인 언사를 사용한 것이 일본에 알려지면서 혐한감정을 자극했다. 이 사건 이후 한국 정부는 이 대통령의 말을 순화시키고 정정했지만, 일본에서는 다음과 내용으로 전달되면서 혐한시위가 일어나

249 유선영,《식민지 트라우마》(푸른역사, 2017), 25쪽.

기도 했다. "(천황에 대해) 한국을 방문하고 싶으면 오라. 중죄인에 걸맞게 손발을 묶고 머리를 바닥에 대고 사죄해야 마땅하다." "몇 달 고민하다 통석의 염, 뭐 이런 단어 하나 찾아서 올 거면 올 필요 없다." '통석(痛惜)의 염(念)'은 1990년 노태우 대통령이 일본을 방문했을 때 아키히토(明仁) 천황이 한국 국민이 겪었던 고통에 사과하며 했던 말이다.

일본의 대량학살 범죄와 식민지배에 대한 반동으로 생겨난 반일민족주의 언사와 행위는 구한말 이래 21세기까지도 쉽게 찾아볼 수 있다. 그런데 일제의 침략으로 이러한 배타적 민족주의가 생겨나기 전에 조선인이 가졌던 정체성은 어떤 것이었을까?

'아이덴티티'라는 말은 원래 영어로 '동질성'을 의미하지만, 한국어로는 '정체성'이라고 번역된다. 민족정체성을 얘기할 때 보통 한 민족은 타민족과 다른 문화, 언어, 관습, 제도 등을 상당 부분 공유하고 있다고 본다. 민족의 특질이라고 할 수 있는 유무형의 자산 중 대표적인 것은 민족정체성에 수렴된다. 그런데 모든 민족이 인종적, 문화적, 언어적 특질을 공유할 필요는 없다. 인종과 문화가 달라도 미국 민족(American nation)과 같은 집단이 형성될 수 있다. 미국 민족의 형성 과정에는 애국심을 불러일으키는 상징과 함께 이것을 전파하는 언론이 중요했다. 전장에게 돌아온 미군의 유해를 담은 관이 성조기에 싸여 제복을 입은 병사들에 의해 운구되고, 이 장면이 펄럭이는 성조기와 오버랩 되면 미국 시민들의 가슴에는 슬픔과 함께 강한 애국심이 솟구쳐 올라올 것이다. 이것은 공통의 언어에 기반을 둔 공동체가 겪는 주요 사건들을 신문, 잡지, 방송 등의 언론이 애국심이라는 가치를 강조해 보도하면서 대중을 결집시키는 역할을 할 때 가능하다. 미국은 민주주의와 시장경제의 확산이라는 가치를 애국심과 결부시키면서 세계 곳곳에서 이주한 인종집단들을 비교적 성공적으로 통합한 공동체이다.

이러한 동질성에 기초해 민족정체성이 형성되고 민족정체성을 바탕으로 민족정신이 생겨난다고 가정해 보자. 이 책에서는 외부와의 접촉이나 충격으로 형성된 민족주의 이전에, 혹은 민족주의의 발호에도 불구하고 항상성을 갖고 민족의 가치와 도덕성을 담보하면서 시대정신과 맥을 같이 하는 어떤 무형의 자산을 민족정신이라고 본다.

민족정신과 민족주의

정신을 얘기하는 철학자로 헤겔을 빼놓을 수 없다. 19세기를 살았던 헤겔에게 있어 민족국가는 그 시대에 처음 세계사의 주체로서 등장하면서 그가 말하는 '세계정신'을 구현하는 행위자가 된다.[250] 이성의 시대를 살았던 헤겔에게 '정신'은 추상적이고 비이성적인 '눈먼 운명'이 장난이 아니라, '지식'에 기반을 두고 이성을 품은 세계사의 정당성을 가리는 법정과 같은 존재였다.[251] 헤겔은 그의 책 《법철학(Grundlinien der Philosophie des Rechts)》에서 민족국가 형성의 철학적, 역사적 의미를 설명하면서 냉엄한 국제정치라는 구조 속에서 세계정신이 한 민족국가에서 다른 민족국가로 역동적으로 이동하는 과정을 묘사한다. 헤겔

250 George Wilhelm Friedrich Hegel, *Elements of the Philosophy of Right*(Cambridge: Cambridge University Press, 1991), p. 374.

251 *Ibid.*, p. 372.

에게는 모든 민족국가가 세계정신의 구현체가 되는 것은 아니다. 민족국가가 세계정신의 구현자가 되려면 다음과 같은 변증법적 과정이 필요하다. 지금까지 자신을 규정지어 온 원칙을 버리면서 자신을 부정하는 더 높은 원칙을 끊임없이 추구하는 민족국가가 보편성을 가진 세계정신의 구현체가 되며, 이것에 실패한 민족국가는 독립을 잃거나 온갖 내우외환에 휩쓸리면서 보편성을 상실한 '특정 국가(particular state)'로 전락한다.[252]

헤겔이 추구한 근대성과 보편성은 19세기의 논리라서 21세기의 시대정신을 담아내지는 못한다. 21세기에도 민족국가는 강하지만 전성기는 지났고 새로운 시대정신이 부상하고 있다. 헤겔의 이론에서 영감을 받을 수 있는 부분은 21세기 물질문명의 횡포로 인해 타락한 정신의 위상을 어떻게 회복하느냐 하는 것이다. 민족국가에 민족정신이 있다면 이 정신이 민족국가 고유의 특질을 보유하면서도 전 세계 인민들을 이어주는 세계정신, 즉 시대정신과 맥을 같이 해야 한다. 그렇지 않으면 민족국가는 자신의 발전과 세계와의 소통을 가능하게 해주는 정신적 자산을 잃어버리고 완고한 민족정체성과 강팍한 민족주의의 포로로 남을 것이다.

정신의 중요성을 강조한 한국의 학자이자 독립운동가는 신채호다. 신채호는 망국의 한을 달래며 독립을 위한 투쟁을 전개한다. 신채호에게 있어서 역사는 아(我)와 비아(非我)의 투쟁이고 국가의 상실은 '민족아(民族我)'의 확대와 재생산을 통해 극복할 수 있다.[253] '민족아'의

---

252 *Ibid.*, p. 374.

253 박동국·박병철, 〈신채호의 역사인식과 민족주의〉, 《민족사상》 6(1)(2012), 98쪽.

확대와 재생산은 주체적인 '역사'를 가진 민족만이 가능하다는 논리는 헤겔의 민족국가와 세계정신의 논리와 일맥상통한다. 헤겔의 '인정투쟁이론'처럼 신채호도 비슷한 맥락에서 "아의 중에 아와 비아가 있으면, 비아 중에도 또 아와 비아가 있어, 그리하여 아에 대한 비아의 접촉이 번극할수록 비아에 대한 아의 분투가 더욱 맹렬"해진다고 했다.[254] 그럼 어떻게 주체적인 역사를 가질 수 있을까? 신채호가 경계한 것은 "무정신의 역사는 무정신의 민족을 산(産)하며, 무정신의 국가를 조(造)"하는 것이었다.[255] 신채호는 민족정신을 망가뜨린 사대주의 역사관과 일본의 식민사관을 극복하고 올바른 민족역사를 정립하는 과정에서 민족정신이 부활할 수 있다고 보았다. 신채호는 3·1운동을 통해 민중의 힘을 확인한 후 민족정신의 재정립을 통해 식민통치를 종식하고자 했다.

신채호는 민족정신과 민족주의를 구분해서 사용하지는 않았지만, 이 책에서 말하는 민족정신에는 민족주의나 민족정체성이라는 단어가 표현할 수 없는 특별한 도덕적 감정, 정의감, 공정성, 양심 등의 무형적 자산들이 녹아있다. 민족정신은 민족공동체의 가치와 이익을 표상함과 동시에, 민족공동체만의 가치와 이익을 초월해 인류 보편적이며 우주적 가치를 담을 수 있다. 이것이 가능한 이유는 인간공동체가 같은 영장류인 침팬지 무리와는 달리 개인의 이익과 공동체의 이익을 조화시키는 데 아주 능하기 때문이다. 자기중심적이고 이해타산적인 성향과 동시에 나와 남을 동등하게 보며 획득한 물건을 정당하게 배

254 김삼웅, 《단재 신채호 평전》(시대의 창, 2005), 323쪽에서 재인용.

255 박동국·박병철, 앞의 글, 98쪽.

분하고 무임승차를 억제하는 정의감과 도덕성을 인류는 갖고 있는데, 이것이 진화인류학적으로 생존 가능성과 유전자 전파 가능성을 높이기 때문이다.[256] 신채호가 주장했듯이 '아'와 '비아'의 투쟁은 시간과 공간이라는 차원에서 벌어진다. 인간의 능력이 지구라는 공간을 넘어서고 있는 21세기의 시대정신은 단순히 지구 위의 인류만을 대상으로 하는 인류애를 넘어 '우주정신'이라는 '공간정신'을 바탕으로 형성되어야 한다. 즉 시간성을 대표하는 '시대정신'과 공간성을 구획하는 '공간정신'이 함께 조망되어야 진정한 정신에 대한 탐구가 가능한 것이다.

민족정신이 정의감, 도덕성, 양심 등을 포함하는 오염되지 않은 인간공동체의 정수라면, 민족주의는 민족의 정체성과 우수함을 드러내 내부의 단결을 도모하고 외부의 인정을 추구하는 운동의 성격이 강하다. 민족정신은 '아'와 '비아'의 조화와 대립 속에서 민족 구성원의 집단 성찰을 통해 획득되지만 쉽게 정의될 수 없는 도덕적, 규범적 성격이 강하다. 한편, 민족주의는 민족의 이익을 구현하기 위한 행동 지침을 제시할 수도 있어서 가시적, 규율적 성격이 강하다. 민족주의는 배타적으로 민족의 우수성을 강조하면서 애국주의나 국수주의로 나아갈 여지가 많은 팽창하는 양(陽)의 성질을 가지고 있지만, 민족정신은 노자의 《도덕경(道德經)》에서 얘기하는 계곡, 통나무, 물, 여인과 같이 음(陰)의 성격이 강한 개념이다. 이 책에서는 민족정신을 민족주의와는 달리 정의감과 도덕성이 내포된 개념으로 사용하며, 홀로코스트를 일으킬 수 있는 국가이성의 범죄를 반성하고 성찰함으로써 민족정체

---

256 Michael Tomasello, *A Natural History of Human Morality*(Cambridge: Harvard University Press, 2016) 참조.

표 9. 민족주의와 민족정신의 차이

	민족주의	민족정신
성격	폭력적(언어폭력 포함), 가시적	비폭력적, 비가시적
기간	단기적	장기적
성질	양	음
작동 원리	대내외적 운동	반성과 성찰

성을 다시 세울 수 있는 민족성의 정수라고 간주한다. 여기서 앞으로 전개할 논의의 명료성과 독자의 이해도를 높이기 위해 민족주의와 민족정신을 간략하게 〈표 9〉로 정리한다.

조선을 얘기할 때 민족정신이 왜 혼미해졌는지 보면 상황은 분명하다. 양반 사대부가 지배한 조선은 고려의 문제 많은 귀족정치를 무너뜨리고 새로운 가치와 제도로 국가를 설계해서 왕조의 기틀을 닦았다. 조선은 자신의 정체성을 설정하면서 명나라의 우월적 지위를 받아들여 사대했고, 명나라가 무너지자 자신을 '소중화'라고까지 했다. 일본은 정체성 형성 과정에서 중국을 상대화하려고 노력했다면, 조선은 중국을 내재화시켰다. 조선의 국가정체성이 확고할 때에는 민중도 여기에 순응해서 조선 특유의 민족정신이 형성되었다. 이상적으로 좋은 면만 표현하면 무력(武力)보다는 학문(學文)을 숭상하는 사회 분위기, 왕도(王道)를 따르는 자애로운 임금과 가족 같은 벼슬아치, 작은 수확에도 만족하고 서로 나누어 가지는 민초들이 그것이다. 하지만 이러한 이상사회는 불가능했고, 임진왜란과 병자호란 이후 이 체제는 개혁되어야 했지만, 왕과 사대부는 구체제를 고수했고, 결국 무능한 임금, 당파싸움, 학정, 민란으로 국가는 자체 붕괴하였다. 일부 지식인들이 민족의 개혁을 논의했지만 이미 일본을 포함한 외세의 침략에 자체적 개혁은 불가능한 것이 되어버렸다. 이러한 내부적 붕괴와 구한말부터 외국에서 유입된 새로운 가치 및 제도와의 충돌이 민족정신에 막대한 손상을 입혔다.

일차적으로 조선의 왕과 사대부가 민족정신을 훼손한 것에 책임이 있다. 민족은 있는데 동질성에 기초한 민족정체성이 사라지고 민족의 구성원들이 사분오열(四分五裂)되어 민족의 미래에 대한 공감대를 잃어버린 것이다. 사대부와 같은 민족 내부의 특정 집단의 전횡으로 인해 나머지 집단들이 무력화된 상태에서 국가의 미래가 결정되어 버렸다면 민족정신은 건전하게 존재할 수 없는 것이다. '아'와 '비아'의 투쟁과 조화를 통해서 끊임없는 자기반성과 개혁을 통한 자기 변신이 필요했는데 독선적 '아'의 고수가 '아'의 자멸로 이어진 것이다. 일부에서는 조선의 왕과 사대부를 미화하면서 이것을 바탕으로 21세기 한국의 민족정체성이나 민족정신을 재확립하자고 하는데 이것이 가능할까? 조선의 왕과 사대부는 역사서나 박물관에 하나의 '부(負)의 유산(negative heritage)'으로 보존되어야 할 존재이고, 21세기 한국은 새로운 민족정체성과 민족정신을 확립해야 한다.

문제는 앞에서 언급한 대로 민족정신의 정립이라는 반성과 성찰 및 자아확대의 과정 없이 구시대적 민족주의에 함몰되면 민족정체성에도 문제가 생기고 민족정신은 깃들 곳을 잃어버린다. 해방 이후 한국전쟁과 냉전을 겪으면서 한국의 민족정체성은 '반일'과 '반공'이라는 두 개의 주춧돌 위에서 형성되었다. 이러한 배타적 정체성은 한국의 대외관계에서 저항적 민족주의로 발현됐다. 지금부터의 숙제는 외부의 침략이라는 자극의 반작용으로 형성된 대항적 민족정체성이 아니라 고유하면서도 배타적이지 않은 민족정신에 기반을 둔 능동적이며 진취적인 정체성을 만들어가야 하는 것이다.

한민족에게는 타인이나 손님을 환대하고, 작은 것도 나누어 가지며 함께 즐기는 뛰어난 민족정신이 잠재되어 있다. 가난하고 힘들어도 늘 노래와 풍류를 잊지 않았던 민족, 조선의 독특한 폐쇄성 이전에 개방적이었던 한민족은 21세기에 새로운 기회를 잡아 K-Pop과 같은 형태의 융합문화를 즐기면서 세계로 수출하고 있다. 조선의 폐쇄성 때문에 잠시 잊혔지만, 한반도는 육지와 바다의 가교로서 다양한 문화의 통로이자 용광로였다. 이러한 시대정신과 공간정신을 자각할 수 있을 때 배타적 민족주의는 잦아들 것이며 포용적 정체성이 형성되면서 민족정신이 고양되는 순간이 올 것이다.

근대성과 정신

편의상 분류하면 '정신(spirit)'과 '마음(mind)'은 하나의 위계적 질서를 내포하고 있다. 정신의 영역은 인간계를 넘어 신적인 영역에 가깝고, 마음은 좋은 마음, 나쁜 마음 등 감정의 상태를 나타내면서 행동과 연계된 일상의 영역이다. 마음은 육체와 불가분의 관계이지만, 정신은 육체에 깃들어 있으면서 육체를 넘어 영적 세계와 끊임없이 교감한다.

상처받은 마음은 치유하고 흐트러진 정신은 똑바로 차리면 되지만 권력과 이권이 교차하는 인간 세상에서 이것이 쉽지 않다. 흐트러지거나 나가버린 정신을 회복할 방법은 개인 및 집단적 반성과 성찰을 통해 영적 영역에서 아직 오염되지 않은 인간성의 정수를 가져와야 한다. 정신의 회복과 고양을 위해서는 현실 세계에서 잠시 물러나 지식의 편식을 해소할 목적으로 다양한 정보를 습득해야 하며, 이렇게 습득된 지식을 자신과 세계가 처한 현실과 비교분석을 하면서 반성과 성찰의 과정을 반복해야 한다.

이 책은 일본제국이 저지른 학살을 민족정신에 대한 학살이라고 주장하면서 한국사회의 반일감정의 기원을 찾아 해결책을 논의한다. 올바른 진단이 올바른 치료로 연결되듯이 손상된 민족정신도 바르게 진단하고 해결책을 찾아야 한다. 19세기의 상황을 진단해 보면 외우내란(外憂內亂)으로 인해 조선인들의 민족공동체는 사실상 붕괴하였으며 민족공동체라는 몸에 깃든 민족정신은 걷잡을 수 없는 착란상태에 빠졌다. 이 틈을 비집고 일본제국은 중국과 러시아라는 경쟁자를 무력으로 물리치고 한반도를 점유했다. 앞에서 언급한 것처럼 구한말의 상황에서 어떤 열강이든 한반도 지배가 가능했다. 이미 내분으로 손상된 민족정신은 일제라는 가해자에 의해 더 큰 상처를 입었고, 이 상처는 100년이 넘는 시간 동안 아물지 않고 대를 이어 한민족에게 계승되어 왔다.

'이성(reason)의 시대'라고 불린 근대기(modernity)는 이성적(rational) 활동의 결과 과학적, 생산적 발전이 전 방위적으로 확대된 시기다. 하지만 근대의 유산은 엄청난 파괴와 살상을 초래했다. 이것이 독일제국에 의한 홀로코스트이고 일본제국의 한반도와 동아시아 침략이었다. 폭력성이라는 오류에 빠진 이성을 제어할 수 있는 장치는 무엇일까?

이것을 이 책은 민족정신으로 부르고 있다. 일본제국이나 대한제국이 제대로 된 민족정신을 가진 민족공동체의 지지를 통해 형성되었으면 20세기 초에 벌어진 침략과 혼란을 어느 정도는 제어될 수 있었을 것이다.

일본이 제대로 된 민족정신을 잃어버리고 타국을 침략한 이유를 앞에서 아렌트의 '수단과 목적의 연쇄'라는 개념을 통해 설명했다. 아렌트는 인간은 죽음에 처해있는 유한한 존재지만, 죽기 위해 태어난 것이 아니라 새롭게 시작하기 위해 살아가는 것이라며, 이러한 조건이 정치가 항상 새로운 가능성에 열려있을 수밖에 없는 환경을 제공한다고 본다.[257] 여기에서 인간의 행동은 예상치 못한 기적과 같은 상황을 일으키는 능력을 포함한다.[258] 하지만 하나의 행동이 시작되면 관련된 행동이 꼬리를 물고 발생하면서 제대로 제어되지 못할 때 재앙적 결과를 양산할 수 있다. 자신의 군사력과 경제력을 믿은 일본은 이성적으로 판단해 약체인 한반도를 우선 점유하고 대륙으로 '진출'하는 것이 일본의 국익에 부합한다는 결론을 내렸다. 이성적 판단에 따른 침략이라는 행동이 연쇄적으로 발생하면서 일본은 제정신이 아닌 가운데 중국, 동남아시아와 미국을 포함한 태평양의 여러 국가들을 침략하다가 패망하게 된다.

아렌트는 행동의 연쇄가 발생하는 상황에서는 과거의 상처를 치료하거나 미래의 불확실성을 극복할 수 없다고 보았다. 과거의 행동에 대한 복수는 행동의 연쇄를 단절할 수 없으며 오직 과거의 행동에 대

257 Arendt, *op.cit.*, p. 246.

258 *Ibid.*, p. 246.

한 끊임없는 용서만이 이 연쇄성을 끊고 새로운 미래를 열 수 있다고 주장했다. 아렌트는 한 사람의 약속은 늘 깨어질 수 있지만 다중은 함께 새로운 미래에 대해 약속할 수 있으며, 다중의 약속은 공동체 속에서 새로운 확신과 집단 권력 행사의 기반이 될 수 있다고 보았다.

아렌트는 플라톤 이후의 '철인왕(哲人王)'이라는 모범을 확립하고자 하는 정치를 부정하면서 행동의 연쇄성이 유발시킨 재앙을 용서를 통해 치료하면서 미래의 가능성을 열고, 이념적, 도덕적, 이상적 모델을 넘어 용서와 약속을 통한 연대라는 대안을 제시했다. 아렌트는 거부와 저항의 몸짓으로는 진정한 행동을 할 수 없다고 보고 거부와 저항을 넘어서 새로운 행동을 시작해야 한다고 주장한다. 인간의 능력으로 늘 새로운 것을 할 수 있다는 아렌트의 주장은 거부와 저항에 치중해 온 사람들의 사고와 행동에 새로운 시각을 던진다.

하지만 아렌트가 주장한 행동, 행동의 연쇄성, 다원성, 유한성, 열린 가능성, 용서와 집단 약속은 유대인에 대한 홀로코스트에 해당하는 논리인데 이것을 일본의 한반도 지배와 반일감정의 치유에 적용할 수 있을까? 일본의 식민지배를 행동의 연쇄성이 일으킨 행위로 볼 수 있고, 한일관계는 다원성과 유한성이라는 양면을 가지고 있지만, 미래는 왜 열려있지 못하고, 용서는 왜 이루어지지 못하고, 서로 간의 집단 약속은 왜 성취될 수 없을까?

홀로코스트란 극단적 사건에서는 이러한 가해와 용서의 과정이 성립하지만, 이 책이 주장하는 정신의 홀로코스트라는 사건에는 왜 이러한 가시적이고 역동적인 변화가 없을까? 홀로코스트는 600만 명의 유대인의 학살, 독일의 분명한 사죄와 지속적인 보상, 전 세계인이 보이는 반유대주의(anti-semitism)에 대한 응징 등으로 하나의 완결된 사건이다. 마치 기승전결이 있는 소설처럼, 실질적인 살상, 범죄에 대한 인정과 보상, 계속되는 단호한 처벌, 그리고 속죄와 구원이라는 대단원의 막이 내려지고 있는 역사이다.

일본의 한반도에 대한 식민지배의 역사는 어떤가? 나치 독일이 자행한 600만 명 규모의 대규모 학살은 없었지만 수만에서 수십만에 달하는 학살은 10여 년 정도의 기간을 두고 벌어졌다. 많은 조선인이 강제노동과 일본군 '위안부'로 끌려가고 한반도에 남아있었던 대다수 조선인은 이등 시민이나 노예 수준의 삶에서 벗어나지 못했다. 육체와 정신의 학살을 겪은 한국인들은 왜 제대로 된 사죄와 보상을 받지 못하고 반일감정도 100년의 세월이 지나도 이렇게 삭지 않고 남아있을까?

정규군 간의 전쟁을 하고 패전을 했다면 "너희들은 왜 일본에 대해 전쟁을 하지 않았느냐?"라고 묻는 중국인들에게도 당당하게 말할 수 있고, 유대인들처럼 수백만이 몰살을 당했다면 가해자의 죄상이 확실해서 일본이 어떤 변명도 할 수 없을 텐데, 왜 일본의 식민지배와 관련된 문제는 이렇게 꼬여버린 것일까? 물론 일본군 '위안부', 강제징용 등에서 일본 제국주의의 죄상은 분명하지만, 홀로코스트와 비교하면 전쟁범죄의 규모에 있어서 차이가 현격하게 작은데도 이 문제는 왜 해결의 실마리도 없이 얽혀있는가?

아렌트가 주장하는 행동의 연쇄성으로 인해 제어될 수 없는 상황에서 일본의 학살과 수탈이 발생했지만, 학살과 수탈이 끝난 상태에서 왜 아렌트가 말하는 용서와 집단 약속을 통한 연대는 발생하지 않을까? 물론 독일인과 유대인 사이에도 충분한 용서와 화해가 이루어졌다고 할 수는 없지만, 한국인과 일본인 사이에는 왜 과거사 문제에 대해 해결의 실마리를 찾지 못할까?

일본의 36년간의 식민지배가 분명히 반일감정의 직접적인 원인이지만, 저자는 반일감정이 지속된 근본 원인 중의 하나를 한국인의 민족정신 손상에서 찾는다. 조선은 성리학이라는 이념이 지배하는 사대부의 나라였다. 이 나라가 19세기에 내우외환을 맞으면서 민족공동체는 몰락의 길을 걸었고, 민족정신은 일본의 점령이 시작되기 전에 큰 상처를 입었다. 이웃 나라인 일본에 하나의 국가로서 제대로 된 전쟁도 해보지 못하고 점령당한 울분과 식민지 기간 겪은 모욕과 고초, 그리고 정부 수립 후 새로운 나라를 건설하는 데 필요했던 반일이라는 이념이 작동하면서 일본을 용서할 수 없는 국가로 낙인찍은 것이다.

물론 일본이 과거의 침략행위에 대해 충분히 사과하고 보상했으면 반일감정은 누그러졌겠지만, 부족한 사과와 보상에 일본의 '진출'이 한국의 근대화에 기여했다는 '망언'까지 계속되면서 반일감정은 해소될 기미를 보이지 않는다. 식민지배가 끝나고 대한민국이라는 국가가 형성될 때도 반일과 반공이라는 두 개의 이념이 결정적인 역할을 했다. 1987년의 시민혁명 이후 본격적인 민주화가 시작되었지만, 한국인임을 표상하는 민족정신은 여전히 혼미하여, 낡은 반일 및 반공이 아직도 한국인의 민족정체성을 표상하는 지표처럼 되어있다. 이러한 지표에서 일탈해서 다른 시각에서 일본군 '위안부' 문제와 같은 과거사에 접근하면 《제국의 위안부》를 쓴 박유하 교수처럼 손가락질을 받거나 소송을 당하게 된다.[259]

러일전쟁에서 러시아가 승리하면서 조선이 러시아의 영향권으로 들어갔다고 가정해 보자. 러시아 혹은 소련도 한국인에게 호의적인 국가는 아니었다. 소련의 스탈린은 1937년 9월부터 10월까지 일본 첩자의 러시아 극동 지방으로의 침투를 막는다는 목적으로 극동 러시아로부터 중앙아시아 지역으로 17만 2천 명에 이르는 고려인들을 강제 이주시켰다. 물론 이주와 정착 단계에서 많은 고려인이 희생되었다.

가해자가 사과했을 경우 피해자가 사과를 받아들이고 용서해야 하지만, 용서와 집단 약속은 선언적 의미의 행위이고 보다 중요한 과거의 청산은 피해자가 상처받은 정신을 스스로 치유할 때 가능하다. 사과와 용서라는 자연스러운 과정을 통해 인정과 화해가 이루어질 수 있지만, 이것이 순조롭지 않을 경우는 어떻게 할 것인가? 피해자가 스스로 피해자와 가해자라는 이분법에서 벗어나 자기 존엄성을 확보하고 자강을 통한 독자성과 새로운 정체성의 확립을 통해 과거를 극복하고 미래로 나아갈 수는 없을까? 일본이 한국인의 자의식과 정체성에 절대적 영향을 미치는 '중요타자(significant other)'의 위상에서 벗어나 여러 타자 중의 하나의 지위로 변모할 때 상처받은 민족정신의 치유도 가능

259 박유하, 《제국의 위안부》(뿌리와이파리, 2013) 참고; 박상현, 〈'제국의 위안부' 소송 4년…박유하, 비판 반박한 책 출간〉, 《연합뉴스》(2018년 6월 11일).

하지 않을까? 한민족이 피해자의 굴레를 벗고 자신의 역사를 개척하는 능동적 주체로서 자리매김할 때 가능하지 않을까? 과거의 가해자와 대등한 지위와 능력에 이르렀다고 판단할 때 상호 간의 협의를 통한 연대도 가능할 것이다.

피해자의 프레임에 갇혀있어서는 과거는 극복되지 않고 영속될 것이며, 새로운 정체성을 획득할 때 과거는 현재와 미래에 제한된 영향을 주는 변수로 남는 것이다. 여기에서 말하는 가해자와 피해자의 대등한 지위는 단지 경제력, 군사력, 외교력의 대등한 지위만을 말하는 것이 아니라 이것이 불가능할 때도 가능한 도덕적, 정신적 능력의 지위를 말하는 것이다. 피해자로서 피해의 규모를 확정하고 보상을 요구하는 것은 당연하지만, 이것보다 더 중요한 것은 과거의 가해자를 극복할 수 있는 역량을 키우는 것이고, 이러한 과정을 통해 피해자라는 정체성을 극복하고 새로운 역사의 주체로서 자리매김하는 것이다.

정신의 학살은 단기간에 극복되거나, 사죄나 보상 그리고 용서를 통해 치유될 수 있는 것이 아니다. 반일이라는 프레임에 묶여 있으면 능동적 주체로 등장할 수 있는 변화의 원천이 차단되어 버리는 것이고, 이 과정에서 경제적 성장도 외교적 능력의 향상도 기대할 수 없다. 세계화된 국제환경에서 이웃의 경제 대국인 일본을 배척하면서 한국이 얻을 수 있는 것은 많지 않다. 일본제국이 저지른 범죄행위는 철저히 조사하고 보상을 요구해야 하지만, 이것은 과거사의 문제로서 한국은 새로운 미래를 설정하고 국가의 발전을 추구하는 데 초점을 맞추어야 한다.

어떻게 정신을 차릴 것인가?

역사는 있는 그대로의 사실을 기술하는 것일까? 아니면 연구자의 성향과 시대정신의 변화에 맞게 늘 역사적 사실에 대한 재해석이 필요할까? '근대 역사학의 아버지' 랑케는 있는 그대로의 역사에 초점을 맞추어 객관적인 사료에 근거한 실증주의 사관을 주장했다. 한편, 카(E. H. Carr)는 《역사란 무엇인가》에서 역사는 "과거와 현재의 끝없는 대화(unending dialogue between the present and the past)"라고 하면서 역사적 사실도 현재를 사는 역사가에 의해 재평가된다고 주장했다.[260] 나아가 크로체(Benedetto Croce)와 같은 역사가는 "모든 역사는 현대사이다(all history is contemporary history)"라고 주장했다.[261] 역사학의 경향은 역사와 현실정치를 나눌 수 없다는 것이다. 하지만 현실정치가 새로운 미래의 건설이라는 과제를 무시하고 역사적 비극의 재조명과 단죄에만 충실하다면 문제가 있는 것이다.

일본의 대륙 침략은 분명히 제정신이 아닌 결정이었고 자국과 이웃 나라에 치명적인 상처를 입혔다. 일본은 군사력으로 열강을 물리치고 조선, 만주, 나아가 중국과 동남아시아, 서태평양까지 점령할 수 있다고 판단했고 이것을 실행에 옮겼다. 독일이 유대인, 집시, 그리고 그들의 기준에 맞지 않는 인간 집단을 말살시키고 아리아인이 주도하는 제국 건설을 설계했듯이 일본제국도 '대동아공영권'이라는 이름 아

260 E. H. Carr, *What is History?*(Harmondsworth: Penguin, 1964), p. 30.

261 David Roberts, *Nothing but History: Reconstruction and Extremity after Metaphysics*(Berkeley: University of California Press, 1995), p. 94.

래 일본이 통치하는 동아시아를 구상했다. 이성적 판단에 따른 행동의 연쇄가 일본과 독일이 주변국을 무차별적으로 공격하고 살육을 자행하게 만든 것이다. 독일과 일본에 부재했던 것은 이성이 아니라 앞에서 언급한 제대로 된 정신이었다. 이성의 판단에 휘말려 정신을 놓친 것이다. 침략과 통치가 이성적으로 가능해 보여도 올바른 정신이었다면 이것이 가능하다고 판단했을까? 유대인과 집시가 말살되어야 할 종족이 아니었듯이, 수천 년을 이어 온 역사적 민족인 한민족과 중국인, 동남아인 들을 강압적으로 통치해 제국을 유지할 수 있다고 일본이 생각했다면 제정신이라고 할 수 없다. 일본은 조선을 병합하면서 영구히 이곳을 통치할 목적으로 엄청난 재원을 소진하면서 경복궁 일부를 허물고 총독부 건물을 웅장하게 건립했다. 잠깐의 지배를 도모했다면 이런 건물을 서울의 중심에 있는 경복궁 앞에다가 짓지 않았을 것이다. 문제는 100년이 지난 지금도 제정신을 차리지 못하고 과거에 대한 반성을 거부하고 있다. 외우내란으로 조선은 이미 오래전에 망했고 새로운 국가가 만들어져 상당한 발전을 이루었지만, 아직 한국인들은 조선에 대한 미련을 버리지 못하고 역사와의 전쟁을 벌이고 있다.

물론 정신을 차리기는 쉽지 않다. 우리가 살면서 제정신으로 보내는 시간이 얼마나 될까? 더구나 문제는 어떤 행동을 할 때 정신을 차리고 하는 것인지를 행동하는 도중에 있는 인간은 알기가 힘들다. 인간은 이성이나 감정에 따라 판단하고 이 결정을 행동으로 옮기기 때문이다. 그러므로 많은 시간이 지나가고 행동의 원인과 결과가 비교적 분명해질 때 비로소 제정신으로 했는지를 알 수 있다. 이런 점에서 정신이라는 용어는 우리에게 당혹감과 함께 일말의 안도감도 준다. 현재의 행동이 어떤 결과를 낳을지 예상하지 못하는 상황에서 본질적 자아의 영역과 교감해 정신을 차린 결정을 내릴 가능성이 멀리 보이는 등대처럼 남아있기 때문이다.

민족정신과 한국

안중근의 이토 히로부미 저격 사건과 3·1운동의 차이는 무엇인가? 안중근의 행위는 항일투쟁이라는 측면에서 조선인뿐만 아니라 중국인에게까지 영향을 미친 큰 사건이었지만, 이 행위는 민족주의의 연장선에 있다. 아무리 많은 죄를 지었어도 죄인을 재판 없이 살해하는 행위를 민족정신에서 나온 행위라고는 할 수 없다. 반면 3·1운동은 비폭력성과 함께 인간 집단이 희구하는 자유라는 측면이 민족자결이라는 당시의 시대정신과 조화된 민족정신의 대외적 표출이다. 3·1운동의 정신은 대한민국의 헌법 전문을 장식하면서 한민족의 표상이 되었다.

동시대를 산 신채호와 이광수의 민족 담론을 비교함으로써 그들이 구상한 민족정신과 근대성을 살펴보자. 신채호의 《꿈하늘》(1916)과 이광수의 《무정》(1917)은 각각 민족의 '각성'과 '개조'를 통해 근대를 지향하는데, 흥미로운 것은 신채호는 을지문덕이라는 역사적 인물을 통해 민족이 다시 깨어나 민족의식을 갖고 대통합과 주권 회복을 이야기하지만, 이광수는 내선일체로 나타나는 근대에의 지향을 통해 민족의 독립보다는 근대성에 초점을 맞춘다.[262] 이런 점에서 신채호는 민족의식의 함양이라는 민족의 내면적인 요소에 초점을 맞추었다면, 이광수는 근대성이라는 보편성으로 포장된 외적인 시선에 주목했다. 미개했던 조선이 근대화로 가는 것은 올바른 방향의 설정이었고 근대성은 보편성을 가진 시대정신이었다. 문제는 근대성의 실현이 대외적으로 주권을 가지고 대내적으로 민족구성원의 평등과 권리를 보장하는 민족국가라는 단위에서 가능하다는 전제를 이광수는 무시하고 선진 제국으로의 동화를 강조했다. 한편 무정부주의자였던 신채호는 다음과 같이 민중의 각성을 토로한다.

> 우리 무산 민중의 최후 승리는 확정 필연한 사실이지만 다만 동방 각 '식민지', '반식민지'의 무산 민중은 자래로 석가, 공자 등이 제창한 곰팡내 나는 도덕의 '독' 안에 빠지며 제왕추장(帝王酋長) 등이 건설한 비린내 나는 정치의 '그물' 속에 걸리어 수천 년 헤매다가 일조에 영(英), 법(法), 일본 등 자본 제국 야수들의 경제적 착취와 정치적 압력이 전속력으로 전진하여 우리 민중을 매돌의 한 돌림에 다 갈아 죽이려는 판인즉 우리 동방 민중의 혁명이 만일 급속도로 진행되지 않으면 동방 민중은 그 존재를 잃어버릴 것이다.[263]

신채호는 3·1운동 이후 상하이에서 임시정부 수립을 위한 29인 모임에 참가하지만, 이승만이 국무총리로 추대되자 임시정부와 결별하고 무장독립투쟁 노선을 주장하는 《신대한》이라는 항일신문을 발간하

262 김희주, 〈'민족'을 바라보는 두 시선—신채호와 이광수를 중심으로〉, 《현대소설연구》 65, 158쪽.

263 신채호, 《신채호 수필선집》(지식을 만드는 지식, 2017), 71쪽.

고 의열단장 김원봉의 초청으로 상하이에서 《조선혁명선언》을 집필했다.[264] 이런 점에서 신채호는 민족정신의 각성을 추구했지만, 민족의 독립을 위한 민족주의운동에도 앞장섰다. 신채호는 망국의 상황에서 민족주의를 추구하면서 독립운동을 한 것이지만, 20세기 말 혹은 21세기 초에 벌어지는 한국의 반일민족주의는 과연 정당성을 보장받을 수 있을까? 식민지 시기의 조선 지식인과 민중의 울분을 대대로 가슴에 담아 토로하고 있는 것은 아닐까? 이 장을 끝내기 전에 한민족의 현주소를 한번 둘러보자.

한민족은 남북한과 재외동포를 포함해 한국이라는 국가로 표상되는 민족을 부르는 말이다. 북한은 국호를 '조선민주주의인민공화국'으로 하면서 민족 전체를 조선민족으로 부르고 있어서 '한민족'이라는 용어는 사실 한반도의 일부에서만 통용되는 용어이다. 북한에서는 한반도를 조선반도라고 하고 일본도 북한과 같은 용어를 사용한다. 불행인지 다행인지 남북한이 공유하면서 자신을 부르는 데 사용되는 단어는 '코리아(Korea)'이다. 이 정도로 민족 내부의 정리가 되어있지 않고 민족정신이 깃들 민족정체성마저 지나치게 이중적이다.

필자가 1990년대의 어느 날 판문점 남북적십자 회담을 기자로서 취재할 당시 군사분계선을 넘어가 판문각 쪽에서 북측 기자와 얘기를 나누고 있었는데 무심코 입에서 '북한'이라는 말이 나왔다. 그리고는 내심 당황한 적이 있다. 적대적 감정을 갖고 전쟁하는 심정으로 싸우는 자리가 아니라면 서로의 정체성을 부인하는 용어를 사용할 필요는 없

264 김삼웅, 앞의 책, 235쪽.

다. 이런 이유로 남북대화에서는 '남측' 혹은 '북측'이라는 용어가 널리 쓰인다. 사실 '고려'라는 국명에서 유래된 '코리아'는 영어뿐만 아니라 발음은 조금씩 다르지만 불어, 스페인어, 러시아어, 독일어 등 많은 언어에서 이 유라시아대륙 동쪽 끝에 있는 반도에 있는 국가와 민족을 지칭하는 단어로 사용되고 있다. 올림픽이나 아시안게임에서 코리아를 쓰는 가장 큰 이유는 '한국', '북한', '한반도', '조선반도' 등이 모두 분열의 언어이기 때문이다. 온전한 민족정신의 실체를 다루기 위해서는 퇴색되지 않은 과거로 돌아갈 필요가 있다. 그래서 조선 이전에 이 민족의 단일 국가였던 고려가 미래의 민족국가의 한국어 이름이 될 수도 있겠다.

8장 학살의 교훈과 한일관계

학살의 기록을 따라가다 보면 우울해질 수밖에 없고 학살자들이 과연 인간인가를 되묻게 된다. 여기에서 냉정해질 필요가 있다. '악의 평범성(banality of evil)'을 얘기하면서 아렌트는 대량학살은 광신도나 정신병자가 벌이는 행위가 아니라 이웃의 평범한 남자가 국가기관에 근무하면서 승진과 같은 목적을 위해 벌이는 어리석은 행위일 수도 있다고 보았다.[265] 대표적인 예로 아돌프 아이히만은 제2차 세계대전 당시 유대인을 유럽 각지에서 폴란드 수용소로 열차로 이송하는 최고 책임자였는데, 500만 명의 유대인을 이송해서 가스실로 보냈지만, 정작 재판에서 본인은 상부의 명령을 성실히 수행한 것뿐이라고 변명했다.

정신을 차리지 않고 근대국가가 탄생시킨 조직 논리와 시류에 흘러가면 이런 범죄를 저지르게 된다. 같은 이유로 대량학살을 저지른 일본군 병사들도 특별한 인간들은 아니었다. 전쟁이 끝나고 귀환해서는

265 Hannah Arendt, *Eichmann in Jerusalem: A Report on the Banality of Evil*(New York: Penguin, 2006), p. 287.

대부분 평범한 아들과 아버지로 나머지 생을 이어갔다. 제2차 세계대전 중 악명 높은 생체실험을 수행한 731부대의 수십 명의 의사들은 연합군 총사령부(GHQ)와의 '연구 기록' 거래로 전범 신세를 면한 후 일본의 주요 의대 의학부장과 의대학장, 일본녹십자 회장, 일본의사회 회장 등을 지내며 의학계에서 두각을 나타내기도 했다.

앞에서 한일 간의 근대사를 학살이라는 관점에서 정리하고 다시 깨어난 민족정신이 구현할 수 있는 새로운 가능성에 대해 논의했지만, 한일관계를 재정립하려면 무엇부터 바꾸어 나가야 할까? 사실 한반도와 일본열도의 주민들은 수천 년간 다양한 교류를 한 이웃으로서 새롭게 정립해야 할 문제들이 한둘이 아니다.

한국인은 흔히 침략기에 발생한 사건들에 대해 진상규명과 함께 사과와 보상을 요구하지만, 학자들이나 이 분야의 전문가들이 연구한 결과물인 과도기 정의(transitional justice)라는 개념을 이용하면 이러한 요구는 정의를 구현하는 데 필요한 여러 요건의 일부일 뿐이다. 진상규명과 함께 진실한 사과와 보상이 이루어지기 위해서는 가해자와 피해자 간의 용서와 화해라는 양자적 관계의 변화와 함께, 양자 및 주변의 다자를 포함하는 구조적인 국제 관계의 변화가 필요하다. 다시 말해, 가해자와 피해자가 화해하고, 이러한 화해의 순간을 미래로 이어지게 할 수 있는 국제적 협약이나 공동체의 구성이 필요한 것이다. 독일의 사과와 보상을 끌어낸 유럽공동체의 형성이 좋은 예이다. 다시 말해, 가해자와 피해자의 관계가 좋지 않고, 국제적으로 화해와 협력에 기반을 둔 지역공동체가 존재하지 않는데, 가해자가 사과와 보상을 할 동기를 느끼지 못한다는 것이다. 게다가 외부적 압력을 가해서

받는 사과와 보상은 일시적일 뿐이다. 왜 이러한 연구 결과를 한국의 많은 학자와 행동가 들은 일반에 적극적으로 소개하지 않고 침묵해 왔을까? 인간관계에서도 사과와 보상은 쉽지 않은데, 국가관계에서 사과와 보상은 훨씬 더 어려운 과정과 제도적 장치가 필요한 것이다.

두 가지 퍼즐

병합기에 발생한 세 건의 참혹한 학살, 그리고 동학농민전쟁과 정미의병전쟁에서 벌어진 더 큰 규모의 학살에도 불구하고 여전히 다음과 같은 두 가지 질문이 가능하다.

1. 독일제국에 의한 600만 명의 유대인 학살 사건인 홀로코스트보다 일본제국의 한반도 지배는 잔혹성 면에서 훨씬 덜했는데, 그 상처는 왜 더 오래가고 한국인의 반일감정은 누그러지지 않고 있는가?
2. 일본은 왜 사과와 보상에 소극적이고, 한국은 어느 수준의 사과와 보상에 만족할 수 있을 것인가? 현재 거론되는 사과와 보상, 그리고 용서와 화해라는 프레임은 한일 간의 문제를 해결할 수 있을까?

이미 언급한 나치의 유대인 학살을 더 논의할 필요는 없다. 그럼 흔히 선진국이라고 부르는 영국이라는 제국은 어떠했을까? 한국인들이나 일본인들은 영국 사람을 '영국 신사'라고 부르기도 하는데 영국은 신사처럼 인도를 통치했을까? 영국의 인도 통치는 일본의 조선 통치와 비슷하게 폭압적이었다. 인도인들은 독립을 약속받고 제1차 세계대전 동안 100만이 넘는 병력을 영국에 제공했다. 그러나 전쟁이 끝나자 영국은 독립에 대한 열망을 단숨에 꺾고 인도에서 폭력적인 반영(反英) 활동을 금지하는 〈롤럿법(Rowlatt Act)〉을 제정했다. 이 법의 정식 명칭은 〈무정부 활동 및 혁명 활동 진압법(Anarchial and Revolutionary Crime Act 1919)〉인데 언론을 통제하고 정치적 반대자를 재판도 없이 장기간 억류할 수 있는 폭압적 법제였다.[266] 영국 군대는 이 법에 반대하는 대중을 학살하는 만행을 저질렀는데 마하트마 간디(Mahatma Gandhi)는 이 법에 반대하여 '비협조 운동(Non-Cooperation Movement)'을 주도함으로써 정치지도자로 급부상했다.

모든 집회와 시위를 금지하는 〈롤럿법〉의 시행을 모르는 상태에서 1919년 4월 13일 인도의 펀자브 지방의 암리차르 시내 잘리안왈라 바그(Jallianwala Bagh) 공원에 1만 5천 명의 군중이 시크교의 축제 중 하나인 바이사키(Baisakhi)를 맞아 모였다. 치안을 담당했던 영국군 지휘관 레지널드 다이어(Reginald Dyer)는 이렇게 시작된 반영 평화 시위에 참가한 군중을 향해 발포 명령을 내렸고, 10여 분 동안 지속된 무차별 사격에 1천여 명 이상이 사살당했다. 총독부의 공식 발표에 의하면 총 379명이 사망하고, 1,200여 명이 다쳤다.[267] 사건이 발생한 잘리안왈라 바그 공원은 2만 8천 제곱미터의 부지에 사방이 벽면 형태로 둘러싸인 구조였는데, 일제에 의한 '제암리 교회 학살사건'의 확대판이다. 이런 학살과 폭정에도 불구하고 인도인들은 4년마다 개최되는 영연방

266 강경선, 〈1858-1919년 사이의 인도정부법에 관한 연구〉, 《남아시아연구》 19(2)(2013), 18쪽.

267 Nigel Collett, *The Butcher of Amritsar—General Reginald Dyer*(London: Hambledon Continuum, 2007), p. 263.

국가들 간의 스포츠 대회인 '커먼웰스 게임(Commonwealth Games)'에 참가하면서 크리켓과 같은 대표적인 영국 스포츠를 함께 즐기고 있다.

이와는 대조적으로 한국인들은 해방 후 70년이 지났는데도 여전히 일본의 침략행위에 대한 분노를 삭이지 못하고 있다. 이러한 분노와 적의에 대해 일본 정부는 대응하지 않거나, 일본군 '위안부' 문제의 경우에는 간헐적으로 사과하고 보상을 지급해 왔다. 이것은 일관되게 반성하고 사죄하는 독일과 아주 다르다. 2019년 3월에 저자가 만난 30대의 젊은 독일 학자는 나치의 만행에 대해 자신의 위 세대가 저지른 일임에도 불구하고 끊임없이 피해자들에게 사죄해야 한다고 학교에서 배웠고 본인도 이러한 마음을 늘 갖고 있다고 했다. 물론 모든 독일인이 이렇지는 않겠지만 일본인들이 받는 역사교육과는 많은 차이가 있다. 일본 교과서에도 과거사 문제에 대해 일본 제국주의가 저지른 오류에 대해 수록하고 있지만, 아베 총리를 비롯한 일본의 보수 지도자들은 이것을 '자학사관'이라고 하면서 역사책에서 지워버리려는 시도를 해왔다. 일본의 보수 세력은 민족주의에 호소하는 한국 지도자들의 언사나 정책을 이용하면서 '혐한론'을 일본 사회에 확산시키고 있다.

사과와 보상이 문제를 해결할까?

이런 양국의 현실에서 사과와 보상 그리고 용서와 화해라는 메커니즘이 작동해서 양국관계를 정상화시킬 수 있을까? 한국인이 가진 정신의 상처는 가해자의 사과와 보상으로 해결될 문제일까? 오랫동안 정

체성의 일부로 자리 잡은 반일감정이 사과와 보상을 받는다고 단숨에 없어지지는 않을 것이다. 오히려 많은 한국인은 피해자의 정체성에 함몰되어 더 많은 사과와 보상을 요구하고 있다. 냉전 이후 일본군 '위안부' 문제가 등장하더니, 2018년 대법원 판결부터는 강제징용이 큰 쟁점이 되었다. 일본은 한국의 점증하는 요구에 대해 '골포스트를 옮긴다(ゴールポストを動かす)'라는 말을 쓰면서 비판한다. 한국의 거듭되는 사과 요구에 한일관계를 유사 동맹으로 만들려는 미국에서도 '한국 피로증(Korea Fatigue)'이라는 말이 나올 정도다. 아베 정권은 이러한 요구에 등을 돌리면서 오히려 사과와 보상을 '자학사관'에 따른 잘못된 조치로 규정하고 다시는 사과하지 않는 국가를 추구했다.

한국인은 어떻게 해야 하나? 앞에서도 언급했지만, 일제의 만행이 독일제국의 홀로코스트만 한 잔학성을 보였다면 일본은 범죄사실에 대해 빠져나갈 구멍이 없어 사과와 보상을 할 수밖에 없었을 것이다. 문제는 외세의 침략이 시작되기 전에 이미 '제정신이 아닌 민족'을 일본이 다른 열강을 몰아내고 강점한 것이다. 보통의 국가였다면 전쟁이 발생했을 것이고, 더 많은 사상자가 발생했겠지만, 조선은 비록 강압적이었지만 국가 간 조약을 통한 병합을 선택했다. 물론 이것도 국제법적으로 말하는 것이고 국제 관계에 무지한 조선인 대다수는 정신이 빠져 어찌할 바를 몰랐을 것이다.

2018년에 인기를 얻은 tvN의 〈미스터 션샤인〉이라는 드라마에 대한제국 시절의 모습이 흥미롭게 묘사되어 있다. 왕실이고, 대신이고, 양민이고를 떠나 '실패국가' 조선을 제멋대로 점유한 열강의 압력 속에서 정신을 잃은 조선인들의 모습이 적나라하게 드러난다. 이 드라마에서 항일운동을 하는 사대부 영애 고애신(김태리 분)이 노비 출신 미 해병대 장교 유진 초이(이병헌 분)에게 "꼴은 이래도 500년을 이어져 온 나라요. 그런 조선이 평화롭게 찢어발겨지고 있소. 나라꼴이 이런데 누군가는 싸워야 하지 않겠소"라고 개탄한다. 이런 실패국가에 일제는 제국의 질서를 도입했고, 조선인들을 그들의 기호에 맞게 근대화시키려고 했다. 조선의 정신 나간 상태는 구한말에 발생해 일본의 강점과 한국전쟁, 냉전을 겪으면서 제대로 된 민족정신이 복구되기가 힘들었다.

과거사에 대한 올바른 인식도 한민족이 원하는 일본의 진정한 사과와 보상도 한일관계가 좋은 이웃 혹은 형제관계로 발전하고 이것을 담보할 수 있는 지역공동체가 형성되어야 가능한 것이다. 한국 혹은 미국의 외교적 압력에 굴복한 일본의 사과는 진정한 사과가 아니고, 또 다른 '망언'으로 이어져 왔다는 것은 주지의 사실이다.

사과와 함께 늘 보상이 문제가 되는데, 보상이나 배상의 형태는 아니었지만 1965년 한일 청구권 협정을 통해 무상 3억 달러, 유상 2억 달러, 상업차관 3억 달러 등 총 8억 달러의 자금이 한국에 유입되었다. 이것은 1962년 11월 12일 김종필 당시 중앙정보부장이 오히라 마사요시(大平正芳) 외무상과 작성한 '무상 3억 달러, 유상 2억 달러, 민간차관 1억 달러 이상'이라는 〈김-오히라 메모〉의 합의가 실현된 것이다. 원래 일본 정부는 8천만 달러 규모의 협력자금 지원을 상한선으로 보고 있었는데, 김-오히라 합의에 격노한 이케다 하야토(池田勇人) 총리는 오히라 외상에게 "네가 총리냐"라는 막말을 했다고 전해지지만, 오히라를 파면하지는 않았다.[268] 하지만 문제는 이 자금이 어떤

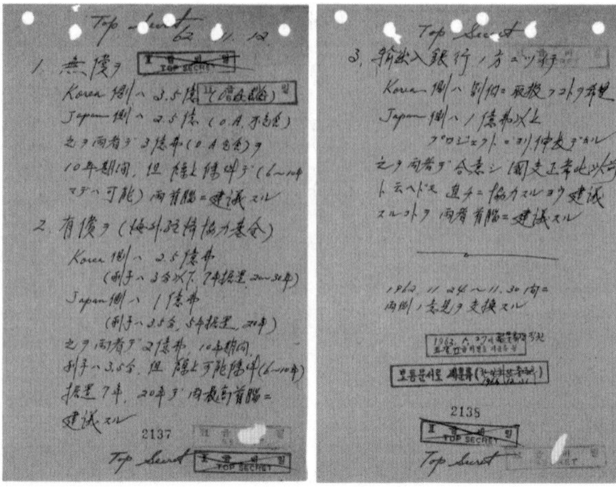

김종필-오히라(大平) 메모 앞쪽(좌)과 뒤쪽(우)(외교사료관 소장)
1962년 11월 12일 김종필 중앙정보부장과 오히라 외상은 '무상 3억 달러, 유상 2억 달러, 민간차관 1억 달러+α' 등의 내용에 합의했다.

성격의 돈이냐는 것이다. 일본은 '독립축하금'이나 '경제자립원조금'이라는 명목으로 이 자금을 지급하기를 바랐고, 박정희 정부는 경제개발을 위한 대규모 자금의 유입이 절실했다. 양국은 식민지배에 대한 사과도 없이 애매한 명목의 자금 지원을 합의하면서 다양한 해석과 개인 소송이라는 불씨를 남겼다.

전문과 7개의 조문으로 구성된 한일협정은 법적 지위 협정, 어업 협정, 청구권 협정, 문화재 협정 등 구체적인 세부 협정과 함께 채택됐다. 일본 정부는 "양 국민 간의 청구권에 관한 문제가 완전히 그리고 최종적으로 해결된 것이 된다"라는 제2조 제1항을 근거로 개인 청구권을 부인해 왔다. 하지만, 2018년 10월 30일 한국의 대법원은 2014년

268 김민배, 〈'對日 청구권 담판' 秘話 털어놓은 김종필〉, 《조선일보》(2010년 8월 28일).

사망한 여운택 씨 등 강제징용 피해자 4명이 신일철주금을 상대로 낸 손해배상청구소송 재상고심에서 "피해자들에게 각각 1억 원을 배상하라"라는 원심판결을 확정했다. 한국의 외교부도 "군 위안부와 사할린 동포, 원폭 피해자 문제는 당시 회담에서 논의되지 않았던 사항으로 청구권 협정의 적용 대상에서 제외돼 개인 청구권이 유효하다"라는 입장을 밝혔다.[269] 대법원은 1965년 한일청구권협정 때까지 일본이 식민지배의 불법성을 언급하지 않았고, 협상 당시 일본이 강제동원 피해에 대한 법적 배상을 원천적으로 부인하면서 한국 정부가 요구한 12억 2천만 달러에 못 미치는 3억 달러의 무상지원에 강제징용 위자료가 포함됐다고 보기 어렵다고 판단했다.

결론적으로 사과와 보상, 그리고 용서와 화해라는 메커니즘은 작동하지 않고 있다. '쇠귀에 경 읽기'라는 말처럼 공염불이 되고 오히려 한국의 외교와 경제발전에 부담이 되고 있다. 이제 한발 물러서서 무엇이 잘못되었는지 반성과 성찰의 시간을 가질 때다.

한국 사회의 개조

사과와 보상, 그리고 용서와 화해의 메커니즘이 작동하지 않는 이유는 일차적으로 가해자인 일본에 문제가 있지만, 한국 사회가 지나치게 반일민족주의로 경직된 것도 사실이다. 욱일기, 다케시마(독도), 일본군 '위안부', 과거사 등의 용어가 나오는 순간 한국인은 긴장하고,

---

269 이정은, 〈1961년 김종필-오히라 '6억 달러 배상' 합의…위안부 드러난 뒤 '반인도적 행위' 책임 부상〉, 《동아일보》(2018년 10월 31일).

어떤 이는 분노하면서 정신을 못 차리고, 어떤 이는 친일적 성향을 보이는 인사들에 대해 폭력성이 높은 검열을 단행한다. 최근에는 '토착왜구'라는 표현이 대두될 정도이다. 이러한 행위는 일본이 한국의 민족정신에 끼친 해악을 생각해 볼 때는 당연하다고 할 수 있지만, 대한민국의 정체성을 재정립하는 데는 장애가 된다. 반일감정에 치우치는 순간 한국은 일본과의 협력을 거부하게 되고 이것은 한국이 동아시아 지역의 혹은 세계의 주요 국가로 성장하는 데 직접적인 장애 요인이 된다.

일본으로부터 제대로 된 사과를 받으려면 한국이 더 강해져야 하는데 일본의 반대에 부딪치면 북한 핵 문제 해결도 남북 간의 화해와 통합도 지장을 받게 된다. 일본에도 문제가 있지만, 한국의 반일민족주의가 양자와 다자적 국제 관계가 정비되지 않은 상황에서 높은 수준의 사과와 반성을 요구하면서 양국의 협력을 방해하고 있다.

반일이라는 감정이 양국관계의 지배적 변수로 남아있는 한 한민족의 정체성은 제대로 정립될 수 없다. 점심에는 돈가스를 먹고 저녁에는 일본의 사케(니혼슈, 日本酒)를 마시면서 입으로는 반일을 논하는 인사들에게 어떤 정체성을 기대할 수 있을까? 일본과 수교도 하지 못한 북한이 일본에 대해 입에 담을 수 없는 욕설을 퍼붓고 있는 상황에서 남한과 일본만의 화해는 민족 전체에 어떤 영향력이 있을까?

정체성이라고 할 때 특히 민족과 같은 집단정체성의 경우에는 구성원들 모두가 동질적일 필요는 없다. 미국의 정치가 민주당과 공화당이 번갈아가며 집권하면서 대외정책과 경제정책에 차이를 보여주고 있는 것처럼 미국은 다양한 사고방식을 가진 집단들의 통합체이다.

미국의 정체성을 조금 일반화시켜서 얘기하면 미국인들은 미국 속에 이렇게 다양한 집단이 존재하고, 다른 집단이 민주적인 선거를 통해 정권을 잡고, 비록 내가 찬성하지 않는 정책을 추진하더라도, 이 정책이 미국의 정체성을 붕괴시켜 버릴 것이라는 걱정을 크게 하지는 않는다.

하지만 한국의 경우는 격렬한 자체 검열이 사회 내부에서 시행되고 있고 이러한 상황이 한일관계를 새롭게 정립할 수 있는 움직임과 정책의 싹을 송두리째 잘라 버린다. 대일관계가 나빠지면 한국이 추구하는 북한 핵 문제의 해결, 한미 동맹의 강화, 새로운 외교 전략 모두에 차질이 불가피하다. 분명히 한국은 일본의 '50년 침략기'에 대한 인식을 가지면서 일본을 대해야 하지만, 과거에 대한 인식이 미래를 볼모로 잡아서는 안 된다.

'영광'과 '치욕'이 교차하는 일본 제국주의의 '문제적 과거' 때문에 역사에 무관심한 일본의 민중보다 한국의 민중이 역사를 제대로 공부해 일제침략기의 트라우마를 극복하고 자강을 통해 일본과의 이웃 관계를 회복할 시점이다. 손병희도 20세기 초 망국의 위기를 맞아 《준비시대》를 쓰면서 외세에 지배받지 않는 자립과 자강의 방법으로 국가가 지향해야 할 네 가지 방향을 제시하는데 그것이 "강국, 부국, 문명국, 자유국"이었다.[270]

270 손병희, 앞의 책, 37쪽.

사과와 보상, 그리고 용서와 화해의 메커니즘이 작동하지 않는 또 다른 이유는 공동체의 경계 조정이 안 되어있기 때문이다. 돌이켜 보면 일본은 냉전 후 식민지배 때문에 발생한 문제들에 대해 여러 번 사과했다. 일본군 '위안부' 동원에 있어서 국가의 개입을 인정하고 사과한 고노 담화(1993)와 종전 50년을 맞아 식민지배와 침략에 대해 사죄와 반성의 뜻을 표명한 무라야마 담화(1995)가 대표적인 경우다. 2015년 아베 총리도 12월 28일 일본군 '위안부' 합의에 즈음해 기시다 후미오(岸田文雄) 외상이 대독한 발표문을 통해 다음과 같이 분명히 사과했다.

> 위안부 문제는 당시 군의 관여하에 다수의 여성의 명예와 존엄에 깊은 상처를 입힌 문제로서, 이러한 관점에서 일본 정부는 책임을 통감함. 아베 내각 총리대신은 일본국 내각 총리대신으로서 다시 한번 위안부로서 많은 고통을 겪고 심신에 걸쳐 치유하기 어려운 상처를 입은 모든 분들에 대해 마음으로부터 사죄와 반성의 마음을 표명함.

그런데도 '망언'이 나오고 이에 따라 한국에서 반일감정이 고조되고 다시 양국관계가 냉랭하게 회귀하는 이유는 무엇일까? 일본의 한반도 진출과 침략으로 인해 발생한 과거사 문제와 영토 문제를 경계가 분명히 설정된 민족국가라는 틀로는 해결할 수 없기 때문이다. 민족국가는 많은 경우 주권을 내세우면서 타국의 입장을 무시하고 자국의 이익만을 맹목적으로 추구하는 근대성의 산물이기 때문이다. 그럼 어떤 방법이 있을까? 민족국가를 넘어 지역협력을 강화하기 위한 공동체의 경계 조정이 필요하다. 즉 양국이 서로를 공동체로 인식하면서 당면한 문제를 대화와 협력으로 풀어나가고자 하는 노력이 없이는 늘 합의는 깨어지고 협력은 중단될 것이다.

유럽공동체 형성 과정에서 프랑스와 독일이라는 쌍두마차가 이러한 공동체의 경계 설정 문제를 어떻게 타협했나를 보면 하나의 모범적인 선례가 보인다. 독일은 제1, 2차 세계대전을 일으킨 국가로서 독일의 전후 처리는 연합국들의 주요 관심사였다. 제2차 세계대전이 끝나면서 엄청난 인명과 재산의 피해를 본 소련의 목표는 독일 전역을 중립화하거나 공산권으로 포함시키는 것이었다. 이에 비해 미국과 영국은 서독을 소련의 영향력에서 분리시켜 공산주의와의 대결에서 가장 강력한 보루로 만들고 싶었다. 이런 목표 아래 미국은 서독의 경제재건을 위한 노력을 시작했고, 그중의 하나가 서독 석탄 생산의 93퍼센트를 차지하고 있는 루르 광산 지역을 연합국들의 공동관리 구역으로 만드는 것이었다.[271] 이에 반해 막심한 전쟁 피해를 입은 인접국 프랑스는 루르 지방을 서독으로부터 완전히 분리시켜 서독의 경제재건을 차단하고 싶어 했다. 하지만 미국과 영국의 압력으로 루르 지방을 서독으로부터 분리하는 것이 불가능함을 깨달은 프랑스는 1949년 연합국들과 함께 국제루르기구(IAR, International Authority for the Ruhr)를 설립해 루르 지방의 석탄, 철강 생산량을 설정하고 감독하는 데 동의한

271 Amos Yoder, "The Ruhr Authority and the German Problem", *The Review of Politics* 17(3)(1955), p. 346.

다. 하지만 프랑스와 연합국에 의한 루르 지방에 대한 간섭은 프랑스와 서독 사이의 긴장을 고조시켰다. 이 시점에 프랑스 외교관 장 모네(Jean Monnet)가 유럽공동체 형성의 첫 단계로 프랑스와 서독의 석탄과 철강 산업의 공동관리라는 통합 구상을 입안하게 된다. 이 구상은 프랑스 외무장관 로베르 쉬망(Robert Schuman)에 의해 쉬망 선언(Schuman Declaration)이라는 이름으로 1950년 5월 9일에 발표된다. 그 핵심은 서독과 프랑스를 중심으로 서유럽의 석탄, 철강 산업을 초국가적 기구 아래 통합하는 것이었는데, 이런 노력의 결과로 1951년 4월 18일 '유럽석탄철강공동체(ECSC, European Coal and Steel Community) 설립 조약'이 파리에서 서명된다.

'유럽의 아버지'라고 불리는 모네는 연방주의자로 유명하지만, 원래 모네는 프랑스의 국익 실현을 우선시하는 5개년(1946-1950) 경제개발계획인 '모네 계획(Monnet Plan)'을 추진한 사람이다. 모네 계획의 핵심은 프랑스의 경제를 재건하고 서독의 재무장을 막기 위해 자원이 풍부한 루르 지방과 라인란트를 프랑스의 관리 아래 두는 것이었다. 하지만 서독의 약화가 소련의 영향력 확대로 이어질 것이라는 미국의 우려를 인식해 탁월한 협상력과 비전을 갖춘 모네는 1947년과 1948년을 전후하여 '유럽 연방주의자'로 변신하게 된다.[272] 결국 제2차 세계대전의 피해국인 프랑스가 동서 대결이라는 국제 관계의 추이를 면밀히 읽고 뛰어난 협상가인 모네의 주도하에 석탄철강공동체 설립을 주도한 것이 무엇보다 중요했다. 석탄철강공동체의 형성이 바로 국가공동체

272 Alan S. Milward, *The European Rescue of the Nation-State*(London: Routledge, 1992), p. 14.

를 넘어 지역공동체로 향한 공동체의 경계 조정인 것이다. 석탄과 철강이라는 전쟁 물자를 공동 관리함으로써 전쟁의 불씨를 제거하고 공동의 경제 이익을 도모할 수 있었다.

이러한 피해국의 노력은 1969년 빌리 브란트(Willy Brandt)가 서독 총리로 집권하면서 동독과 동구권을 향한 '동방정책(Ostpolitik)'의 추진이라는 가해국의 상응하는 노력으로 결실을 맺는다. 제2차 세계대전의 패전국인 독일은 분단과 냉전을 겪으면서 정체성의 혼란기를 겪었다. 서독은 '할슈타인 독트린(Hallstein Doctrine)'으로 대표되는 반공주의 노선을 취했는데, 동독과 수교한 국가와는 공식적인 교류를 하지 않겠다는 정책이다. 브란트는 할슈타인 원칙을 무력화시킴과 동시에 동독 및 동구권과의 관계 개선을 위해 지속적으로 사과하고 영토까지 할양하면서 공동체의 경계를 조정하는 데 모범을 보였다. 브란트의 동방정책은 정체성의 혼란기를 넘어 분단국의 한계를 극복하고 세계의 중심국가로 자리매김하고자 하는 원대한 비전 아래 추진되었다. 나치의 만행에 대해 주변국에 사과와 보상을 하고 화해와 교류를 통해 동서독 간의 평화를 지향하며 폴란드에 대해서는 영토도 할양한다는 대담한 정책이었다. 이 정책은 국내 여론의 반대에 직면했지만, 서독 정부는 꾸준하게 화해정책을 추진했고, 소련의 고르바초프 서기장이 개혁·개방 정책을 시작하면서 기회의 창이 열리자 이것을 활용해 독일 통일을 이루었다.

이러한 피해국과 가해국의 쌍방향적 노력이 프랑스와 서독의 화해를 가져왔고, 양국은 '유럽연합(Europe Union)' 건설에 중심적 역할을 담당했다. 가해국의 사과와 보상도 중요하지만, 피해국이 함께 공동체

레오니트 브레즈네프 소련 공산당 서기장(좌)과 빌리 브란트 서독 총리(우)
(Bonn, 1973 © Barbara Klemm, Institut für Auslandsbeziehungen e. V.)

의 경계를 조정해 가해국이 제대로 된 사과와 보상을 하게 만들어 주는 국제적 환경 조성이 중요했다. 민족주의의 영향으로 소원해진 국가관계에서 과거사에 대한 진정한 사과와 보상을 기대하는 것은 불가능한 것이다. 공동체의 경계 조정이라는 관점에서 프랑스의 노력은 한국에 많은 것을 시사한다. 사과와 보상은 가해자가 마음에서 우러나서 자발적으로 하는 것이지 외부의 압력을 통해서 한다면 그것을 누가 진정한 사과와 보상으로 볼 것인가?

민족정신의 회복—'일제강점기' 용어 문제

'일제시대'를 컴퓨터 자판에 치면 '한컴오피스 2010'에서 자동으로 '시대'가 '강점기'로 바뀐다. 정부 기관들이 일제히 '일제강점기'라는 표현의 사용을 다양한 방법으로 강요하는 상황은 표현의 자유라는 헌법정신에도 맞지 않는다. 민족정신의 회복을 위해서 이 책은 올바른 지식의 탐색과 확장을 우선 주문한다. 많은 역사학자, 법학자, 정치학자, 언론인 등이 36년간의 식민통치 기간을 '일제강점기'로 바꾸어 부르고 있지만, 일본에 의한 군사강점은 러일전쟁을 시작하면서 1904년부터 이루어졌다고 볼 때 이 용어는 문제가 있다.

한국의 근현대사는 왜 50년의 일제침략기라는 키워드를 놓치고 36년의 '일제강점기'에 초점을 맞추는가? 이미 일제의 강점은 그전에 시작되었는데 1910년이 무슨 의미가 있는가? 한국의 많은 역사가, 정치가, 교육자, 언론인 등이 일제가 조선을 병합한 1910년에 큰 의미를 두는 이유는 국가로서의 조선과 지배 권력으로서 이씨 왕조에 애착을 보이고 있기 때문이다. 조선은 왕과 집권 세력인 사대부의 나라였을 뿐만 아니라 인구의 대다수를 이루는 민중의 나라인데 민중의 존재를 역사서술에서 경시하기 때문이다. 무능한 왕과 집권 세력은 이미 역사의 주역이 아니었고 민중이 그 빈자리를 대신했는데도 여전히 엘리트 위주의 기술이 1910년을 주목하게 만드는 결과를 가져왔다. 물론, 민중도 거듭되는 학살, 구금, 고문의 두려움 속에서 식민통치에서 살아남기 위해 1919년 이후에는 침묵하거나 생존 전략을 수정해야 했다.

1910년부터 1945년까지의 일본지배기를 부르는 용어는 역사적으로 여러 번 바뀌었다. 2003년 한국 근현대사 검정 교과서 이후 국사 교과서들이 사용하고 있는 '일제강점기'란 용어는 북한이 만든 용어라는 주장도 있지만, 1970년에도 이미 신문용어로 '식민지시대'나 '일제시대'와 함께 사용되고 있었다. "일제의 수난 다룬 창작 활발"이라는 제목의 《동아일보》 1972년 8월 29일 자 기사를 보면, "일제강점기에 대한 시대사적 의미와 성격이 일반사학을 비롯한 경제 사회 문화사학에 의해 탐구되는 근년의 활발한 국학계 동향과 더불어 문학계에서도 식민지시대를 배경으로 우리 민족사에서 가장 불우했던 한 시기를 소설미학으로 재현하려는 노력이 왕성해졌다"라고 기술하고 있다. 《매일경제신문》도 1972년 10월 30일 자 기사에서 "36년간의 이른바 일제강점기는 이 나라 기초문화의 유지마저 위협한 문화공백을 불가피하게 했다"라고 언급한다. 일제강점기라는 용어가 정착되기 전에 1970년 이후 주로 사용된 용어는 '일제 식민지시대'나 '식민지시대' 혹은 줄여서 '일제시대(日帝時代)'였다.[273] 물론 그전에는 주로 '왜정시대(倭政時代)'라는 용어가 널리 사용되었다.

사실을 따져보면 우리가 아는 일제강점기는 공식 용어인 한일병합조약(韓日併合條約)에 따른 '한일병합기'라고 불러야 합당하다. 그래서 한일병합기만을 일제강점기라고 부르는 것은 문제의 소지가 있으며 36년간의 '일제강점기'를 넘어 청일전쟁(1894-1895) 이후 해방(1945)까지의 약 50년을 '일본침략기'로 명명하는 것이 타당하다고 본다.

---

273 김정인, 〈왜정시대, 일제식민지시대, 일제강점기〉, 《역사비평》 73(2005), 45쪽.

21세기 한일관계에서 태평양전쟁기간에 벌어진 일본군 '위안부'와 강제징용이 주목을 받고 있지만, 이것보다도 더 엄중한 문제는 조선을 강점하기 위해 대량학살을 자행한 일본제국의 국가범죄이다.

친일과 반일의 공존

안중근은 이토 히로부미를 저격함으로써 '민족의 영웅'으로 부상했다. 하지만 일본이 러일전쟁 이후 조선을 보호국으로 만든 것을 보고 반일투쟁으로 돌아섰지, 그전에는 오히려 열렬한 일본제국의 추종자였다. 이런 안중근을 친일행위자로 부를 수 있을까? 안중근은 일본이 동양의 지도국가로서 서구 열강의 침략을 막아야 한다고 생각했다. 안중근은 《동양평화론》에서 러일전쟁에 관해 다음과 같이 말한다.

> 일본과 러시아가 전쟁을 벌인 것은 황인종과 백인종의 다툼이라 말할 수 있다. 그러므로 지난날에 원수로 여겼던 마음이 하루아침에 사라져 도리어 크나큰 애종당(愛種黨, 같은 인종을 사랑하는 무리)을 이루었다. 이것은 또 사람 마음의 자연스러운 이치이니, 이치에 맞는 하나의 이유라고 할 수 있다. 통쾌하고 장하도다! 수백 년간 악행을 저지른 백인종의 선봉 러시아를 단 한 차례의 공격으로 대파하였으니, 천고의 드문 일이며 모든 나라가 기념할 탁월한 공적이라고 할 수 있다. 이때 한국과 청국 두 나라의 뜻있는 사람들이 표정을 같이하기로 꾀하지 않았는데도 기쁨을 가눌 수 없었던 것은, 일본의 정략이 순서에 따라 진척되어 동서양의 하늘과 땅이 처음 갈라진 뒤로 가장 큰 업적

이자 통쾌한 모양임을 스스로 알아차렸기 때문이다.[274]

안중근은 같은 인종을 편애하는 인종주의자였다. 그의 인종주의와 '일본 사랑'은 도를 지나쳐 러일전쟁 이후 시어도어 루스벨트 미국 대통령이 중재한 포츠머스조약을 강력하게 비판하는 데까지 이른다. 미국이 러시아 편을 들어 일본이 배상금을 물지 않게 만들었는데, 안중근은 이 조약이 '불공정' 조약이고 러시아가 이겼다면 미국이 이렇게 하지 않았을 것이라고 애석해 했다.[275]

한 인간의 생각은 변하고 민족국가의 정책도 변한다. 안중근은 일본이 한반도 침략의 의도를 드러내자 친일적 성향을 버리며 일본이 아시아인의 염원을 져버렸다고 보면서 이토를 저격했다. 한 인간은 그에게 주어진 환경에 따라 판단을 내리며 환경의 변화에 부응해 다른 인생 전략을 짤 수 있다. 한 인간은 일생 동안 친일에서 반일로, 혹은 반대로도 바뀔 수 있어 한 인간을 친일파로 낙인찍기는 쉽지 않다. 그래서 어떤 인물을 《친일인명사전》에 올려서 창피를 주는 것은 앞에서 언급한 민족주의운동의 일환이지 한 인간의 일생을 적절하게 평가한 결과는 아니다.

친일과 반일이라는 이분법적 프레임은 태생적으로 문제가 있다. 민족의 생존을 위해서는 적극적으로 외세의 침략에 대해 대항하는 세력도 있어야 하지만, 힘으로 상대가 되지 않는 적을 상대할 때는 타협해서 민족의 생존을 유지하면서 후일을 기약하는 것이 현명한 일이기도

274 안중근, 앞의 책, 90-91쪽.

275 위의 책, 117쪽.

하다.

병자호란 때 2개월간 저항하지 않고 2년간 저항했다고 가정해 보자. 민족이 입은 타격은 상상을 초월했을 것이다. 청에 대해 주화론을 주장한 최명길을 두고 나라를 팔아먹은 행위라는 주장이 있지만, 과연 그를 친청주의자로 매도할 수 있을까? 명에 대한 사대에 전념할 것이 아니라 청나라의 성립 전부터 만주족과 좋은 관계를 유지했더라면 전쟁도 막으면서 전쟁 후에 벌어진 참상도 없었을 것이다. 1636년 일어난 병자호란에서 지면서 조선은 엄청난 공물을 청나라에 바쳐야 했는데, 청나라 군대는 조선에서 '인간사냥'을 하면서 약 50만에 이르는 조선인을 노예로 끌고 갔다고 한다. 이것은 최명길이 병자호란 후 명나라에 보낸 문서에서 추정한 것으로 병자호란 후 150년이 지난 시점에서 정약용은 60만에 이를 것으로 보았다.[276] 이렇게 끌려간 조선의 여성들은 일부를 제외하고는 성노예의 수준에 머물렀고, 살아서 고국으로 돌아온 여성들은 '환향녀'로 불리면서 멸시를 받았다. 중원을 다스리면서 청은 제국으로 부상했지만 이런 수준의 청에게 300년을 속국으로 지낸 조선이었다.

청이 물러가고 일본이 들어와 청에 버금가는 잔혹 행위를 조선에서 벌였다. 저항하는 조선인들의 씨를 말리고자 하는 일본제국의 통치 아래서 더 많은 희생자를 내는 것이 올바른 일일까? 결국 저항할 사람들은 해외로 나가서 반일운동을 한다거나, 조선 내에서 독립운동자금을 몰래 보낸다거나 혹은 비밀무장투쟁을 벌일 수밖에 없었다. 대다

276 주돈식,《조선인 60만 노예가 되다》(학고재, 2007), 77쪽.

수 민중은 침묵하면서 치욕의 시대가 빨리 가기를 원하거나 자신의 생존과 영달에 치중했을 것이다. 조선 엘리트의 무능과 탐관오리의 학정에 시달린 일부는 망국을 축복했을 수도 있다.

여기에서 친일은 두 갈래로 나누어진다. 건실한 민족공동체는 한 개인이 팔아버릴 수 있을 정도로 나약하지 않다. 매국은 국가가 국제시장에 매물로 나왔을 때만 가능하다. 그래서 민족의 장기적 이익을 위해 친일을 한 집단과 개인의 이익을 위해 친일을 한 집단으로 나눌 수 있다. 총독부와 협력하면서 민족의 계몽을 위해 학교, 신문 등을 만들며 민족의 미래를 준비한 사람들을 친일파로 처벌할 수 있을까? 또한, 인생은 짧지 않고 일제 36년도 결코 짧은 기간이 아니므로 한 사람의 인생에서 어떤 공과가 있는지를 잘 살펴야 한다. 이런 점에서 이광수처럼 그의 말년의 친일행적이 드러난다고 해도 그가 국문학에 끼친 영향을 보면 친일의 프레임으로 단죄만 할 수 없다. 그의 공과 과를 함께 봐야 한다.

헤이그에 밀사를 보내 조선의 상황을 세계에 알리려 한 고종의 노력은 어떻게 평가해야 할까? 고종의 노력은 국권을 되찾기 위한 반일·반제국주의운동의 일환이라고 볼 수 있지만, 당시의 세계정세를 볼 때 가능한 일은 아니었다. 일본은 영국과 영일동맹을 맺은 상태에서 두 나라가 대한제국의 밀사를 만국평화회의에 받아들일 가능성은 없었다. 세계정세에 어두운 고종은 이 행위의 실현 가능성이나 실패했을 때에 올 수 있는 보복도 생각해 보지 않았다. 고종의 노력은 결국 대한제국이 보호국의 지위를 잃고 소멸하는 결과로 이어졌다.

그럼 매관매직을 하거나, 부정축재를 하거나, 살인과 살인교사, 혹은 전쟁범죄를 저지른 인사들은 어떻게 평가해야 하나? 당연히 범죄행위로 처벌하는 것이 바람직하다. 이완용의 부정축재가 여기에 포함된다. 한일합방협정에 서명한 공으로 하사금이나 토지를 받았다면 이것은 당연히 수뢰행위이면서 부정축재를 한 것이다. 이것은 과거의 행위에 대한 대가로 사후에 일본에게서 돈을 받은 것이다. 합방으로 하나의 국가가 되었더라도 협정의 시점에서는 다른 국가였는데, 협정에 서명한 공로로 외국 정부로부터 불법 자금을 받은 격이다. 조선의 민중을 전쟁터로 내모는 행위를 한 이활란과 같은 인사들의 정신대 입대 독려 행위도 범죄행위에 해당한다. 언론의 자유를 가정한다면 신문에 자기의 의견을 발표할 수 있다. 이것 자체로는 범죄가 아니다. 하지만 침략전쟁을 비호하고 전쟁 참여를 독려한다면 이것은 반민족행위자인 동시에 그것보다 더 엄중한 전범(戰犯)에 해당하는 것이다. 이런 맥락에서 총독부에서 다양한 관직을 역임한 인사들의 죄상도 다시 한번 검토해야지, 단지 그들이 관직을 역임했다고 반민족행위를 한 것으로 속단할 수는 없다.

21세기의 한국에는 반미주의자들이나 반미단체들이 있다. 이에 반해 본인들이 친미주의자라고 하지는 않지만 '한미동맹'이라는 이름으로 친미를 주장하는 사람들이 많다. 한국이라는 국가 안에는 미국이라는 외국에 대해 친미와 반미를 하는 사람들이 공존하고 이것을 당연하게 생각하는 시대가 되었다. 일본에 대해서도 친일이 본래의 의미를 되찾아 친일세력과 반일세력이 공존하는 사회적 공간이 만들어져야 한다. 친일과 반일이 한국 사회에서 특별한 의미를 지니기 때문에 용어 자체부터 문제가 되지만, 영어로 'pro-Japanese' 혹은 'anti-Japanese'

라고 표현하면 조금은 역사와 기억의 무게가 줄면서 이성적인 정책 논의도 가능해 보이지 않는가. 물론 영어를 쓰자는 말이 아니고 고착된 역사관에서 벗어나자는 말이다. 국가라는 측면에서도 그렇지만 개인적인 측면을 보면 이것은 당연한 논리다. 많은 한국인이 반일감정을 품고 있지만 친절하며 의식 있는 일본인을 만났을 때, 뭔가 좀 불편해진다. 예를 들어 김정희의 〈세한도〉와 다른 많은 유작을 대를 이어서 돈 안 받고 되돌려준 후지쓰카(藤塚) 부자(父子)가 대표적이다.

정신의 부재와 민족주의—독도

무슨 일에 놀라고 당황해서 정신을 차리지 못하는 경우가 있는데 독도 문제가 대표적이다. 독도는 한국이 실효적으로 지배하고 있고, 일본이 무력을 사용해서 점령할 가능성은 희박하다. 하지만 21세기에 들어 한국 외교의 기조와 여론의 동향이 이 문제에 대해 '조용한 외교'에서 '요란한 외교'로 바뀌었다. 이명박 전 대통령이 집권 말기에 독도를 방문하고, 유명가수나 대학교수가 외국신문에 독도 광고를 게재하는 등 반일감정을 고취시키고 일본인의 감정을 자극하는 일이 다수 발생했다. 물론 이런 행위가 애국심의 차원이기 때문에 이해되는 부분도 있지만, 21세기에 이런 민족주의운동이 필요할까?

반일민족주의운동은 독재정권에서는 불가능했었다. 일본의 차관 지원에 몰두했던 박정희 정권과 전두환 정권은 독도 관련 운동을 금지하고 독도를 천연기념물로 지정해 일반인의 출입을 제한했다. 1974년 12월 독도의용수비대장 홍순칠은 중앙정보부에 구인되어 가혹행위를 당하면서 독도에 대해 언급하지 말 것을 강요받았다. 홍 대장 등 33명의 민간인은 개인들의 자금으로 총과 박격포로 무장해 1954년 6월 28일부터 독도에 상륙해 입도하는 일본인들을 몰아내고 '일본령(日本領)'이라고 쓰인 표지 대신 '한국령(韓國領)'이라는 표지를 붙였고, 일본 해상보안청 순시선과 총격전도 벌였다.[277] 이들은 1956년 12월 25일 경찰에 방위 임무를 인계했고, 1996년에는 33명 전원이 국가유공자에 지정됐다.

전두환 정권은 1982년부터 시작되는 제5차 경제개발 5개년 계획을 추진하기 위해 일본의 원조가 필요했는데, 1983년 1월 일본 나카소네 야스히로 총리가 한국을 방문해 전 대통령과 정상회담을 갖고 경제협력 자금 40억 달러 지원을 발표한다. 경제협력 자금을 두고 양국 간의 교섭은 1981년 4월에 시작되는데, 1965년의 한일협정을 위한 교섭처럼 독도 문제도 함께 논의되었다. 전두환의 신군부는 박정희 시대를 마감하고 한일관계에서 새판을 짜겠다며 한일관계 '수정론'을 들고 나왔다. 전두한 정권은 주한 일본 대사에게 한국이 국가 예산의 35퍼센트를 국방 예산에 투여해 일본의 방위와 풍요에 기여하고 있다면서 연간 20억 달러씩 5년간 총 100억 달러의 자금 지원을 요청했었다.[278] 저개발국도 아닌 중진국의 반열에 들어선 한국의 느닷없는 요청을 받고 일본은 망설이면서 교섭을 시작했고, 1965년의 회담처럼 밀사들이 동원되어 타협이 이루어지고 남은 문제는 봉합되었다. 독도 문제에 대

277 신기해, 〈독도 死守했는데 빈껍데기 대우〉, 《한국일보》(2005년 3월 18일).

278 오구라 카즈오, 《한일 경제협력자금 100억 달러의 비밀》, 조진구·김영근 옮김(디오네, 2015), 16쪽.

한 당시 외무장관들의 협의 내용은 다음과 같다.

아베 대신 다케시마 문제에 대해서는 한일 모두 서로의 입장이 있어서 이것을 악화시키지 않도록 하는 것이 한일 양국의 임무라고 생각합니다. 동시에 이 문제에 대해서는 발표할 예정도 없지만, 일본의 외무대신으로서 본국 입장이 있다는 것을 여기서 분명하게 밝혀 둘 필요가 있으며, 이 점을 이해해 주길 바랍니다.

이범석 장관 '독도' 문제에 대한 대신의 국내적 입장은 이해할 수 있습니다(고만 말했다).[279]

한국은 교섭의 막바지인 1982년 11월 20일 독도를 천연보호구역으로 지정하고 민간인의 방문을 금지했다. 관리 및 학술 목적 등으로 출입하고자 할 때는 문화재청장의 허가를 받아 출입할 수 있다.[280]

일본은 매년 《외교청서》(한국의 《외교백서》에 해당)에 독도가 자국 영토란 주장을 되풀이하면서 "시마네(島根)현의 다케시마(竹島—독도의 일본명)는 일본 고유 영토"이고 "한국의 실효지배는 불법 점거"라고 주장하고 있다. 일본의 《방위백서》도 마찬가지이다. 1905년에 벌어진 독도 편입은 일제의 조선 침탈 과정에서 벌어진 일임에도 불구하고 일본은 마치 무주지를 선점한 것처럼 주장하고 있는 것에 대해 한국인들이 분노를 느끼는 것은 당연하다. 하지만 1952년 1월 18일 한국 정부

279 위의 책, 304쪽.

280 〈천연기념물 제336호 독도 천연보호구역〉, 문화재청 국가문화유산포털(http://www.heritage.go.kr/heri/cul/culSelectDetail.do?ccbaCpno=1363703360000&pageNo=1_1_1_1).

가 '인접 해양의 주권에 대한 대통령 선언(일명 평화선, 혹은 이승만 라인)'을 발표해 독도가 한국의 영토이며 그 주변 12해리가 한국 영해임을 선언한 후 한국이 실효적으로 지배하고 있는데 이런 독도 관련 민족주의운동이 필요할까? 아마도 일본에 대해 오랜 기간 쌓인 분노는 식민통치를 겪지 않은 젊은 한국인들에게도 상처를 주었고 이 상처는 한일관계를 지속해서 악화시켜 왔기 때문일 것이다.

일본 외무성에서 만든 독도에 관한 한국어 자료를 본 적이 있는가?[281] 독도에 대한 사전 지식이 없는 독자가 보면 일본 외무성의 주장이 근거가 있는 역사적 사실처럼 보일 것이다. 이것에 대해 동북아역사재단이 조직을 개편하면서 2008년에 만든 독도연구소는 일본의 주장을 조목조목 반박하고 있다.[282] 서로가 서로의 주장을 반박하고 있지만 양국 사이의 작은 무인도에 대해 서로가 영유권을 주장하는 것은 어찌 보면 당연하고 어찌 보면 한심하다. 양국은 과거 수백 년 동안 사료와 자료를 근거로 근대국가 이전부터 자신들이 독도를 영유했다고 주장하지만, 이것이 과연 영유권이나 영토를 주장할 수 있는 근거가 되는지는 불분명하다. 서로의 주장에 따르면 어떤 필요가 발생했을 때 일시적으로 양국의 인물들이 독도를 방문했다고 할 수 있으나 그곳을 실효적으로 계속 지배해 왔다는 것은 과장되어 보인다.

독도는 울릉도와 일본 시마네현의 오키(隱岐)섬 사이에 있는 섬으

---

281 〈竹島の領有権に関する日本の一貫した立場〉, 外務省(https://www.kr.emb-japan.go.jp/territory/takeshima/index.html).

282 홍성근, 〈일본 외무성의 독도 영유권 주장에 대한 반박〉, 10쪽(http://www.dokdohistory.com/cws/board/board.do?mode=download&bid=1031&cid=57378&filename=57378_201706220925524481.pdf).

로 이곳의 어민들에게 독도 상륙은 어로 생활의 일부였다고 할 수 있지만,[283] 이곳을 특정 국가가 실효 지배했다는 것은 하나의 주장일 뿐이다. 일본이 주장하는 실효적 지배는 제국주의적 팽창을 시작하면서 어업과 군사적 목적을 위해 1905년 2월 22일 자 시마네현 고시 제40호를 통해 독도를 영토로 편입시키면서 시작되었다. 이후 강치라고 불리는 바다사자를 잡으러 사람들이 이곳을 방문하면서 결국 강치가 멸종되는 상황을 만들었다. 독도를 어업기지로 이용해 온 오키섬 주민들에 대한 조사 연구에 따르면 인간이 정주하지 않았던 독도의 주인은 바다사자였는데, 오키섬의 일본 어민들이 1904년에서 1941년 사이에 무분별한 어로 행위를 하면서 바다사자를 멸종시켰다.[284] 일본이 20세기 초반의 강치잡이를 독도 영유권의 증거라고 주장하지만, 이것은 영유권의 행사가 아니라 일시적인 약탈 행위에 가깝다.

한국은 시마네현의 고시 이전인 1900년 10월 25일 자로 고시된 대한제국 칙령 제41호가 있다면서 영유권을 주장하지만, 이것도 신뢰성이 떨어진다. 이 칙령에 따르면 울릉군수가 관할하는 구역이 "울릉도 전체와 죽도(竹島), 석도(石島)"로 되어 있는데 '석도'가 바로 독도라는 주장이다. 이 문서를 통해 대한제국이 독도의 영유권을 주장했더라도 이것이 과연 유효한 영유권 주장일까? 내 자식처럼 보이는 인물이 멀리에서 살고 있는데 유전자 내력도 불명확하고 잘 만나지도 않으면서 이름도 석도인지 독도인지, 심지어 우산도인지 불명확하다면 자식이라고 주장할 수 있을까?

---

283 위의 글, 12쪽.

284 주강현, 《독도강치 멸종사》(파주: 서해문집, 2016) 참조.

독도(독도박물관 소장)

일본은 일방적으로 독도를 1905년에 편입한 후 어로라는 목적을 위해 독도를 집중적으로 이용하면서 독도 생태계에 재앙적인 결과를 가져왔다. 일본제국의 패망과 함께 일본이 독도를 관리할 수 없는 1952년이라는 시점이 되자 한국이 일방적으로 평화선을 설정해 독도를 편입하고, 이후 여기를 해양기지화하면서 실효적 지배를 하고 있다. 이러한 상황에서 양국 사이에 있는 무인도에 대해 역사적 기록을 통해 실효적 지배를 논한다는 것이 역사적으로나 국제법적으로 의미가 있을까? 국제법은 근대국가의 성립과 함께 힘의 논리에 치우친 점이 많고, 결국 한국도 힘의 논리에 따라 독도를 현재 실효적으로 지배하고 있을 뿐이다. 일본이 1905년부터 이곳을 영유하면서 독도 생태계에 끼친 행위를 고려해 보면, 한국의 지배가 어떤 가치가 있는지를 민족정신의 관점에서 다시 되새겨 볼 필요가 있다. 요약하면, 일본이 국력을 바탕으로 1905년 시마네현 고시를 통해 독도를 편입하고 어민들이 방문하는 등의 영유권을 행사하기 시작했고, 1965년 3월 이래 현재까지 한국이 공무원과 민간인을 상주시키면서 전면적으로 영유권을 행사하고 있다고 볼 수 있다.

흔히 "역사는 강자의 자서전이고 국제법은 상호주의(reciprocity), 조정(coordination), 공존(coexistence)의 법이기도 하지만 우선적으로 '권력의 법(law of power)'"라는 말이 있다.[285] 영토와 영유권의 문제에 가장 영향을 미치는 요소는 힘이므로 국가와 민족은 어떤 방향성을 갖고 미래 전략을 마련해야 할까. 이웃 국가 간의 소모적인 역사와 국제법 논쟁보다는 자국의 부강을 추구하면서 국제협력을 도모하는 것이 장기적인 안목에서 중요하다. 제대로 된 민족정신을 통해 민족정체성을 확립하고 이러한 정체성에 대해 주변국의 인정을 얻는 것이 현재 자국이 영유하고 있는 곳을 미래에도 영유할 수 있는 가장 현명한 길인 것이다. 민족주의와 국가이성에 경도되어 민족의 이익을 해치는 경우가 많은데, 민족정신이라는 관점에서 장기적인 민족의 이익과 동아시아 지역사회의 평화를 함께 고려하는 현명한 판단을 할 때이다.

일제 잔재의 보존 논란

일본 식민통치의 잔재인 여러 건축물을 두고 벌어지는 '역사적 가치' 대 '수탈의 현장'이라는 논란도 되짚어 볼 필요가 있다. 일제의 흔적

---

285 조기성, 《국제법》(이화여자대학교출판부, 2001), 31-32쪽; Georg Schwarzenberger, *Power Politics*(London: Stevens, 1964) 참조; Georg Schwarzenberger, *International Law: The Law of Armed Conflict*(London, Stevens, 1957) 참조.

을 지우기 위한 한국인의 몸부림은 다양한데 안양 서이면사무소, 충주 조선식산은행 건물 등을 부수어서 존재 자체를 없애야 하는지 아니면 그대로 보존해야 하는지를 두고 치열한 공방으로 비화했다. 지역 개발의 필요성을 주장하며 문화재 지정을 달갑지 않게 보는 주민의 이해관계도 여기에 한몫했다. 서이면사무소의 경우는 해체·복원 과정에서 상량문에 적힌 "조선을 합하여 병풍을 삼았다. 새로 관청을 서이면에 지음에 마침 천장절(천황의 생일)을 만나 들보를 올린다"라는 글이 발견되고 초대 면장이 조선총독부로부터 두 차례 훈장을 받은 사실이 드러나면서 더 큰 논란의 대상이 되었다.[286] 한편, 이 언론 보도에서 독립운동가 후손인 이형진 씨는 "일제 건물이 없어진다고 역사가 사라지는 것은 아니다"라며 "일제의 잔재라고 모두 없애버리면 역사적 교훈은 책에서나 찾아보게 될 것"이라고 주장했다.

1995년에 구 조선총독부 청사를 철거했던 김영삼 정권을 포함해 병합기의 잔재 청산을 주장하는 의견에 대해 이해가 가지 않는 바는 아니나, 한때 일본이 짓고 사용한 건물이라고 다 부순다면 한국에 무엇이 온전하게 남아있을 수 있을까? 부순다고 한국인의 상처 입은 정신이 복구될 것인가? 특히 총독부 건물은 일제강점기에 지어졌지만, 한국이 중앙청이라 불린 정부청사와 국립중앙박물관으로 사용한 유서 깊은 건물이다. 1950년 9월 15일의 인천상륙작전 이후 9월 27일 중앙청을 수복했을 때 한국의 해병대가 이 건물 앞에서 국기를 게양하는 장면은 역사책에서 자주 등장한다. 당시 중앙청은 미 해병 5연대의 작

286 최종호, 〈'역사적 가치' vs '수탈 현장'…일제 흔적 존폐에 양론〉, 《연합뉴스》 (2018년 8월 14일).

중앙청에 게양되는 태극기
한국전쟁 중 촬영된 사진으로 알려졌으나, 당시 모습을 재연해 1954년에 촬영되었다고 전해진다.

전 지역이었지만, 중앙청에 외국군에 의해 국기가 게양되는 것을 막기 위해 '작전에 없는 작전'을 한국의 해병대가 실시했다고 한다.[287] 한국 근현대사의 상징과 같은 이 건물은 반일민족주의의 연장선상에 있는 결정으로 1995년에 철거하고, 첨탑을 포함한 일부만이 독립기념관에 전시되어 있다. 김 대통령 시절에도 이 건물을 부수어야 하나, 온전한 모습으로 위치만 이전해야 되나, 제자리에 두는 것이 옳은가 등의 여러 의견이 분분했지만, 김 대통령이 철거라는 결정을 내린 것으로 알려졌다. 이 건물이 조선의 정궁인 경복궁을 일부 부수고 건립됐

287 박성우, 〈"이제 북녘땅에 통일의 깃발 꽂아야"—중앙청 태극기 게양 박정모 예비역 대령〉, 《자유아시아방송》(2008년 9월 26일).

구 조선총독부 건물 철거 현장(e영상역사관 소장)

고 광화문 앞 세종대로의 시작점에 자리하고 있기 때문에 철거하는 쪽으로 결정이 났는데, 이것은 조선과 대한제국을 대한민국이 계승한다고 보는 시각을 반영한 결정이다. 하지만 필자의 주장은 다르다. 앞에서 언급했듯이 19세기와 20세기의 조선과 대한제국은 구체제로서 타도의 대상이었고 이런 왕조의 궁궐 앞에 건설된 외국의 총독부 건물은 앞에서 독립운동가의 후손이 얘기했듯이 역사적 교훈으로 보존해야 했을 유형의 자산이다. 총독부 건물을 없앤다고 학살과 치욕적 식민 지배가 역사에서 사라지는 것은 아니다. 오히려 하나의 귀감으로 후세에 남겨 두는 것이 옳은 결정이었다.

일본의 잔재를 없애는 노력은 한국의 독자성을 찾는 작업의 일환이지만, 이것이 가능한 작업일까? 한국의 음식 거리에 있는 상당수의 식당이 일본어 상호를 쓰면서 영업하고 있는 것을 볼 수 있다. 이미 한국인의 태도는 일본어를 마치 영어처럼 일반적인 외국어로 받아들이고 있는데 일부 반일민족주의적 시각을 가진 세력들이 과거 회귀적인 언사와 행동으로 한국인의 자율성을 통제하려고 하는 것이다.

사실 천년이 넘는 한반도와 일본열도의 교류사에서 한반도가 일본의 문화와 정체성 형성에 결정적 영향을 미쳤다는 것은 아무도 부인할 수 없다. 하지만 근대 이후 식민통치와 대한민국의 탄생 과정에서 실질적 산파는 일본이었다. 노무현 대통령이 이것을 빗대어 지난 100년 동안 문화는 일본에서 왔다고 언급한 적이 있다. 물론 해방 이후 미국이 군정을 실시하고 그 이후에도 한국에 영향을 미쳐왔지만, 일본의 잔재와 영향은 그 폭과 깊이에서 미국을 초월한다. 한일병합기 36년 동안 일본은 조선을 일본식으로 근대화시켰다. 일본이 패망하고 미군정이 시작됐고, 미국식 민주주의를 배운 이승만이 집권했지만, 민주주의 정신의 구현보다는 이씨 왕조의 재림을 추구한 것과 같은 독재로 국가는 분열되었다. 만주군관학교에서 배우고 일본군에서 근무해 뼛속까지 일본식 제도에 익숙한 박정희가 1961년 이후 20년 가까이 통치하면서 한국은 다시 일본화의 길을 갔다. 박정희 정권은 메이지유신에서 이름만 따온 10월 유신을 통해 저항하는 민중을 탄압했다. 전후 일본의 지배 엘리트가 '미일동맹'에 의지해 경제부흥에 성공했듯이 박정희 정권은 근대화라는 목적 아래 경제발전에 매진했다. 조선의 집권 사대부들은 명이 망하면서 '오랑캐'인 청을 대신해 명의 정통성을 계승한다며 스스로를 소중화(小中華)라고 불렀지만, 박정희는 이 땅에 '작은(小) 일본(大和)' 즉 '소대화(小大和)'를 구현해 놓고 자신의 심복에게 저격당해 죽었다. 박정희의 후예들과 일부 민주주의 세력도 일본식 근대화의 잔재를 청산할 수도 없으면서 '반일'의 기치를 높이 들고 있다. 이미 경제구조나 지식의 형성 과정이 일본화 되어 있는데 자기부정이 힘들고 어디까지 청산해야 하느냐의 경계를 확정하기가 힘들어서 일본 잔재 청산이라는 노력은 늘 딜레마에 봉착해 왔다.

일본 기업의 두 얼굴—신일철주금

일본제국의 식민지배와 패망이 미국과 소련에 의한 한반도 분할로 이어지고, 이것이 한국전쟁으로 비화하면서 대부분의 기반시설은 파괴되었다. 1961년 정권을 잡은 박정희 정권은 경제개발의 기초 산업인 철강업 재건 계획을 세웠지만, 자금과 기술을 조달할 방법이 없었다. 이와 관련하여 당시 주한 일본 대사의 행적을 추적해 보는 것은 의미 있는 일이다. 가나야마 마사히데(金山政英)라는 제2대 주한 일본 대사의 묘지가 일본이 아니라 경기도 파주시에 있다는 것은 이미 언론의 보도로 알려진 사실이다. 가나야마 대사가 1969년 3·1운동 50주년 기념식에 참석했다는 것만으로도 특이한 이력의 소유자라고 볼 수 있는데, 한일 수교 역사에서 3·1절 행사에 참석한 유일한 일본 대사로 기록돼 있다. 하지만 이것보다 더 중요한 이력은 그가 포항제철이 있게 한 숨은 공로자라는 것이다. 그리고 포항제철을 만든 기업이 강제동원 소송에 대한 대법원 판결로 2018년 한국에서 악명이 높아진 신일철주금(新日鐵住金)이다.

신일철주금의 전신은 1934년 설립된 일본제철(日本製鐵)인데,

제2차 세계대전 종전 후 미군정에 의한 재벌 해체 과정에서 야하타제철(八幡製鐵), 후지제철(富士製鐵), 해운사인 일철기선(日鐵汽船, 현 NS 유나이티드해운), 내화재 제조사인 하리마내화연와(播磨耐火煉瓦)라는 4개 회사로 분할되었다. 그중 제철업을 분할 승계한 야하타제철과 후지제철이 1970년 합병되며 신일본제철이 설립되었고, 2012년 10월 1일 신일본제철이 스미토모 금속과 합병되면서 신일철주금이 탄생했다.

여기서 주목할 것은 강제동원 소송의 피고인 신일철주금이 포항제철 설립에 필요한 기술을 지원한 야하타제철소이고, 이 제철소의 이나야마 요시히로(稻山喜寬) 회장의 승인이 없었으면 포항제철의 건설은 어려웠을지도 모른다. 가나야마 대사의 지원 요청을 처음 접했을 때 이나야마 회장은 "나사 하나도 못 만드는 나라가 무슨 제철소냐"라고 핀잔을 주었지만, 가나야마 대사의 지속된 설득이 그를 움직였고, 자금은 일본 정부의 '청구권 자금'으로 충당됐다. 청구권 자금 중 1억 3천만 달러가 포항제철 건설에 쓰였고, 이것이 경제개발의 초석이 되었다. 원래 청구권 자금 중 무상 자금은 농림수산업의 진흥과 원자재 및 용역의 도입에 사용하고, 유상 자금은 중소기업, 광업과 기간산업 및 사회간접자본 부분의 확충을 위해 사용하게 되어 있어 제철소 건설 계획은 자금의 운용범위 밖에 있었지만, 박 대통령은 측근인 박태준을 통해 이 계획을 밀어붙였다.[288] 여기에 한일경제협력이 냉전하의 동서 대치 상태에서 한국과 일본이 안보 이익을 공유한다는 논리가 동원

---

288 니시노 준야, 〈한일 경제 협력 관계의 시작과 제도화 과정〉, 《일본비평》 7(1) (2015), 64쪽.

되었다.

신일철주금은 포항제철과 상호 지분 교환으로 우호적인 관계를 유지해 왔는데, 역사의 아이러니는 신일철주금이 포항제철과 우호적 관계를 유지하기 위해 취득한 지분이 대법원 판결로 인해 압류 대상이 됐다는 것이다. 대법원은 피해자들의 손해배상청구권이 "미지급 임금이나 보상금을 달라는 것이 아니라, 일본 정부의 불법적 식민지배 및 침략전쟁의 수행과 직결된 일본 군수업체의 '반인도적 불법행위'에 대한 '위자료 청구권'"이라고 봤다.[289]

저자가 강제동원 소송에서 신일철주금을 두둔할 어떤 이유도 없지만, 공유하고 싶은 정보는 한일관계의 깊은 뿌리이다. 이웃 국가로서 20세기 초반의 기억만이 작동되어서는 안 되며, 20세기 후반의 기억도 함께 영향을 미치면서 21세기 관계를 설정해야 한다는 것이다.

박 대통령의 사망 이후 집권한 전두환 정권도 경제개발을 위해 외화를 조달할 수 있는 국가로 일본을 택했다. 1981년 한국은 일본에게 두 개의 논리를 주장하면서 5년간 100억 달러 규모의 경협자금을 요청한다. 이 교섭은 당시 일본 외무성의 북동아시아과장이었던 오구라 가즈오 전 주한 대사의 회고록에 잘 묘사되어 있다.[290] 한국은 첫째, 1965년 수교 이래 15년 동안 청구권 자금이 한국에 유입되고 경제협력이 이루어졌지만 수혜자는 누계 200억 달러의 흑자를 본 일본이라고 주장했다. 둘째, 한국이 국민총생산의 6퍼센트, 정부 예산의 36퍼

289 여현호, 〈개인청구권, 한일협정과 별개…피해자에 1억씩 배상하라〉, 《한겨레》(2018년 10월 30일).

290 오구라, 앞의 책, 16쪽.

센트를 군사비에 쓰면서 동서 냉전의 최전방에서 일본을 수호하고 있는데, 세계 제2위의 경제 대국인 일본이 한국의 전력 현대화와 경제발전에 기여해야 한다고 주장했다. 일본으로서는 이미 아시아의 네 마리 호랑이 중의 하나이자 중진국으로 부상한 한국에 막대한 규모의 경협자금을 제공한다는 것이 납득되지 않았고, 더구나 이러한 요청에는 100억 달러의 용처에 대한 구체적인 자료도 제시되지 않았다. 스즈키 내각이 경협자금 지원에 미온적이라서 교섭이 표류했지만 1982년 미일동맹과 동아시아의 상호의존을 중요시한 나카소네 야스히로(中曾根康弘) 내각이 들어선 후 7년간 40억 달러의 경협자금 지원을 약속한다.[291] 한국은 한일경협을 지원하는 미국 레이건 행정부의 비호를 받았고, 레이건은 '론-야스(Ron-Yasu)'라고 불린 나카소네와의 개인적 친분을 적절히 이용했다.[292] 전 대통령은 나카소네 총리의 방한을 맞아 만찬 이후에 둘만의 연회를 열어 노래를 부르고 부둥켜안는 등 우정을 과시했다. 냉전 시기의 한일 양국관계는 정상적인 이웃 관계라기보다는 미국이라는 외압이 존재하고, 양국 간에 미묘한 감정적, 정치적, 법률적 가치들이 교차하는 애증관계였다. 한일관계는 이러한 요인들이 고려되면서 완전한 결별이나 화합이 불가능한 정치적 타협으로 점철된 역사이다.

올바른 과거사의 인식을 위해서는 독립운동 하듯이 한일관계를 몰아가서는 안 된다. 일본은 수탈국이기도 하지만, 경제성장이 필요할

291 손기섭, 〈80년대 일본의 한국과 중국에 대한 원조외교—'정치원조'의 공여내용과 정책결정〉, 《한국정치외교사논총》 35(2)(2014), 245-273쪽.

292 론-야스는 레이건 대통령의 이름인 로널드(Ronald)와 나카소네 총리의 이름인 야스히로의 합성어이다.

때 한국에 자본과 기술을 전수해 준 나라이기도 하다. 결론적으로 강제동원, 일본군 '위안부' 동원, 독도 영유권 다툼, 교과서 문제 등 한일관계는 많은 이슈가 있지만, 이것 외에도 여기에서 언급한 일본의 경제지원과 앞으로 형성될 수도 있는 한미일 '3각 동맹', 한중일 '3국 협력' 등 무수한 관계망에서 일본은 한국의 파트너라는 것이다. 과거를 망각하는 것은 몰지각한 일이지만, 과거에 매몰되어 미래를 희생하는 것은 어리석은 것이다.

마무리하며

일부 일본인들이 내심 식민통치를 통해 한국을 근대화시켰다고 생각한다면 그들의 기억방식을 바꾸기는 쉽지 않다. 단지 이 책은 식민통치를 '근대화'나 '문명화'라는 단어로 포장하기에는 불가능한 대규모 학살이 벌어졌다는 자료를 제시했다. 마찬가지로 19세기 조선은 붕괴할 수밖에 없는 요건으로 충만한 실패국가임을 보여줬다. 이 책은 한일관계사를 분석하면서 세 개의 코드를 사용했다. 학살 코드, 실패국가 코드, 민중 저항 코드가 그것이다. 이 세 가지 코드가 한반도에서 충돌하면서 한국과 일본의 근현대사는 요동쳤다.

여기에 무엇보다도 발상의 전환과 선택적 기억의 수정이 필요한 부분이 있다. 불행했던 한일관계사의 출발점을 1905년의 보호조약이나 1910년의 병합조약보다는 1894년에 발생한 일본군의 경복궁 침범사건인 '범궐'과 동학농민군의 재봉기로 봐야 할 필요성이다. 이 책은 50년의 일본침략기 동안 제1차 학살(동학농민전쟁), 제2차 학살(정미의병전쟁), 그리고 정신의 학살(식민지배)이라는 주요 사건들을 통해 엄청난 규모의 육체적, 정신적 살육이 벌어졌음을 보여줬다.

이 책의 서두에 횟집에서 죽은 연어 이야기를 기억하는가? 다행히 이 연어는 포획되기 전에 강에다가 이미 산란을 한 상태였다. 덕분에 수많은 자손이 다시 삶을 이어나가며 미래를 계획하고 있다. 민족의 삶은 이렇게 회귀하는 연어의 무리와 같다. 사라져서 보이지 않을 듯하다가도 다시 무리를 지어 나타나는 연어처럼 민족은 생존과 번영을 위해 무리를 지어 회귀한다. 연어 떼가 다시 나타나도 이것을 영웅의 귀환이라고 볼 수 없다. 연어 떼 중에 뛰어난 한 마리가 솔선수범해 보를 뛰어넘어 귀환 길을 열었다고 이 연어를 영웅시할 것인가? 오히려 이 책은 민중의 저항사에서 역사의 진보 가능성을 보았다. 민중은 엘리트만큼 영악하거나 유연하지 않지만, 실패를 거듭하면서도 그 특유의 뚝심으로 천천히 역사의 진로를 돌려놓았다.

문제는 민주화를 성취하는 데 결정적 역할을 한 한국의 민중이 반일민족주의를 영속화하는 선택된 기억과 정치 논리에서는 깨어나지 못하고 있다는 것이다. 21세기에는 민족주의 세력과 동아시아공동체를 지향하는 아시아주의 세력, 그리고 전 인류를 동포로 보는 세계시민주의 세력이 함께 논쟁하면서 한국의 여론과 정책을 주도해야 하는데, 민족주의 세력이 지나치게 독주하면서 여타의 세력을 무력화시키고 있다.

다시 한민족의 이야기로 돌아와 "당신은 백범의 삶을 살 것인가, 아니면 동주의 삶을 살 것인가"라는 질문을 받으면 어떻게 대답할 것인가? 당신의 민족을 대변하는 나라가 없어 백범처럼 임시정부를 만들고 민병대나 테러를 통해 핍박하는 제국에 대해 폭력을 통한 저항을 할 수도 있다. 아니면 윤동주처럼 고뇌하고 성찰하면서 민족정신을 담고 인류애를 표출할 수 있는 시를 쓸 수도 있다.

그런데 당신이 21세기에 사는데 같은 질문을 받으면 어떻게 답을 해야 할까? 이미 한민족의 나라는 100년 전과 달리 분단국이지만 독립국의 면모를 갖추고 있다. 그래서 독립투쟁은 하고 싶어도 할 수가 없다. 물론 한국이 온전한 독립국인가라는 질문은 여전히 유효하다. 일본은 침략행위를 미화하거나 과거를 제대로 반성하지 않는 불편한 이웃으로 남아 있고, 미국은 군대를 주둔시키고 한국의 대외정책에 간섭하면서 한국을 불완전한 주권국으로 만들고 있다. 이 책에서 정리한 학살이나 식민통치를 경험한 세대는 서서히 역사의 뒤안길로 물러나고 있고, 한일관계사는 이미 많은 연구와 주장으로 조각보처럼 총천연색이거나 누더기처럼 덕지덕지 세월의 흔적을 드러내고 있다. 중요한 것은 이미 시대가 바뀌어 백범처럼 독립운동 하듯이 일본을 대할 수도 없고, 동주처럼 고뇌하는 지식인으로서 시만 쓰고 있을 수도 없다.

20세기 전반의 일본은 대학살과 식민통치로 한민족의 존재를 부정한 국가였지만, 21세기의 일본은 한국에게 무엇일까? 이 해답은 개별 독자의 몫이다. 20세기 전반의 한민족에게 일본은 극복해야 할 적이거나 배워야 할 선망의 대상이었다면, 21세기의 일본은 한민족에게 특별한 나라가 아닐 수도 있다. 누구에게는 주말 관광의 대상이고, 또 누구에게는 일본군 '위안부' 관련 수요집회의 대상이면서, 또 다른 이에게는 경제협력의 대상이고, 그래서 한일 간에 정보보호협정과 같은 군사협력이 필요한지도 의문이 드는 애매한 이웃 나라가 되어 있다.

심지어 대일외교가 힘드니까 문재인 정부는 일본은 무시하고 신남방정책이나 신북방정책으로 새로운 전략 공간을 확보하고자 시도했다.

그래도 일본을 다시 한번 돌아볼 필요가 있다. 저자의 경험상 한국인과 일본인은 세계의 다른 민족들과 비교해 가장 비슷하고 가장 친해질 수 있는 사람들이다. 특히 외국에 나가면 한국인들은 쉽게 일본인 친구들을 사귄다. 물론 다른 경험을 한 독자들도 많겠지만, 대개 그렇다는 것이다. 한민족과 일본민족이 서로 간의 문제를 해결하기 위해 좀더 가까운 이웃이 되면 어떨까 하는 생각이 들지만, 이 책에서는 여기까지만 얘기하겠다. 지금까지 서술해 온 이야기만 해도 소화하기에는 버거운 내용과 주장이 많았다.

지금까지 한 이야기에 비하면 우리가 아는 시시포스 신화는 너무 단조로운 희극이다. 인간들은 물론 신들까지 감금·살해하고, 사익을 위한 신계(神界)의 기밀정보 누출을 포함해 온갖 악행을 저지른 지능범죄의 화신 시시포스에게 신들은 큰 바위를 언덕 위로 굴리게 하는 벌을 내렸다. 이 처벌의 핵심은 정상에 다다르면 바위는 다시 아래로 떨어져 처음부터 다시 고난의 여정을 반복하게 하는 것이다. 이렇게 반복되는 고난을 인간의 굴레, 혹은 천형(天刑)에 비유할 수 있지만, 알베르 카뮈의 분석은 다르다. 카뮈는 이 형벌이 신의 의도와는 달리 시시포스가 바위보다 더 강한 의지로 부조리한 행위라도 반복함으로써 신이 없어도 이 세상은 헛되거나 메마르지 않으며 그래서 시시포스의 화신인 인간은 행복한 존재라고 결론짓는다.[293] 이성적 판단을 빌린

293 Albert Camus, *The Myth of Sisyphus*(New York: Penguin, 1979), p. 111.

다면 반드시 불행으로 끝맺어야 할 연극이 돌연 부조리한 인간 존재에 대한 찬미라는 의외의 반전을 보인다.

학살로 점철된 일본침략기를 보내고 한국전쟁 후 냉전 동안 자본주의와 공산주의로 나뉘어 이념이 다른 적과 총력전을 벌이느라 바빠서 한일 양국은 자신들의 문제를 1965년의 수교를 통해 봉합만 했지 허심탄회하게 얘기하고 해결할 기회가 없었다. 냉전이 끝난 후 관계 정상화를 위해 수십 번도 넘게 노력했지만, 시시포스의 형벌처럼 문제는 해결되지 않고 다시 원점을 돌아오는 과정만을 반복하고 있다. 시시포스의 형벌이 바위 하나를 산 위로 굴리는 것이라면 한일관계는 아직도 열리지 않은 판도라의 상자와 같아서 어떤 새로운 바위가 튀어나와 양국의 어깨를 무겁게 할지도 모른다.

1965년 한일협정 때는 식민지배, 강제노동, 독도와 같은 이슈가 회담의 주요의제였다면 냉전 후에는 이 이슈들이 해결되지 않은 상태에서 일본군 '위안부' 문제가 터져 나왔다. 아마 연구와 조사가 더 진행되다 보면 동학농민혁명 때 자행된 동학농민군과 주민에 대한 일본군의 학살 혹은 1907년부터 병합 이전까지 발생한 의병이나 주민들에 대한 일본군의 학살이 새로운 이슈로 부상할지도 모른다.

이 책에서 서술한 학살의 규모는 더 연구가 필요하지만, 동학농민전쟁 하나만 봐도 3만 명에서 40만 명에 이르는데, 이것은 난징대학살에 맞먹는 규모다. 일본군은 저항의 씨를 말리기 위해 단순히 동학농민군과 의병을 죽이는 것에 머물지 않고, 그들의 가족과 인근 마을 사람들까지도 몰살시켰으니, 이 상황을 인지한 조선인이라면 일본에 대해 치를 떨면서도 일본군의 가공할 무력 앞에 저항은 바로 죽음이라고 판단했을 것이다. 게다가 조선 정부가 일본군을 도와 동학군과 의병을 진압하는 데 앞장선 상황에서 민초가 느끼는 무력감은 어디에도 비교할 수가 없었을 것이다. 문제는 일본이 학살을 저지른 예외적인 국가는 아니라는 것이다. 다른 많은 서구의 제국주의 국가들도 비슷한 시기 세계 곳곳에서 학살을 감행했다. 이러한 행위를 기록으로 남김으로써 세상에 알리고 비극적 역사의 반복을 막아야 한다.

시시포스의 신화가 인간 존재에 내포된 부조리에 대한 찬미라면 한일관계는 찬미의 대상과는 거리가 먼 부조리극 그 자체이다. 이런 비장하고 쓸쓸한 마음으로 구한말부터 시작된 한국과 일본의 폭력적인 만남에 관해 이 책에서 서술했다. 이 책을 처음 시작할 때는 연구서와 교양서를 하나의 책 속에 담을 수 있을까 하는 의문이 있었다. 이 책은 연구서이기에는 독자의 이해를 돕기 위해 연구서에서는 쓰지 않는 수사적 기법을 많이 사용했고, 교양서이기에는 연구서에서나 찾아볼 수 있는 개념어의 사용이 많았다. 대표적인 예가 민족정신과 민족정체성이라는 말을 번갈아 가면서 썼다. 정체성은 사회학과 정치학에서 많은 연구의 대상이 된 개념어지만 일반 대중이 이해하는 데는 명확하지 않은 부분이 많아서 민족정신이라는 표현을 많이 사용했다. 두 마리 토끼를 다 잡으려다 다 놓치는 결과를 낳을 수도 있지만 일단 시도는 해보았다. 이 책은 연구의 축적을 알려주는 개념화된 용어를 많이 사용하지만, 한편으로 이 책의 주장을 쉽게 대중에게 전달하기 위해 많은 에피소드를 삽입했다.

이 책은 민족 내부의 문제에 관한 서술이면서 두 민족의 관계에 대한 분석이다. 가끔은 역사적으로 너무 얽히고설켜서 완전히 분리된

두 민족이라고 할 수 없는 지리적으로 가까운 이웃의 이야기이다. 또한, 이웃이기에는 엄청난 적의가 자연스럽게 솟아오르는 대상, 혹은 원인 모를 비하의 대상이기도 해서 이 책을 쉽게 써 내려갈 수 없는 한계가 있었고, 저자의 본의와는 달리 쉽게 왜곡될 소지도 많음을 밝혀 둔다.

이 책은 한국과 일본이 제대로 된 민족정신을 가진 나라로 거듭나야 한다는 것을 주장한다. 피해자 혹은 가해자의 프레임을 넘어서 역사의 주체로서 새로운 정체성을 만들어나가야 한다고 주장한다. 민족정신이라는 단어가 나와서 특정 이념 집단을 옹호하는 책이냐고 오해할 수 있지만, 이 책은 좌우익을 떠나 민족공동체에 깃든 정신적 실체에 관한 이야기이다. 이 정신이 가끔은 이성의 난폭성을 제어할 수 있는 하나의 장치로서 기능할 수 있다. 이성적 판단은 올바른 판단이라고 알려졌지만, 이미 앞에서 서술했듯이 바우만과 같은 학자들은 나치 정권이 범한 홀로코스트나 일본의 제국주의적 침략행위가 모두 이성적 판단의 연장선에 있다고 보았다.[294] 이성의 난폭성을 제어할 수 있는 장치가 민족 내부에 필요한데 이것을 민족정신이라는 이름으로 제시했다. 질서정연한 모범사회를 건설하기 위해 자신들의 기준에 맞지 않는 유대인, 집시, 부랑자 들을 모두 말살하려던 나치의 결정이나, 성병을 예방하면서 현지 여성에 대한 폭력을 막기 위해 외부에서 여성을 조달해서 동아시아에 거대한 성노예 프랜차이즈를 건설한 일본제국의 판단이 모두 이성적 판단, 혹은 근대성의 정점에 있다는 것

294 Zygmunt Bauman, *Modernity and the Holocaust*(Ithaca, N.Y.: Cornell University Press, 1989) 참조.

이 밝혀졌다. 이 책은 국가이성이 공멸의 길을 제시할 때, 혹은 이미 정신의 학살이 자행되어 민족정신이 혼미해졌을 때, 반성과 성찰의 과정을 통해 민족에게 다시 영감을 줄 수 있는 꺼지지 않는 불씨와 같은 정신적 자산이 민족정신이라고 보았다.

조선은 일부 선각자들의 노력에도 불구하고 시대정신이라고 볼 수 있는 근대성을 확보하지 못하면서 봉건사회로 남았고 열강의 침탈과 내란으로 통제 불가능한 국가가 되면서 하나의 민족공동체에서 찾아볼 수 있는 민족정신도 일제의 강점이 발생하기 전에 퇴색되거나 변질됐다. 이런 실패국가를 일본제국이 민중의 처절한 저항에도 불구하고 학살을 통해 점령해 버린 것이다.

일본의 부상은 청의 세력을 조선에서 몰아내고 한반도에 대한 일본의 지배를 가속화하는 과정으로 나타나는데, 전쟁은 일본과 청이 혹은 일본과 러시아가 한 것이지만 전쟁의 결과에 가장 큰 영향을 받은 것은 조선이었다. 조선은 청일전쟁으로 청의 속방(屬邦)에서 일차적으로 벗어난 뒤 개혁과 근대화를 모색했지만 실패하고 결국 러일전쟁을 통해 일본의 보호국으로 전락했다. 청일전쟁에서 일본은 승리했지만 승리의 기쁨과 전리품을 충분히 향유할 상황이 되지 못했다. 삼국간섭을 통해 전쟁의 승리는 희석되었으며, 동북아는 패권국이 부재한 혼란기로 접어들었다. 지역패권국이었던 청이 과거의 지위를 상실했지만, 청일전쟁의 전승국은 패권국의 지위에 오르지 못했는데 왜 이러한 현상이 나타났을까? 이것은 지역 강국이 전쟁에서 이기면 역외 강국들의 간섭 때문에 패권의 전환이 아니라 패권의 부재를 의미하는 공위기가 시작되기 때문이다. 부상하는 국가가 지역패권국이 되려면 역외 강국을 물리치거나 역외 강국으로부터 패권국의 지위를 인정받아야 한다. 일본은 마침내 러일전쟁에서 승리함으로써 한반도를 점유하게 되었고, 이러한 점유를 열강으로부터 인정받음으로써 한반도에 대한 패권을 누리게 됐다.

이 책은 일본에 의한 50년간의 학살과 침략을 정리하면서 구체제와 실패국가로 조선을 규정했다. 새로운 인식의 첫걸음은 역사를 직시하는 것이다. 한국인들이 36년의 일제 식민통치의 잔혹성에 매몰되어 그것보다 훨씬 참혹했던 학살의 역사를 잊어버렸고, 더구나 조선에 대한 애착으로 조선이 어떤 국가였는지도 망각해 버렸다. 물론 실패국가를 외세가 들어와서 강점하는 것에 대해 누구도 면죄부를 줄 수 없지만, 실패국가는 늘 외세 개입의 빌미를 준다. 남을 비난하기 전에 우리의 허물도 함께 돌아봐야 미래가 보인다.

이제 한국은 실패국가도, 나라를 빼앗긴 민족도 아닌 비교적 건실한 중견국가이다. 중견국가는 국가 안보적, 경제적 측면에서 보면 강대국과 달리 국가의 역량을 보충하기 위해 주변국과 협력하고 공동체를 만드는 데 앞장서야 할 상황에 있다. 과거사의 해결에 목청을 높이되, 바람직한 한일협력관계 형성에 더 큰 열정을 가져야 한다. 한국이 더 부강하고 도덕적으로 모범국이 되면서 일본과 하나의 공동체에 속해야 학살과 수탈의 대상이 되었던 한민족이 일본인들에게서 진정으로 사과를 받을 수 있는 길이 열릴 것이다. 일본 정부가 간헐적으로 말하는 사과는 내외의 압력에 의한 외교적 수사이거나, 일부 친한적인 인사들의 입장이지, 이웃 혹은 피를 나눈 형제국의 진정한 사과가 아니다. 어떤 면에서 일본은 형제국이다. 백제 이후 한일 두 민족 간의 통혼은 그 수를 헤아릴 수 없을 정도이고, 미래에는 더 많은 결혼으로 이어질 것이다.

앞서 언급한 가나야마 대사가 한일관계가 어려운 시절 용기를 내어 양국 우호를 위해 노력했듯이 더 많은 사람이 용기를 내어 한일관계의 미래를 열어나가야 한다. 이명박 대통령의 독도 방문처럼 한국 사회의 반일감정을 자신의 정치적 목적으로 이용하는 지도자로 인해 한일관계는 평온할 때가 없었지만, 그 피해는 일반 국민이 보고 있다.

3·1운동은 일본의 식민통치를 비난함과 동시에 동양 평화를 위해 함께 협력을 모색하자는 한민족의 염원과 함께 시작됐다. 〈기미독립선언서〉는 조선의 독립은 "일본으로 하여금 그릇된 길에서 벗어나 동양을 지탱하는 자의 중대한 책임을 온전히 이루게 하는 것"이라고 언급함으로써 결코 일본에 대해 배타적 감정을 가지지 말라고 경계하고 있다. 유감스럽게도 많은 한국인이 일제강점기를 넘어 한국전쟁과 냉전이 한참 지난 21세기에도 피해자라는 정신적 교도소에 갇힌 채 벗어날 줄 모르고 있다. 반일감정이 민족정신의 피폐를 가져와 역사의 주체로의 성장을 방해하고 있다.

일본의 침략은 홀로코스트에 버금가는 대량학살과 사그라지지 않는 정신적 트라우마를 남겼다. 21세기까지 이어지는 이러한 트라우마의 원인을 이 책은 제1차 학살(동학당 섬멸), 제2차 학살(남한대토벌), 그리고 정신의 학살(한일병합기)로 나누어 진단했다. 한일병합기를 넘어 50년의 일제침략기를 조망할 수 있을 때 제대로 된 한일 간의 상호인식을 실현할 수 있고 양국관계의 미래도 새롭게 도모할 수 있다.

홀로코스트는 동물을 불에 태워서 신의 제물로 바치는 것이다. 일본의 침략은 길을 잃은 민족의 가슴에 꺼지지 않는 분노의 불을 질렀다. 그러나 이 불이 우리의 앞길을 밝히기는커녕 번갈아 부는 대륙풍과 해풍에 날려 모두를 태워버릴지도 모르는 들불이 될 수도 있다. 불을 무서워했다면 우린 희생양이 되지 않았다. 불길 속으로 제 발로 걸어 들어간 우리 조상들이 있었다. 화염이 강할수록 그 속에서 우리의 허물은 낱낱이 태워 없어지고 우리의 정수(精髓)는 더 빛을 발했다. 불에 타서 산산이 흩어질 백골이 아니라 다이아몬드처럼 견고한 쪽빛 청자가 만들어질 것이다. 이것이 홀로코스트의 의미다. 죽음은 삶보다 더 많은 것을 웅변한다. 그 죽음이 있었기에 우리가 지금 우리의 모습으로 살고 있다.

그런데 우리를 태운 자들에게 우리는 똑같은 방법으로 불질을 해야 할까? 우리 조상을 고문하고 죽인 자들의 후손들에게 그 죽인 자의 몫까지 처절하게 응징해야 할까? 홀로코스트를 당한 조상들이 바라는 것이 모두 같이 죽는 미래일까? 그들이 지키고자 한 것은 무엇일까? 우린 과거의 가해자들과 그들의 후손에게 어떤 마음을 가져야 할까?

우리가 지금 우리의 모습으로 거듭났다면 그것은 우리 속에 태곳적부터 간직된 인간성의 정수가 개화한 것이고, 외부의 적들이 우리를 더 매몰차게 불질한 결과이다. 아직 우리가 우리의 이웃보다 힘으로는 더 강하지 못하더라도 어찌하겠는가? 우린 그 불질 속에서 불사조처럼 다시 태어나 이 땅의 주인 자리를 되찾았다. 미혹의 늪에서 허덕인 우리의 조상들을 노예로 삼은 그들을 넘어, 우리는 새로운 역사의 주인공으로 깨어나고 있다. 우리는 우리의 적들이 한 것과 같은 침략의 역사를 반복하지 말고, 새로 생긴 이 힘으로 이웃과 평화를 도모할 때다. 시시포스처럼 굳이 산 정상으로 돌을 굴리며 고통의 시간을 보낼 필요는 없다. 산 위로 돌을 굴리는 행위는 역사의 무게 때문에 새로운 길을 가지 못하고 과거의 행위를 반복하는 어리석은 자의 모습일 뿐이다. 시시포스의 가면을 벗어 던지면 우린 자유인의 모습을 되찾을 수 있다. 자유인으로서 새로운 세상을 설계하는 자들은 저마다 다른 길을 향해 나아갈 것이다. 왕조의 시대도 가고, 부르주아지의 시대도 극점을 찍었는데, 새로운 시대에 민중은 어떤 역할을 할 수 있을까? 홀로코스트의 의미는 동물의 몸이 타서 남은 잿더미가 아니라 불길 속에서 과거의 몸을 태우고 새롭게 태어나는 인간 정신의 미래에 있다.

참고문헌

사료

국가기록원. 2012.《독립운동 관련 판결문자료집—의병운동 II》.

김구. 1997.《백범일지(주해본)》. 도진순 엮음. 돌베개.

독립운동사편찬위원회. 1983.《독립운동사(제1권—의병항쟁사)》. 동경: 고려서림.

매켄지, F. A. 1975.《대한제국의 비극》. 탐구당.

박은식. 1975.《한국독립운동지혈사》. 서문당.

______. 2012.《독립운동지혈사》. 소명출판.

손병희. 2015.《준비시대》. 오늘Korea.

《承政院日記》. 1908. 3217책(탈초본 141책). 순종 2년 1월 27일.

신채호. 2014.《조선상고사》. 역사의아침.

______. 2017.《신채호 수필선집》. 지식을만드는지식.

안중근. 2019.《동양평화론》. 독도도서관친구들.

오지영. 1996.《동학농민전쟁사료총서》. 화성: 사운연구소.

윤치호. 2015.《3집 국역 윤치호 영문 일기3》. 한국사료총서 번역서3. 과천: 국사편찬위원회.

이돈화. 1933.《천도교창건사》. 경성: 천도교 중앙종리원.

황현. 2008.〈정미(1907) 광무 11년〉.《매천야록》권5. 이장희 옮김. 명문당.

______. 2018.《매천집》. 탁양현 엮음. e퍼플.

内閣統計局. 1930.〈民籍国籍別人口—府県, 総務省統計局昭和5年国勢調査〉. 総務省統計局.

福澤諭吉. 1878.《通俗國權論》. 慶應義塾出版社.

조선군. 1921. 〈間島事件に依る鮮支人死傷者調査の件〉. 国立公文書館 アジア歴史資料センター.

조선군사령부. 1926. 《間島出兵史》. 国立公文書館 アジア歴史資料センター.

조선주차군사령부 엮음. 1971. 《조선폭도토벌지》. 독립운동사 자료집. 독립운동사편찬위원회.

総督府警務局. 1965. 〈騷擾 死傷者数(大正 8年 6月20日)—騷密第四四O三号〉. 《現代史資料 25》. みすず書房.

統監府. 2005. 《第二次韓國施政年報》. 韓國併合史研究資料 60. 龍溪書舍.

Foreign Office. 1895. Confidential. *Further Correspondence relating to Corea and the War between China and Japan, April to June 1895*. December.

______. 1895. Confidential. *Further Correspondence relating to Corea and the War between China and Japan, January to March 1895*. October.

______. 1908. *Consul General Cockburn to Sir Edward Grey*. June 4.

Los Alamos National Laboratory. 1985. "Nuclear Winter: The Anthropology of Human Survival". In *Proceedings of a Session at the 84th Annual Meeting of the American Anthropological Association*. December 6.

McKenzie, F. A. 1971. "A Journey to the 'Righteous Army'". In *The Tragedy of Korea*. 독립운동사편찬위원회.

단행본

강덕상. 2003. 《학살의 기억, 관동대지진》. 역사비평사.

강만길. 2001. 《고쳐 쓴 한국 근대사》. 창작과비평.

계승범. 2011. 《우리가 아는 선비는 없다》. 역사의아침.

구선희. 1999. 《한국 근대 대청정책사 연구》. 혜안.

구완회. 2008. 〈정미의병기 원주의병의 연합노선과 서울진공작전〉. 원주시 엮음. 《원주 정미의병 연구》. 원주: 중앙인쇄소.

김경록. 2018. 《청일전쟁과 일제의 군사강점》. 국방부군사편찬연구소.

김삼웅. 2005.《단재 신채호 평전》. 시대의창.
김승학. 1965.《한국독립운동사》. 독립문화사.
김재근. 1980.〈朝鮮王朝의 水軍〉.《군사》1권. 국방부전사편찬위원회.
다카시 후지타니. 2019.《총력전 제국의 인종주의—제2차 세계대전기 식민지 조선인과 일본계 미국인》. 푸른역사.
바우만, 지그문트. 2013.《현대성과 홀로코스트》. 정일준 옮김. 새물결.
박맹수·이노우에 가쓰오·나카츠카 아키라. 2014.《동학농민전쟁과 일본》. 모시는사람들.
백기인. 2012.《한국근대 군사사상사 연구》. 국방부 군사편찬연구소.
송규진. 2018.《통계로 보는 일제강점기 사회경제사》. 고려대학교출판문화원.
신복룡. 2001.《한국사 새로보기》. 풀빛.
신용하. 2003.《의병과 독립군의 무장독립운동》. 지식산업사.
오구라 카즈오. 2015.《한일 경제협력자금 100억 달러의 비밀》. 조진구·김영근 옮김. 디오네.
禹寬壕·金鎭奎. 2015.《上野, 高取 陶磁器硏究》. 한국고미술문화재진흥협회.
원주시 엮음. 2008.《원주 정미의병 연구》. 원주: 중앙인쇄소.
유선영. 2017.《식민지 트라우마》. 푸른역사.
유완식·김태서. 1985.《북한 30년사》. 현대경제일보사.
이양자. 1981.《淸의 對朝鮮政策과 袁世凱》. 역사와세계.
일본의 전쟁 책임 자료센터 엮음. 2011.《일본의 군 '위안부' 연구》. 동북아역사재단.
임지현. 2019.《기억전쟁—가해자는 어떻게 희생자가 되었는가》. 휴머니스트.
장박진. 2014.《미완의 청산—한일회담 청구권 교섭의 세부 과정》. 역사공간.
전형택. 1989.《조선후기 노비신분연구》. 일조각.
정경희. 2015.《한국사교과서 무엇이 문제인가》. 비봉출판사.
정태헌. 2010.《문답으로 읽는 20세기 한국경제사》. 역사비평사.
조경달. 2008.《이단의 민중반란 동학과 갑오농민전쟁 그리고 조선 민중의 내셔널리즘》. 박맹수 옮김. 고양: 역사비평사.
조기성. 2001.《국제법》. 이화여자대학교출판부.
주강현. 2016.《독도강치 멸종사》. 파주: 서해문집.
하라 아키라. 2015.《청일·러일전쟁 어떻게 볼 것인가》. 김연옥 옮김. 살림.

한홍구. 2003.《대한민국사》. 한겨레출판.
홍영기. 2017《한말 후기의병》. 한국독립운동사편찬위원회.
______. 2017.《한말 의병에서 독립군으로》. 선인출판사.

吉見義明. 1995.《従軍慰安婦》. 東京: 岩波親書.
吉野作造. 1963.〈朝鮮人虐殺事件〉.《現代史資料6 関東大震災と朝鮮人虐殺》. みすず書房.
山室信一. 2003.〈國民帝國論の射程〉. 山本有造 編.《帝国の研究—原理·類型·関係》. 名古屋大学出版会.
山室信一·中野目徹(校注). 1999.《明六雑誌》上. 岩波書店.
成田龍一. 2007.《大正デモクラシー》[シリーズ日本近現代史(4)]. 岩波新書.
安川壽之輔. 2000.《福澤諭吉のアジア認識》. 高文研.
原田敬一. 2007.《日清·日露戦争》. 岩波新書.
二木ふみ子. 1993.《震災下の中國人虐殺一中國人労動者と王希天はなぜ殺されたか》. 青木書店.
平野龍二. 2015.《日清·日露戦争における政策と戦略—「海洋限定戦争」と陸海軍の協同》. 千倉書房.
河野良輔. 1981.〈萩焼—萩藩窯の成立と發展〉.《古萩—その原流と周邊 圖録》. 山口縣立美術館.

蘇智良. 1999.《慰安婦研究》. 上海: 上海书店出版社.

Arendt, Hannah. 1958. *The Human Condition*. Chicago: University of Chicago Press.
______. 2006. *Eichman in Jerusalem: A Report on the Banality of Evil*. New York: Penguin.
Arreguin-Toft, Ivan. 2005. *How the Weak Win Wars: A Theory of Asymmetric Conflict*. Cambridge: Cambridge University Press.
Barth, Volker, and Roland Cvetkovski (eds.). 2017. *Imperial Cooperation and Transfer, 1870-1930: Empires and Encounters*. London: Bloomsbury.
Bauman, Zygmunt. 1989. *Modernity and the Holocaust*. Ithaca, N.Y.: Cornell University Press.

Braudel, Fernand. 1980. *On History*. Chicago: University of Chicago Press.

Camus, Albert. 1979. *The Myth of Sisyphus*. New York: Penguin.

Collett, Nigel. 2007. *The Butcher of Amritsar: General Reginald Dyer*. London: Hambledon Continuum.

Dawidowicz, Lucy S. 1975. *The War Against the Jews: 1933-1945*. New York: Holt, Rinehart and Winston.

Dower, John. 1986. *War without Mercy: Race and Power in the Pacific War*. New York: Pantheon Books.

Elleman, Bruce. 2001. *Modern Chinese Warfare, 1795-1989*. London: Routledge.

Ellis, John. 1986. *The Social History of the Machine Gun*. Baltimore: Johns Hopkins University Press.

Fuchs, Eckhardt, Tokushi Kasahara, Sven Saaler (eds). 2018. *A New Modern History of East Asia*. Göttingen: V&R unipress.

Fukuyama, Francis. 1992. *The End of History and the Last Man*. New York: Free Press.

Gilpin, Robert. 1981. *War & Change in World Politics*. Cambridge: Cambridge University Press.

Gruhl, Werner. 2007. *Imperial Japan's World War Two 1931-1945*. New York: Routledge.

Hegel, George Wilhelm Friedrich. 1977. *Hegel's Phenomenology of Sprit*. Oxford: Oxford University Press.

______. 1991. *Elements of the Philosophy of Right*. Cambridge. Cambridge University Press.

Hochschild, Adam. 1999. *King Leopold's Ghost: A Story of Greed, Terror, and Heroism in Colonial Africa*. Houghton: Mifflin.

Howell, David L. 2005. *Geographies of Identity in Nineteenth-Century Japan*. Berkeley: University of California Press.

Kindleberger, Charles P. 1973. *The World in Depression 1929–1939*. Berkeley: University of California Press.

Kossler, Reinhard. 2015. *Namibia and Germany: Negotiating the Past*. Windhoek: University of Namibia Press.

Kratoska, Paul H. (ed). 2005. *Asian Labor in the Wartime Japanese Empire: Unknown Histories*.

New York: Routledge.

Mann, Michael. 1988. *States, War and Capitalism: Studies in Political Sociology*. Oxford: Blackwell.

Milward, Alan. 1992. *The European Rescue of the Nation-State*. London: Routledge.

Nye, Joseph. 2004. *Soft Power: The Means to Success in World Politics*. New York: Public Affairs.

Olson, Mancur. 1965. *The Logic of Collective Action*. Cambridge: Harvard University Press.

Palais, James. 1996. *Confucian Statecraft and Korean Institutions: Yu Hyongwon and the Late Choson Dynasty*. Seattle: University of Washington Press.

Schwarzenberger, Georg. 1957. *International Law: The Law of Armed Conflict*. London, Stevens.

______ 1964. *Power Politics*. London: Stevens.

Tilly, Charles. 1975. *The Formation of National States in Western Europe*. Princeton: Princeton University Press.

Tomasello, Michael. 2016. *A Natural History of Human Morality*. Cambridge: Harvard University Press.

Tucker, Spencer. 2009. *The Encyclopedia of the Spanish-American and Philippine-American Wars*. Oxford: ABC-CLIO.

Weber, Max. 1994. *Weber: Political Writings*. Cambridge: Cambridge University Press.

Wright, William. 2012. *Battle Story: Omdurman 1898*. Gloucestershire: History Press.

Zinn, Howard. 2005. *A People's History of the United States, 1492-Present*. New York: Harper.

논문

강경선. 2013. 〈1858-1919년 사이의 인도정부법에 관한 연구〉. 《남아시아연구》 19(2).

구선희. 1996. 〈갑신정변직후 反淸政責策과 청의 袁世凱 파견〉. 《사학연구》 51.

권내현. 2015. 〈내재적 발전론과 조선 후기사 인식〉. 《역사비평》 111.

김도형. 2014. 〈일제 말기 필리핀·버마지역 한인 병사의 강제동원과 귀환〉. 《한국독립운동사연구》 47.

김무용. 2016. 〈여순사건 진압을 위한 대항 게릴라 작전과 민간인 희생화 전략〉. 《역사연구》 31(1).

김상기. 1992. 〈조선말 홍주의병의 봉기원인과 전개〉. 《수촌 박영석교수 회갑기념 한민족 독립운동사 논총》. 농촌간행위원회.

김선표. 2017. 〈실패국가에 대한 국제사회 개입 문제—북한 관련 함의와 대응방안에 소고〉. 《서울국제법연구》 24(1).

김양수. 2009. 〈관동대지진을 응시하는 세 개의 시선—郭沫若·李箕永·中島敦〉. 《중국문학연구》 39.

김의환. 1987. 〈1909年의 抗日義兵部隊의 抗戰〉. 《민족문화논총》.

김정인. 2005. 〈왜정시대, 일제식민지시대, 일제강점기〉. 《역사비평》 73.

김희주. 2017. 〈'민족'을 바라보는 두 시선—신채호와 이광수를 중심으로〉. 《현대소설연구》 65.

노성환. 2010. 〈일본 하기의 조선도공에 관한 일고찰〉. 《일어일문학》 47.

니시노 준야. 2015. 〈한일 경제 협력 관계의 시작과 제도화 과정〉. 《일본비평》 12.

노시환. 2010. 〈한일병합조약 체결강제의 역사적 진실규명과 국제법적 조명〉. 《국제법학회논총》 55.

박동국·박병철. 2012. 〈신채호의 역사인식과 민족주의〉. 《민족사상》 6(1).

박성수. 1981. 〈1907년의 의병전쟁〉. 《군사》 2.

박은숙. 2003. 〈갑신정변 주도세력의 참여층 포섭과 무력동원〉. 《한국근현대사연구》 27.

박현모. 2007. 〈세도정치기(1800−63)의 정국운영과 언론 연구〉. 《한국동양정치사상사연구》 6(1).

배항섭. 1991. 〈기획 부호와 도적의 사회사 조선후기 삼정문란과 명화적〉. 《역사비평》 17.

손기섭. 2014. 〈80년대 일본의 한국과 중국에 대한 원조외교〉. 《한국정치외교사논총》 35(2).

손기영. 2018. 〈실패국가, 실패패권, 근대국가의 홀로코스트 삼중주〉. 《일본공간》 24.

신석호. 1955. 〈한말의병의 개황〉. 《사총》 1.

안자코 유카. 2003. 〈총동원체제하 조선인 노동력 '강제동원' 정책의 전개〉. 《한국사학보》 14.
이강훈. 1982. 〈靑山里 獨立戰鬪〉. 《군사》 5.
이덕주·김형석. 1997. 〈3·1운동과 제암리사건〉. 《한국기독교와 역사》 7.
이삼성. 2011. 〈'제국' 개념과 19세기 근대 일본〉. 《국제정치논총》 51(1).
이영일. 2005. 〈여순사건, 국가폭력의 위법성과 진상규명의 방향〉. 《지역과 전망》 14(1).
이영훈. 2002. 〈조선후기 이래 소농사회의 전개와 의의〉. 《역사와 현실》 45.
______. 2007. 〈19세기 조선왕조(朝鮮王朝) 경제체제(經濟體制)의 위기(危機)〉. 《조선시대사학보》 43.
이태진. 1996. 〈소빙기(1500-1750년)의 천제 현상적 원인—朝鮮王朝實錄의 관련 기록 분석〉. 《國史館論叢》 第72輯.
임혜련. 2012. 〈철종대 정국과 권력 집중 양상〉. 《한국사학보》 49.
장박진. 2011. 〈한일회담 청구권 교섭에서의 세부 항목 변천의 실증분석—대일 8항목 요구 제5항의 해부〉. 《정신문화연구》 34(1).
조동걸. 2011. 〈의병전쟁사의 시기구분문제〉. 《우사 조동걸 전집》. 역사공간.
조원기. 2012. 〈일제의 만주침략과 간도참변〉. 《한국독립운동사연구》 41.
하원호. 1991. 〈곡물의 대일수출과 농민층의 저항〉. 《1894년 농민전쟁연구 1—농민전쟁의 사회경제적 배경》. 역사비평사.
한승훈. 2016. 〈고립정책과 간섭정책의 이중주〉. 《역사비평》 114.
한영국. 1977. 〈조선 중엽의 노비결혼양태(상)—1609년의 울산호적에 나타난 사례를 중심으로. 《역사학보》 75(1).
한혜인. 2014. 〈한일청구권협정 체결 전후 강제동원 피해의 범위와 보상논리 변화〉. 《사학연구》 113.
홍동현. 2010. 〈1894년 일본 언론의 동학농민전쟁 인식〉. 《역사문제연구》 24.
홍성근. 2011. 〈일본 외무성의 독도 영유권 주장에 대한 반박〉. 《내일을 여는 역사》 43.
홍순권. 1998. 〈의병학살의 참상과 '남한대토벌'〉. 《역사비평》.
홍영기. 1992. 〈구한말 호남의병에 관한 한국측 자료의 검토〉. 《수촌 박영석교수 회갑기념 한민족 독립운동사논총》.

伊藤隆. 1989. 〈第3章 中間内閣と政党内閣〉. 《日本歴史大系5 近代 II》. 山川出

版社.
丸山真男. 1949. 〈近代日本思想史における国家理性の問題 1〉. 《展望》 37編.

Frohlich, Norman, and Joe Oppenheimer. 1970. "I Get By With A Little Help From My Friends". *World Politics* 23(1).

Gandhi, Mahatma. 1931. *Young India* 51.

Gordon, Ruth. 1997. "Saving Failed States: Sometimes a Neocolonialist Notion". *American University International Law Review* 12(6).

Helman, Gerald, and Steven B. Ratner. 1992–1993. "Saving Failed States". *Foreign Policy* 89.

Mack, Andrew. 1975. "Why Big Nations Lose Small Wars: The Politics of Asymmetric Conflict". *World Politics* 27(2).

Palais, James. 2002. "Obituaries: Edward W. Wagner(1924–2001)". *The Journal of Asian Studies* 61(3).

Richardson, Henry J. 1996. "Failed State, Self–Determination, and Preventive Diplomacy: Colonialist Nostalgia and Democratic Expectation". *Temple International and Comparative Law Journal* 10.

Rotberg, Robert I. (ed). 2003. "Failed States, Collapsed States, Weak States: Causes and Indicators". *State Failure and State Weakness in a Time of Terror*. Washington D.C.: Brookings Institution Press.

Ryang, Sonia. 2007. "The Tongue That Divided Life and Death. The 1923 Tokyo Earthquake and the Massacre of Koreans". *The Asia-Pacific Journal/Japan Focus* 5(9).

Singer, J., David, Stuart Bremer, and John Stuckey. 1972. "Capability Distribution, Uncertainty, and Major Power War, 1820–1965". Bruce Russett (ed). In *Peace, War, and Numbers*. Beverly Hills: Sage.

Tilly, Charles. 1985. "War Making and State Making as Organized Crime". Peter Evans, et al. (ed). In *Bringing the State Back*. Cambridge: Cambridge University Press.

Weber, Torsten. 2017. "Same Race, Same Fate?: Theories of Asian Commonality and the Shift of Regional Hegemony in East Asia After the First Sino–Japanese War (1894/5)". Volker Barth and Roland Cvetkovski (eds). In *Imperial Cooperation and Transfer, 1870–1930: Empires and Encounters*. London: Bloomsbury.

Wimmer, Andreas, and Brian Min. 2006. "From Empire to Nation-State: Explaining War in the Modern World, 1816-2001". *American Sociological Review* 71(6).
Yoder, Amos. 1955. "The Ruhr Authority and the German Problem". *The Review of Politics* 17(3).

신문 및 잡지

《공립신보》. 1908. 〈참재라학살무고〉. 7월 8일.
______. 1908. 〈학살무고가여차〉. 1월 15일.
______. 1908. 〈韓日戰爭 서류발표〉. 6월 10일.
《뉴시스》. 2014. 〈'위안부 피해국, 유엔에 '위안부의 날' 제정 공동 추진해야'…中전문가〉. 12월 15일.
《대한매일신보》. 1907. 〈홍천참보〉. 9월 21일.
______. 1908. 〈양민피해〉. 5월 22일.
______. 1908. 〈진압방법〉. 5월 31일.
《독립신문》. 1920. 〈西北間島 同胞의 慘狀血報〉. 12월 28일.
______. 1923. 〈一萬의 犧牲者〉. 12월 5일.
《동아일보》. 2018. 〈1961년 김종필-오히라 '6억달러 배상' 합의…위안부 드러난 뒤 '반인도적 행위' 책임 부상〉. 10월 31일.
《서울신문》. 2013. 〈日, 강제징병 조선인 명부 증발 은폐〉. 12월 24일.
《연합뉴스》. 2013. 〈관동대지진 때 학살된 조선인 2만3천58명이었다〉. 8월 21일.
______. 2013. 〈日 참전군인 위안부 증언…'중국 부녀자 사냥' 목격〉. 5월 23일.
______. 2015. 〈'전범 멍에' 식민지 조선인 모임 동진회, 슬픈 환갑잔치〉. 4월 1일.
______. 2016. 〈관동지진때 사망 韓人명단 日공문서에서 발견…학살된 사람 포함〉. 5월 9일.
______. 2018. 〈'역사적 가치' vs '수탈 현장'…일제 흔적 존폐에 양론〉. 8월 14일.
《자유아시아방송》. 2008. 〈[9.28 서울 수복]'이제 북녘땅에 통일의 깃발 꽂아야'—중앙청 태극기 게양 박정모 예비역 대령〉. 9월 26일.
《조선일보》. 2010. 〈'對日 청구권 담판' 秘話 털어놓은 김종필〉. 8월 28일.

《조선일보》. 2013. 〈일제강점기 징용 · 피살자 23만명 명단 확인〉. 11월 19일.
______. 2019. 〈위안부 피해자 김복동 할머니 별세…생존자 23명으로 줄어〉. 1월 28일.
《조이뉴스24》. 2018. 〈'미스터 선샤인', 30초에 담긴 전율+감동〉. 5월 28일.
《중앙일보》. 2009. 〈[그때 오늘] 단발령에 전국적 반발…일인 소유 이발소·모자가게만 번창〉. 12월 29일.
______. 2014. 〈일본 '65년 청구권 협정' 내세워 개별 피해보상 거부〉. 6월 21일.
《한겨레》. 2018. 〈개인청구권, 한일협정과 별개...피해자에 1억씩 배상하라〉. 10월 30일.
______. 2018. 〈일제 강제징용 피해자에 1억씩 배상 판결 확정〉. 10월 30일.
《한국일보》. 2005. 〈독도 死守했는데 빈껍데기 대우〉. 3월 17일.
______. 2016. 〈"사과 요구하며 日에 웬 기부냐"…위안부 할머니 못 따르는 넷심〉. 4월 22일.

BBC News. 2016. "Trump Accuses China of 'Rraping' US with Unfair Trade Policy". May 2.
Inquirer. 2016. "US Apology Is Overdue". September 19.
New York Times. 1998. "'King Leopold's Ghost': Genocide with Spin Control". September 1.
San Francisco Chronicle. 1919. "10,000 Koreans Die in Revolt; Japs Jail 50,000 to Crush Move; 600 Women and Children Killed, Is Charge". May 2.
The Conversation. 2018. "Genocide Negotiations between Germany and Namibia Hit Stumbling Blocks". January 11.
Washington Post. 2006. "Ask Not Where This Quote Came From". June 4.

인터넷 사이트

국사편찬위원회. 〈동학농민운동—반침략 반봉건의 최대 민중 항쟁〉. 우리역사넷. http://contents.history.go.kr/id/kc_i401500?whereStr=%40where+%7B+IDX_TITLE%28HASALL%7C%27%EB%8F%99%ED%95%99%EB%86%8D%EB

%AF%BC%EC%9A%B4%EB%8F%99%27%7C100000%7C0%29+or+IDX_CONTENT%28HASALL%7C%27%EB%8F%99%ED%95%99%EB%86%8D%EB%AF%BC%EC%9A%B4%EB%8F%99%27%7C100%7C0%29+or+IDX_ALL%28HASALL%7C%27%EB%8F%99%ED%95%99%EB%86%8D%EB%AF%BC%EC%9A%B4%EB%8F%99%27%7C1%7C0%29+%7D&lang=ko).

문화재청 국가문화유산포털. 〈천연기념물 제336호 독도 천연보호구역〉. http://www.heritage.go.kr/heri/cul/culSelectDetail.do?ccbaCpno=1363703360000&pageNo=1_1_1_1.

신상일. 〈아아 잊으랴, 어찌 우리 이날을!〉. 국가기록원. http://theme.archives.go.kr/next/koreaOfRecord/625.do.

일제강제동원피해자지원재단. 〈노무동원〉. https://www.ilje.or.kr/mobilize/labor/list/#self.

한국민족문화대백과사전. 〈징병거부운동(徵兵拒否運動)〉. http://encykorea.aks.ac.kr/Contents/Item/E0055087.

______. 〈창씨개명거부운동(創氏改名拒否運動)〉. http://encykorea.aks.ac.kr/Contents/Item/E0055458.

Office of the Historian. 2018. "The Philippine–American War, 1899–1902". https://history.state.gov/milestones/1899-1913/war.

Ministry of Foreign Affairs of Japan. "Japan's Consistent Position on the Territorial Sovereignty over Takeshima". https://www.mofa.go.jp/region/asia-paci/takeshima/index.html.

기타 자료

內閣官房內閣外政審議室. 〈朝鮮半島出身のいわゆる従軍慰安婦問題について〉. http://wam-peace.org/ianfu-koubunsho/file/file_1.pdf.

中央防災会議 災害教訓の継承に関する専門調査会. 2008. 〈第4章 混乱による被害の拡大 第2節 殺傷事件の発生〉. 《1923 関東大震災 報告書【第2編】》. 3月.

塚崎昌之.〈朝鮮人軍人·軍屬の動員実体とその被害〉.《第11回強制動員真相究明全国研究集会 자료집》. http://www.ksyc.jp/sinsou-net/20180317oknawa-siryou.pdf.

Landrum, Bruce D. 2018. *The Yamashita War Crimes Trial: Command Responsibility Then and Now*. https://www.pegc.us/archive/DoD/docs/Landrum_Yamashita.doc.

찾아보기

학살의 제국과 실패국가
한일관계의 불편한 기원

초판 발행 2022년 1월 5일
초판 2쇄 2022년 10월 25일

지은이 손기영
펴낸곳 고려대학교출판문화원
www.kupress.com
kupress@korea.ac.kr
(02841) 서울특별시 성북구 안암로 145
Tel 02-3290-4230, 4232
Fax 02-923-6311
찍은곳 네오프린텍(주)

ISBN 979-11-91161-80-9 93340

값 21,000원
※ 잘못 만들어진 책은 바꿔드립니다.